공업직
(일반기계 · 전기 · 화공)

CHAPTER
01
국가공무원 공업직(일반기계· 전기·화공)의 모든 것

01 ## 공업직(일반기계·전기·화공) 공무원의 개요

1. 공업직(일반기계·전기·화공) 공무원이란?

직렬	업무	근무처
일반기계	• 자동차 · 철도차량 · 공작기계 · 산업기계 · 건설기계 · 농업기계와 냉난방 · 원동기 · 수도 · 위생설비 · 계량기 등 각종 기계기구 · 기계설비에 관한 기술 업무 • 철도동력차의 운전 · 기관차의 운용 · 운전 등 운전기술 업무	중소벤처기업부, 조달청, 그 밖의 일반기계 · 전기 · 화공 관련 수요 부처
전기	전력시설 · 전기공사 · 전기기기 · 전기용품 · 전력생산 등의 전기기술분야 업무	
화공	무기 및 유기화학, 생화학, 분석화학 분야에 관한 시험 및 운용 업무	

2. 공업직(일반기계·전기·화공)의 주요 업무

(1) 일반기계직

　① 자동차 · 철도차량 · 산업기계 같은 기계설비에 관한 기술 업무 및 철도동력차의 운전, 기관차의 운용, 운전기술 업무를 수행

　② 시설물에 대한 관리와 시공, 건축 인허가 등을 감독

(2) 전기직

　① 시 · 도청 산하의 전기사업소, 재난과 등에서 전기시설의 점검 및 관리

　②「전기공사업법」상 국가나 지방자치단체는 신규 설치공사를 할 수 없기 때문에 직접적인 전기공사보다는 계약 및 관리 등의 업무를 주로 담당

면접관이 공개하는

공무원
면접

국가직2(기술직)

➕ 합격의 공식

SD에듀
(주)시대고시기획

2024 SD에듀 면접관이 공개하는
국가직 공무원2(기술직) 면접 합격의 공식

Always **with you**

사람의 인연은 길에서 우연하게 만나거나 함께 살아가는 것만을 의미하지는 않습니다.
책을 펴내는 출판사와 그 책을 읽는 독자의 만남도 소중한 인연입니다.
SD에듀는 항상 독자의 마음을 헤아리기 위해 노력하고 있습니다. 늘 독자와 함께하겠습니다.

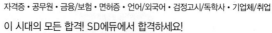

공무원 수험생 여러분, 필기시험 합격을 진심으로 축하드립니다. 지금 이 순간 필기시험 합격의 기쁨과 함께 면접에 대한 불안감을 느끼는 수험생들이 많으리라 생각됩니다. 과거에는 공무원 면접이 특별한 문제가 없는 한 합격 가능한 형식적인 절차였던 때도 있었습니다. 하지만 최근 공무원 면접은 직무에 적합한 인재를 선발하기 위한 중요한 평가절차로 여겨지고 있습니다. 이처럼 공무원을 선발하는 데 면접이 차지하는 비중이 높아지면서 필기시험에서 좋은 점수를 받았다고 하더라도 최종 합격을 장담할 수 없게 되었습니다. 실제로 필기시험을 커트라인 점수로 통과하였으나 면접에서 좋은 평가를 받아 최종 합격하는 사례도 많아지고 있습니다. 따라서 수험생 여러분께서는 공무원 최종 합격을 좌우하는 면접을 필기시험만큼 중요하게 여기고 철저하게 준비해야 합니다.

면접은 공정성을 높이고자 응시자의 신상정보나 성적 등 주요 사항을 비공개로 진행하는 블라인드 방식을 도입하였습니다. 과거에는 응시자의 개인 신상이나 공직관에 대한 질문이 대부분이었지만 최근에는 응시자가 조직에 적합한 사람인지를 판단하기 위한 개인 신상 관련 질문, 업무와 관련된 개인적인 경험과 노력을 묻는 경험형 질문, 직무 중 직면할 수 있는 문제 상황을 어떻게 해결할 것인지를 물어보고 면접자의 문제 해결 능력을 평가하는 상황형 질문, 주어진 제시문을 읽고 유추할 수 있는 공직가치와 이에 대한 면접자의 생각을 발표하는 5분 발표 등으로 다양해지고 있습니다.

질문 유형이 다변화되면서 공무원 면접이 어렵고 막막하게 느껴지는 분들의 고민을 덜어드리고자 SD에듀는 심층 질문에 대비할 수 있도록 각 부처별 핵심 추진과제와 보도자료 및 정책자료, 직렬별 전문 자료와 관련 이슈 등을 수록한 「2024 SD에듀 면접관이 공개하는 국가직2(기술직) 면접 합격의 공식」을 출간하였습니다. 본서와 함께 면접을 준비하시는 분들이 좋은 결과를 얻으시길 기원합니다.

SD 적성검사연구소 일동

면접 운영방식 및 합격자 결정방법

❖ 아래 내용은 2023년 국가직 공무원 면접시험 응시요령을 기준으로 작성되었습니다. 2024년부터 변경되는 세부 사항은 반드시 시행처의 최신 공고를 확인하시기 바랍니다.

블라인드(無자료) 면접

▶ 2005년부터 응시원서에서 학력란 기재항목 삭제
▶ 면접시험 위원에게 응시자의 출신학교, 경력, 시험성적 등을 일체 미제공

면접 운영방식 및 주의사항

▶ 면접 운영방식

7급 공채	9급 공채
• 경험 · 상황 면접과제 작성(20분) • 개인발표문 작성(30분) • 개인 발표 및 경험 · 상황 면접(40분)	• 경험 · 상황 면접과제 작성(20분) • 5분 발표 과제 검토(10분) • 5분 발표 및 경험 · 상황 면접(30분)

※ 경험 면접은 전 직렬 동일한 문제가 출제됨

▶ 주의사항
• 경험 · 상황 면접과제 및 5분 발표과제 등 작성 · 검토 시에는 준비한 자료를 참고할 수 없음
• 일체 시험자료는 외부 반출이 금지되므로 반납 필수
• 면접 종료 후 응시자 대기장 재출입 및 대기 중인 다른 응시자와 접촉 금지

면접위원 선정 · 운영 및 면접조 편성

▶ 공정 · 엄정한 면접시험 집행을 위해 면접위원 선정(시험출제과)와 면접시험 시행(공개채용과)을 분리 운영
  • 엄선된 면접위원 명단은 면접 당일까지 외부와 일체 격리된 국가고시센터에서 대외비로 관리하다가 면접 당일에 면접시험 장소로 인계
  • 면접시험 시행부서 통제하에 면접위원을 무작위 추첨하여 각 면접조에 배정
▶ 면접조가 최종 확정된 후, 면접위원과 응시생들에게 각각 제척 · 기피 · 회피 사유 해당 여부를 확인
▶ 면접시험장에서 응시생과 면접위원이 상호 접촉할 수 없도록 철저히 통제

면접시험 평정요소 및 합격자 결정방법

▶ 평정요소

❶ 공무원으로서의 정신자세
❷ 전문지식과 그 응용능력
❸ 의사표현의 정확성과 논리성
❹ 예의, 품행 및 성실성
❺ 창의력, 의지력 및 발전가능성

▶ 평정방법
- 우수 : 위원의 과반수가 5개 평정요소 모두를 "상"으로 평정한 경우
- 미흡 : 위원의 과반수가 5개 평정요소 중 2개 항목 이상을 "하"로 평정한 경우. 위원의 과반수가 어느 하나의 동일 평정요소에 대하여 "하"로 평정한 경우
- 보통 : "우수"와 "미흡" 외의 경우

▶ 합격자 결정방법
- 우수 : 7 · 9급 필기시험 성적순위에 관계없이 '합격'. 다만 우수 등급을 받은 응시자의 수가 선발예정인원을 초과하는 경우에는 추가 면접시험(심층면접) 실시
- 미흡 : 우수 등급을 받은 응시자 수를 포함하여 선발예정인원에 달할 때까지 7 · 9급 필기시험 성적이 높은 사람부터 차례대로 합격
- 보통 : 7 · 9급 필기시험 성적순위에 관계없이 '불합격'. 다만 미흡 등급을 받은 응시자의 수가 탈락예정 인원을 초과하는 경우에는 추가 면접시험(심층면접) 실시

2024년부터 변경되는 공무원 면접시험 평정요소

▶ 평정요소

❶ 소통 · 공감 : 국민 등과 소통하고 공감하는 능력
❷ 헌신 · 열정 : 국가에 대한 헌신과 직무에 대한 열정적인 태도
❸ 창의 · 혁신 : 창의성과 혁신을 이끄는 능력
❹ 윤리 · 책임 : 공무원으로서의 윤리의식과 책임성

+

시험실시기관의 장이 필요하다고 인정하는 평정요소

※ 2024년부터 공무원 면접시험 평정요소가 변경되니 참고바랍니다.

이 책의 구성과 특징

기술직렬의 모든 것

국가직 공무원 기술직렬이란 무엇인지에서부터 각 부처별 주요 과제를 수록하였습니다. 이를 통해 준비하시는 직렬을 심층적으로 이해할 수 있습니다.

면접 기출 가이드

5분 발표, 경험형, 상황형 등 각 질문 유형에 대한 예시 답안과 제시된 답안을 통해 나올 수 있는 후속 질문을 수록하였습니다. 직렬별 업무와 공직에 대한 이해도를 자신의 경험과 함께 연결하여 답변할 수 있도록 연습해 보세요.

부처별 보도자료 및 정책자료

각 부처에서 발표한 중요 보도자료 및 정책자료를 풍부하게 수록하였습니다. 지원 업무에 대한 이해도나 문제 상황에 대한 해결 방안을 평가하는 질문에서 활용할 수 있습니다.

꼭 알고 가야 하는 전문 자료와 관련 이슈

면접에 자주 출제되는 전문 자료와 직렬과 관계된 최신 이슈를 수록하여 심층 질문에 대비할 수 있도록 하였습니다.

도서를 구매하신 분들께 최신 '이슈&상식' 무료 강의를 제공합니다.

차례

③ 보유기관이 보유한 전기시설을 직접 관리하는 경우 전기실 등에 상주하여 실제 전기보수공사 등의 주요 업무를 수행

④ 9급 전기직 공무원 업무 중 하나는 가로등 · 신호등 관리로, 가로등 · 신호등 고장 신고를 받아 교체 · 수리를 담당한다. 전기 용역업체를 고용 · 계약하여 수리하도록 지시 및 감시 · 감독

⑤ CCTV · 전광판 · 터널(지하차도) 펌프 관리

(3) 화공직

① 구청 환경과, 시청, 사업소에서 환경 · 화학 관련 업무를 담당하며, 구청 환경과에서 근무하는 화공직 공무원은 주로 민원 업무를 수행

② 가축분뇨 처리시설 허가, 개인배수설비 설치허가, 가축사업 제한구역 관리, 정화조 청소관리, 비산먼지 · 미세먼지 업무, 골프장 잔디 관련 업무 등

③ 상/하수도 사업소 근무

    ㉠ 화공직 공무원이 가장 배치받고 싶어하는 곳으로 시간대별로, 정수된 물이나 정화된 하수를 하천으로 방류하기 전에 용존 산소량, 염소량 등의 정상 수치를 확인

    ㉡ 부유물을 가라앉히고 약품을 넣어서 슬러지 분리 및 정수 작업이 제대로 수행되는지와 약품이 제대로 투입되는지 확인

    ㉢ 현미경으로 미생물 관찰 및 보고서 작성

    ㉣ 수질 원격 감시시스템(TMS; Tele-Monitoring System)을 활용하여 전국 하수 처리장의 수치를 감시 · 감독하여 수치 초과 시 과태료 부과

---

02   **공업직(일반기계·전기·화공) 관련 부처의 개요**

1. 산업통상자원부 소개

(1) 미션

① 민간 주도 성장지향형 산업전략을 통해 실물경제 활력을 제고한다.

② 목표지향형 · 성과창출형 산업기술 R&D를 통해 혁신에 앞장선다.

③ 에너지 정책의 과학적 재설계를 통해 에너지 안보와 탄소중립 실현가능성을 높인다.

④ 新통상정책을 강화하여, 산업경쟁력 강화를 위한 첨병이 된다.

(2) 조직도

장관

- 무역위원회
- 전기위원회
- 국가기술표준원
- 경제자유구역기획단
- 광업등록사무소
- 자유무역지역관리원(7원)
- 광산안전사무소(4소)

대변인 · 홍보담당관
감사관 · 감사담당관

제1차관

· 운영지원과

기획조정실

정책기획관
- 기획재정담당관
- 혁신행정담당관
- 규제개혁법무담당관
- 정보관리담당관
- 정보보호담당관

비상안전기획관
- 산업재난담당관

산업정책실

산업정책관
- 산업정책과
- 산업일자리혁신과
- 산업환경과

산업공급망정책관
- 산업공급망정책과
- 소재부품장비개발과
- 철강세라믹과
- 화학산업팀

제조산업정책관
- 기계로봇항공과
- 자동차과
- 조선해양플랜트과
- 엔지니어링디자인과
- 미래자동차산업과(한시)

첨단산업정책관
- 반도체과
- 배터리전기전자과
- 바이오융합산업과
- 섬유탄소나노과
- 디스플레이가전팀

산업기반실

산업기술융합정책관
- 산업기술정책과
- 산업기술개발과
- 산업기술시장혁신과
- 규제샌드박스팀

지역경제정책관
- 지역경제총괄과
- 지역경제진흥과
- 입지총괄과

중견기업정책관
- 중견기업정책과
- 중견기업지원과
- 유통물류과

제2차관

에너지정책실

에너지정책관
- 에너지정책과
- 에너지효율과
- 에너지기술과

전력정책관
- 전력산업정책과
- 전력시장과
- 신산업분산에너지과
- 전력계통혁신과

재생에너지정책관
- 재생에너지정책과
- 재생에너지산업과
- 재생에너지보급과

수소경제정책관
- 수소경제정책과
- 수소산업과
- 에너지안전과

자원산업정책국

- 자원안보정책과
- 석유산업과
- 가스산업과
- 석탄광물산업과

원전산업정책국
- 원전산업정책과
- 원전환경과
- 원전지역협력과

원전전략기획관
- 원전수출진흥과
- 원전수출지원과(자율)

통상차관보 — **통상교섭본부장**

통상교섭실

무역투자실

통상정책국
- 통상정책총괄과
- 미주통상과
- 중남미대양주통상과(자율)
- 구주통상과

신통상전략지원관
- 신통상전략과
- 디지털경제통상과
- 기후에너지통상과

통상협력국
- 통상협력총괄과
- 동북아통상과
- 아주통상과
- 중동아프리카통상과

자유무역협정정책관
- 자유무역협정정책기획과
- 자유무역협정이행과
- 통상협정활용과
- 인도태평양통상기획팀

자유무역협정교섭관
- 자유무역협정협상총괄과
- 자유무역협정상품과
- 자유무역협정서비스투자과
- 자유무역협정무역규범과

다자통상법무관
- 통상법무기획과
- 세계무역기구과
- 다자통상협력과
- 통상분쟁대응과

무역정책관
- 무역정책과
- 무역진흥과
- 수출입과

투자정책관
- 투자정책과
- 투자유치과
- 해외투자과

무역안보정책관
- 무역안보정책과
- 무역안보심사과
- 기술안보과

※ 출처: 산업통상자원부 홈페이지(www.motie.go.kr)

2. 중소벤처기업부 소개

(1) 주요 업무

① 스마트제조 혁신으로 중소기업 경쟁력을 높인다.

② 벤처열기를 가속화해 혁신창업/ 벤처국가를 만든다.

③ 독자적 정책대상으로 소상공인/ 자영업의 혁신을 뒷받침한다.

④ 공정경제 기반을 다지고 상생협력을 넘어 개방형 혁신을 추진한다.

(2) 조직도

① 본청

② 소속기관

서울지방청	부산지방청	대구·경북지방청	광주·전남지방청	경기지방청
조정협력과	조정협력과	조정협력과	조정협력과	조정협력과
성장지원과	성장지원과	성장지원과	성장지원과	성장지원과
창업벤처과	창업벤처과	창업벤처과	창업벤처과	창업벤처과
소상공인과	소상공인과	소상공인과	소상공인과	소상공인과
		경북북부사무소	전남동부사무소	경기북부사무소

인천지방청	대전·세종지방청	울산지방청	강원지방청	충북지방청
조정협력과	조정협력과	조정협력과	조정협력과	조정협력과
지역혁신과	지역혁신과	지역혁신과	지역혁신과	지역혁신과
			강원영동사무소	

충남지방청	전북지방청	경남지방청	구미전자공업고등학교
조정협력과	조정협력과	조정협력과	부산기계공업고등학교
지역혁신과	지역혁신과	지역혁신과	전북기계공업고등학교

※ 출처: 중소기업 벤처부 홈페이지(www.mss.go.kr)

3. 조달청 소개

(1) 주요 업무
① 물품 구매 · 공급 및 공사계약 관리
② 주요 원자재 비축사업 운영
③ 정부물품 및 국유재산 관리
④ 나라장터(국가종합전자조달시스템) 운영 관리

(2) 조직도

청장

대변인

차장

감사담당관

차세대국가종합전자조달시스템 구축추진단
- 총괄기획팀
- 시스템개발팀
- 통합추진팀

운영지원과

기획조정관
- 기획재정담당관
- 혁신행정담당관
- 규제개혁법무담당관
- 국제협력담당관
- 전략조달과
- 조달수출지원팀
- 조달회계팀

조달관리국
- 전자조달기획과
- 전자조달관리과
- 공정조달관리과
- 조달가격조사과
- 조달등록팀

구매사업국
- 구매총괄과
- 자재장비과
- 쇼핑몰기획과
- 쇼핑몰단가계약과
- 쇼핑몰구매과

혁신조달기획관
- 혁신조달과
- 혁신조달운영과
- 국방물자혁신과
- 국방조달지원과

신기술서비스국
- 기술서비스총괄과
- 정보기술계약과
- 우수제품구매과
- 서비스계약과
- 건설용역과

시설사업국
- 시설총괄과
- 토목환경과
- 건축설비과
- 시설사업기획과
- 설계예산검토과
- 예산사업관리과
- 공사관리과

공공물자국
- 원자재비축과
- 해외물자과
- 물품관리과
- 국유재산기획과
- 국유재산관리과

조달품질원
- 품질총괄과
- 납품검사과
- 품질점검과
- 조사분석과
- 국방물자품질과

공공조달역량개발원
- 교육운영과

※ 출처: 조달청 홈페이지(www.pps.go.kr)

1. 산업통상자원부 핵심 추진 과제

(1) 범정부 역량 결집을 통한 수출 플러스 달성

① 수출 3대 애로 해소로 무역금융 역대 최대 360조 원 공급, 해외인증 원스톱 지원 체계 구축, 전시회·수출바우처·전문무역상사 확대 등 맞춤형 지원

② 수출 저변 확대로 매년 1,500명 청년 무역인 양성, 국민 누구나 수출하는 지원체계 조성

③ 신흥시장과 자원부국에 수출하는 기업에 대해 무역보험 우대, 지사화 확대 등을 집중 지원하고 시장별 맞춤형 지원을 추진

④ 유망분야 수출산업화로 원전 수출 창출 및 시장확대 총력, 방위산업 170억 불 이상 수주 목표, 해외플랜트 2023년 300억 불 수주 달성

⑤ 전 부처의 수출역군화로 강력한 수출드라이브, 부처 간 수출 협업 강화

(2) 실물경제 활력 회복과 역동적 성장

① 투자 활성화를 통한 성장 및 일자리 확충으로 민간투자 프로젝트 맞춤형 지원, 마중물 R&D투자를 통한 민간투자 유인, 외국인투자 유치

② 업종별 맞춤형 성장전략 추진으로 글로벌 초격차 경쟁력 확보, 디지털·그린 전환을 통한 신주력산업으로의 재도약, 산업공급망 3050 전략으로 2030년까지 국내 생산품목 비율 50% 이상, 특정국 의존도 50% 이하 달성

③ 지역경제 활성화를 통한 지역 일자리 창출로 지역경제 기반 확충, 인력양성 및 고용창출 연계형 지역투자 확대, 산업단지의 디지털·저탄소 전환 및 안전관리 강화

④ 미래 먹거리 창출 및 산업대전환 추진으로 바이오경제 2.0, 5대 에너지 신산업 성장 동력화, 산업대전환 전략 추진

(3) 에너지 안보 확립과 시스템 혁신

① 원전 생태계 완전 정상화: 계획된 원전의 차질없는 건설 및 생태계 강화, 계속 운전 조속 추진 및 고준위 방폐물 관리 역량 강화, 원전 혁신 기술 개발 지원 확대

② 흔들림 없는 에너지 안보 강화: 에너지 및 핵심광물 공급망 확충, 원전과 재생e 동반 확대를 통한 에너지 자립도 제고, 에너지 인프라 확충

③ 에너지시스템 혁신 추진: 에너지 요금 정상화 및 취약계층 지원 강화, 에너지 저소비-고효율 구조로의 전환, 에너지 안전관리 체계 강화, 공정한 시장구조 및 에너지 거버넌스 확립

(4) 국익을 우선하는 선제적 통상

① 급변하는 통상환경 대응 강화: 자국우선주의 선제적 대응 및 수혜 극대화, 美·中 패권 경쟁에 따른 우리 기업 영향 최소화

② 신시장 개척을 위한 산업통상협력 강화: 신(新)중동 붐 조성, 신흥경제권역으로의 통상 네트워크 확대, 첨단산업 공급망 네트워크 강화

③ IPEF·WTO 등을 통한 신(新)통상규범 주도: 인태경제프레임워크(IPEF) 활용 극대화, WTO 개혁 등 다자무대 신통상규범 형성 주도, 디지털·그린 통상규범 선도국가로 부상

④ 국격에 걸맞은 국제사회 기여: 산업 ODA 고도화 등 신흥 개도국과 전략적 파트너십 구축, 2030년 부산엑스포 유치

2. 중소벤처기업부 핵심 추진 과제

(1) 신산업·신시장 개척 첨병, 창업벤처 집중 육성

① 내수를 넘어 세계시장을 호령하는 글로벌 유니콘 창출

② 디지털 경제 선점을 위한 디지털·딥테크 스타트업 육성

③ 승자독식 모델을 따르지 않는 새로운 벤처로 재탄생

(2) 단단한 경제 허리, 중소기업 경쟁력 강화

① 내수기업 수출기업화와 신시장 개척으로 수출 드라이브

② 중소 제조현장 디지털화 촉진 및 고부가가치 R&D 확대

③ 중소기업이 실력대로 보상받는 공정한 경제질서 확립

(3) 우리 동네 혁신가, 기업가형 소상공인 육성

① 골목상권을 글로벌에서 찾아오는 지역 대표 브랜드로 육성

② 소상공인 스마트·온라인 전환 및 빅데이터 활용 촉진

③ 전국민 상생 소비 지속 및 대기업-전통시장 상생 확대

(4) 현장 위기극복·규제혁파 위한 정책 원팀 가동

① 복합위기 중 건강한 기업이 버틸 수 있는 안전판 구축

② 기업들이 마음껏 달릴 수 있도록 규제 걸림돌 제거

③ 기관·지방청, 전 부처가 하나로 강력한 정책 원팀 결성

3. 조달청 핵심 추진 과제

(1) 공공조달을 통한 경제위기 극복 지원

① 2023년 조달계약 전망 중 65%인 37.5조 원을 상반기 집행하는 등 조달사업을 속도감 있게 집행

② 원자재 비축시스템을 양적·질적으로 보강하고, 수급 차질이 발생하는 관급자재 공급 안정화 방안 강구

③ 경제위기에 취약한 중소·창업·벤처·혁신기업의 판로 중점 지원

(2) 민간·시장 중심으로 공공조달의 역동성·경쟁성 제고

① 근본적 개선 없이 이어온 장기 미해결 과제를 중점으로 규제 혁신

② 정부 주도의 혁신제품 발굴과 양적 성장을 탈피하고 민간참여, 국민체감 공공성 확대, 성장기반 강화 방향으로 개편

③ 쇼핑몰(다수공급자계약, MAS) 거래를 보다 빠르고 유연하게 개선

④ 도입 취지에 충실하게 기술력 향상을 유인하도록 개편

(3) 공정한 심판자로서의 역할 확립

① 원산지·직접생산 위반 등의 신고를 활성화하고 위법행위 조사기반을 확충하여 엄정 대처

② 군 부실급식, 국민안전 위해물질 검출 등에 대해 입찰방식 개선, 제재강화, 품질점검 기간단축 등의 관리 강화로 취약 분야 관리

③ 공정·투명성을 의심받지 않도록 평가위원 관리 강화

(4) 미래대비 공공조달 역량강화

① 차세대 나라장터 오픈, 조달전문성 강화로 혁신조달 시장기반 확장

② 조달통계 작성 주체를 조달청으로 일원화(조달사업법 개정), 조달 데이터 허브를 구축하여 분석강화 및 정책·산업적 활용 제고

(5) 조달행정 신뢰제고

① 이해충돌 발생 우려가 있는 업무는 유관단체에 위탁 배제, 위탁사업자 선정방식 개선

② 조달청 의무구매 완화, 민간쇼핑몰 구매 허용 검토 등을 통한 공공조달 체계의 경쟁성 확대

③ 대형공사 설계심의, 관급자재 선정의 공정·투명성 제고

CHAPTER 02

공업직(일반기계·전기·화공) 면접 기출 가이드

01 기출 빈출 리스트

- 기술직은 다루는 예산이 많고 업무가 특수하여 비위의 소지가 많을 수 있는데 이에 대해 어떻게 생각합니까? (전 기술직렬 공통)
- 정부 업무가 보통 사기업보다 전문성이 떨어지는데 이를 어떻게 개발하거나 보완할 수 있다고 생각합니까? (전 기술직렬 공통)
- 3D 프린터에 대해 아는대로 설명하고, 장·단점에 대해 말해 보시오. (일반기계직)
- 증강현실, VR(혹은 3D 프린터, 4차산업 관련)이 제조업에 어떤 영향을 미치는지 설명해 보시오. (일반기계직)
- 로봇의 장·단점에 대해 설명해 보시오. (일반기계직)
- 일반기계직에서는 어떤 일들을 하는지 설명해 보시오. (일반기계직)
- 행정직이 아닌 일반기계직 공무원으로서 더 필요한 자세에는 어떤 것이 있는지 설명해 보시오. (일반기계직)
- 소재부품장비 국산화에 대해 알고 있습니까? 설명해 보시오. (일반기계직)
- 외국은 110V를 사용하는 나라가 많은데 우리나라는 220V를 사용한다. 220V의 장·단점을 설명해 보시오. (전기직)
- LED와 LCD의 차이점을 설명해 보시오. (전기직)
- 화재나 감전 등 전기로 인한 여러 위험이 있는데, 이를 해결할 수 있는 방법에 대해 설명해 보시오. (전기직)
- 누진세에서 고쳐야 할 부분이 있다면 어떤 것이 있는지 설명해 보시오. (전기직)
- 여러 신재생 에너지의 종류 중 우리나라에 적합한 신재생 에너지는 무엇이라고 생각합니까? / 귀하가 언급한 에너지는 에너지 총 생산량의 몇 프로 정도 차지하고 있습니까? (전기직)
- 신재생 에너지로 어떤 것을 활용할 수 있다고 생각합니까? (전기직)
- Y결선과 Delta결선의 차이점은 무엇인지 설명해 보시오. (전기직)
- 모터에는 상수도용 모터와 하수도용 모터가 있는데 그 차이에 대해 설명해 보시오. (전기직)

- 전력예비율이 높을 때와 낮을 때 발생하는 문제는 무엇이라고 생각합니까? (전기직)
- 응시자의 집 위로 큰 고압선이 설치될 경우 어떻게 하겠습니까? (전기직)
- 화학물질이 유출된다면 어떻게 대응하겠습니까? (화공직)
- 미세먼지의 원인과 이를 해결할 수 있는 방법으로 어떤 것이 있는지 설명해 보시오. (화공직)
- 수소차의 장·단점에 대해 설명해 보시오. (화공직)
- 정유차, 휘발유차, LPG 차량의 차이점에 대해 설명해 보시오. (화공직)
- 미세플라스틱의 정의에 대해 설명하고, 미세플라스틱으로 인한 문제점과 그 해결 방안을 설명해 보시오. (화공직)
- 지역 주민들이 수소차를 위한 수소충전소를 설치를 반대한다면 어떻게 설득하겠습니까? (화공직)

1. 5분 발표

> 4차 산업혁명 핵심기술을 기반으로 하는 서비스 활용은 우리 일상에 큰 변화를 가져오고 있다. 공공 영역에서도 4차 산업혁명 변화를 발빠르게 수용하여 시민들의 삶에 편의를 가져오기 위해 노력하고 있다. 현재 정부에서는 IoT · AI · 빅데이터 · 메타버스 · 클라우드 등 4차산업 핵심기술을 활용하여 국정 운영을 과학화하고 행정혁신을 시도하기 위해 다양한 제도들을 마련하여 대응하고 있다. 코로나19로 인한 비대면사회의 가속화에 따라, 이와 같은 변화는 계속될 전망이다.

위 제시문의 내용에서 유추할 수 있는 공직가치와 이를 실천하기 위한 방안을 자유롭게 발표해 주세요.

(면접관의 의도)

정부의 적극행정 사례를 보여 주고, 그 속에서 적합한 공직가치를 유추하는 문제이다. 위 제시문은 최근 가장 화두가 되고 있는 '4차 산업혁명'과 관련된 문제로, 공직가치뿐 아니라 4차 산업과 관련된 정부 정책에 관한 질문이 나올 수도 있다.

(핵심 키워드)

공익성, 전문성, 적극성, 다양성, 창의성, 민주성, 책임감 등

도입

제시문의 내용은 정부에서 4차산업 신기술을 행정에 도입하기 위해 다양한 제도들을 마련하는 등 행정혁신을 하고 있으며, 이런 변화가 앞으로도 계속될 전망이라는 것입니다. 저는 위 내용 중 4차 산업혁명으로 인한 신기술을 발빠르게 적용했다는 데서 '적극성'을, 시민들의 삶의 편의를 위해 노력하고 있다는 데서 '공익성'을 유추하였습니다.

직접작성

적극성은 업무관행만 따르는 것이 아닌, 창의적이고 능동적으로 업무를 수행하는 태도를 말합니다. 대한민국 공무원 헌장에는 '우리는 국민의 안녕과 행복을 추구한다.'라는 문구가 있습니다. 공직 사회에서 적극성을 실현하고 적극행정을 펼치기 위해서는 이와 같이 국민의 행복을 위한다는 마음으로, 어떤 정책이 국민의 삶을 더 편리하고 풍요롭게 만들 수 있는지를 적극적으로 고민하고 실천해 나가야 한다고 생각합니다. 현 정부에서는 국민의 삶을 더욱 편리하게 실현하려는 적극행정의 일환으로 4차 산업혁명 기술을 적극적으로 받아들인 데이터 분석으로 정책 효과 정밀도를 예측하려는 등 국정 운영의 과학화를 시도하고 있습니다. 또한 120대 국정과제 중 하나로 '모든 데이터가 연결되는 세계 최고의 디지털플랫폼 정부 구현'을 목표로 하고 있습니다. 지방정부에서도 '빅데이터'를 이용하여 지역 특성에 맞는 지자체 빅데이터 통합 플랫폼을 구축, 운영하여 지역별 행정 격차를 해소하고 모든 시민들이 편리한 행정 서비스를 누릴 수 있게 만들려고 부단히 시도하고 있습니다.

공익성은 특정 개인 혹은 집단의 이익이 아니라, 국민 전체의 이익을 우선하는 것을 말합니다. 공익성에서 중요한 것은 '국민에 대해 봉사하는 마음가짐'이라고 생각합니다. 공무원으로서 사사로운 이익에 얽매이지 않고, 항상 공무원의 소명은 국민에게 봉사하는 것이라는 생각을 가져야합니다. 이를 실천하기 위해 우선 소속된 부처의 법령을 숙지하고, 국민들에게 어려운 정책과 법령을 쉽게 소개하여 불편함 없이 원활한 소통이 가능하도록 해야 할 것입니다. 그럼 공익성과 관련된 제 경험에 대해 말씀드리겠습니다. 저는 고등학교 때 지인이 헌혈증을 통해 도움을 받은 상황을 본 이후부터 헌혈은 다른 사람을 살리는 고귀한 행동이라는 것을 깨닫고 정기적으로 헌혈을 했습니다. 또한 대학교 재학 중 혈액원에서 운영하는 헌혈 홍보 거리 캠페인 및 지원활동에 참여하기도 했습니다. 해당 업무는 거리에서 헌혈 홍보를 하거나, 헌혈의 집 센터 내에서 헌혈자 안내 등을 하는 것입니다. 저의 작은 활동이 점점 어려워지고 있는 혈액 수급 안정화에 도움이 될 수 있다는 사실에 굉장히 뿌듯했습니다.

직접작성

앞서 말씀드린 바와 같이 고등학교 때부터의 경험으로 '공익'이 얼마나 중요한지, 공익을 추구함으로써 어떤 기쁨을 느낄 수 있는지 잘 알고 있습니다. 제가 만약 공무원이 된다면 적극적으로 공익을 실현하며, 국민을 위한 봉사에 기쁨을 느끼는 진정한 공무원이 되도록 노력하겠습니다.

직접작성

➕ 발표 내용에 대해 나올 수 있는 질문

- 제시문에서 적극성, 공익성 외에 어떤 공직가치를 더 유추해낼 수 있는지 말해 보시오.
- 공무원으로서 가장 중요하게 생각해야 할 공직가치가 무엇이라고 생각합니까?
- 공무원이 되어 실천하기 어려운 공직가치가 무엇이라고 생각합니까?
- 제시한 공직가치를 실천하기 위해 어떤 노력을 할 수 있는지 말해 보시오.
- 적극성과 공익성을 추구하는 과정에서 발생할 수 있는 문제점과 해결 방안으로는 어떤 것이 있는지 말해 보시오.
- 적극성과 적극행정에 대해 이야기했는데, 적극행정을 실천하기 어려운 이유는 무엇인지 설명해 보시오.
- 지원한 직렬에서 적극행정을 실현하기 위해 어떤 노력을 할 수 있는지 말해 보시오.
- 공익성을 실천하기 위한 기준이 무엇이라고 생각합니까?
- 공익성, 공정성, 효율성 중 무엇이 가장 중요하다고 생각합니까?
- 4차산업과 관련하여 공익성을 어떤 방식으로 이룰 수 있다고 생각합니까?
- 정부의 4차산업 관련 정책 중 괜찮은 정책이나 개선해야 할 정책이 있습니까? 있다면, 어떻게 개선하는 게 좋은지 설명해 보시오.

➕ 면접 플러스

문제에서 '실천 방안'에 대해 설명하라고 했으므로, 이러한 공직가치를 실천하기 위한 나만의 방안을 구체적으로 써주면 좋다.

2. 경험형 문제

근무하고 싶은 부처와 직무를 기술하고, 해당 직무의 수행을 위해 어떤 노력과 경험을 하였는지 서술하시오.

면접관의 의도

응시자가 하고 싶은 업무가 무엇인지, 또 해당 업무에 대하여 얼마나 잘 이해하고 있는지, 해당 업무를 하기 위해 어떠한 노력을 하였는지를 종합적으로 평가하여 해당 직군에 얼마나 적합한 인재인지를 평가한다.

핵심 키워드

희망 직무, 직무 내용, 직무 관련 경험, 공직 가치, 갈등 해결, 성과 등

희망 부처

산업통상자원부 수소경제정책과(산업정책과)

직접작성

희망 직무

수소 자동차 상용화 관련 업무

직접작성

해당 직무 관련 노력과 경험

- 교육 경험: 기계공학과 졸업(전기공학, 전자공학, 자동제어, 메카니즘 설계, 메카트로닉스 등 수강), C언어 교육, 코딩 교육
- 업무 경험: 외국계 자동차 회사에서 인턴 경험(6개월), 군대에서 기계병으로 복무
- 자격증: 일반기계기사, 컴퓨터 활용능력 자격증 취득
- 일반기계직 정책 관련: 산업통상자원부와 국토교통부 홈페이지의 보도자료 탐독과 유튜브 · 블로그 구독, 수소차 관련 정책 조사, ○○년 일반기계직 공무원 인터뷰
- 수상 경력: 국제 대학생 창작자동차 경진대회 전기 자동차 경주부문 입상
- 봉사 활동: 헌혈의 집 봉사 활동(2년), 대학 봉사 동아리 활동(월 2회 ○○고아원 방문하여 봉사활동), 월 1회 기부금 후원(2년째 지속 중)

```
┌─────────────────────────────────────────────────────────┐
│  직접작성                                                 │
│                                                           │
│                                                           │
│                                                           │
│                                                           │
└─────────────────────────────────────────────────────────┘
```

자기소개서를 바탕으로 한 질문과 답변 예시

해당 업무를 지원한 동기는 무엇입니까?

지구 온난화에 따라 세계 각국에서 온실가스 저감을 위한 노력을 하고 있으며, 이에 따라 전 세계적으로 수소차나 전기차와 같은 친환경 자동차가 큰 이슈입니다. 우리나라 역시 친환경 자동차 인프라 확대에 앞장서고 있는데, 평소 친환경 자동차에 관심이 많아 관련 분야에 대해 공부를 했고, 이런 저의 관심과 노력이 해당 업무를 수행하는 데 도움이 될 것이라 생각하여 지원하였습니다.

```
┌─────────────────────────────────────────────────────────┐
│  직접작성                                                 │
│                                                           │
│                                                           │
│                                                           │
│                                                           │
└─────────────────────────────────────────────────────────┘
```

수소차 관련 업무를 하고 싶다고 하였는데, 수소차의 장·단점에 대해 얘기해 보시오.

수소 자동차의 장점으로는 앞서 말씀드린 바와 같이 친환경적이라는 것입니다. 우선 미세먼지 정화에 도움이 되고, 전기를 만드는 방법에 있어서 탈원전 정책에도 도움이 됩니다. 마지막으로, 수소차는 순수한 물을 만들 수 있으므로 물 공급이 원활하지 않은 지역에서도 사용할 수 있습니다. 단점으로는 현재 수소를 생산하는 방식이 아직 완전히 친환경적이 아니라는 것입니다. 수소는 2차 에너지이므로 수소를 생산하고 운반하는 과정에서 많은 비용이 소요되고, 수소가스를 얻는 과정에서 오염이 발생합니다. 물을 전기분해해서 얻을 수 있는 그린 수소는 생산단가가 높아 경제성이 없는데, 앞으로는 진정한 친환경 에너지 개발을 위해 수소의 친환경적 발생 방안에 대해 많은 연구가 필요하다고 생각합니다.

```
┌─────────────────────────────────────────────────────────┐
│  직접작성                                                 │
│                                                           │
│                                                           │
│                                                           │
│                                                           │
└─────────────────────────────────────────────────────────┘
```

전공(일반기계직)과 관련된 4차 산업에는 무엇이 있습니까? 설명해 보시오.

기계공학은 단순한 기계에서부터 아주 복잡한 로봇에 이르기까지 모든 기계들의 설계, 제작, 활용의 전 과정을 다룹니다. 따라서 바이오공학, 자동차공학, 로봇공학, 컴퓨터 공학 등 거의 전 영역의 산업 분야가 기계공학을 근간으로 하고 있다고 말할 수 있습니다. 그중 기계공학과 관련된 대표적인 4차 산업으로는 자율주행(무인) 자동차, 로봇공학, 바이오 분야, 나노 분야, 해양에너지 분야 등이 있습니다.

```
  직접작성



```

➕ **기타 추가 질문**

- 본인이 원하는 직렬에 가장 필요한 자세는 무엇입니까? 그리고 해당 자세를 기르기 위해 어떤 노력을 하였는지 말해 보시오.
- 친환경 자동차에 관심이 많아서 관련 공부를 하였다고 했는데, 어떤 것을 공부했는지 말해 보시오.
- 전기차와 수소차 중 어느 차가 더 친환경적이라고 생각합니까? 그 이유는 무엇인지 말해 보시오.
- 산업통상자원부와 국토교통부의 유튜브, 블로그에서 인상깊게 본 내용을 설명해 보시오.
- 지원 부서의 정책 중 관심이 있는 정책 혹은 문제점이 있는 정책을 말해 보시오.
- 친환경 자동차에 대한 정부 정책에 대해 아는 대로 얘기해 보시오.
- 만약 본인이 해당 업무를 맡게 된다면 어떤 정책을 진행하고 싶은지 말해 보시오.
- 만약 수소차 구매자들이 왜 우리 지역에는 충전소가 없냐며 단체로 항의한다면 어떻게 대응하겠습니까?
- 우리나라 산업 분야 중 타 분야에 비해 취약하다고 생각되는 분야에 대해 설명해 보시오.
- 자동차 회사에서 인턴 경험이 있다고 하였는데, 어떤 일을 했습니까? 어려움을 겪었던 경험이 있다면 어떻게 해결했는지 말해 보시오.
- 창작 자동차 경진대회에서 입상을 하였는데, 정확히 어떤 대회인지, 어떤 분야로 출품하였는지, 거기서 무슨 일을 하였는지 말해 보시오.
- 자동차 관련하여 경력이 많은데 왜 월급이 많은 대기업 입사가 아닌 굳이 공무원이 되려고 하는지 설명해 보시오.
- 인공지능과 로봇들로 인해 제조업 일자리가 점점 줄어들고 있어 문제라는 의견들이 많은데 이에 대해 어떻게 생각합니까?
- 로봇이 사람을 대체할 수 있다고 생각합니까?
- 봉사활동을 많이 한 이유는 무엇입니까? 거기서 무엇을 얻었는지 말해 보시오.
- 사회 생활 중 차별대우를 받은 경험이 있습니까? 있다면 어떻게 대처하였는지 말해 보시오.

➕ **면접 플러스**

기술직렬의 경우, 응시자 중 전공자가 많으므로 전공이나 자격증, 경험 관련하여 본인이 관심 있는 분야를 중심으로 자세히 기술하도록 한다.

3. 상황형 문제

귀하는 청사 보안구역 출입관리 담당 주무관입니다. 기존에는 보안구역 출입 시 수기로 명부 작성을 하였으나 보안강화 및 빠른 출입을 위해 생체인식시스템 도입을 추진 중입니다. 생체인식시스템은 기존 시스템보다 보안 효과가 뛰어나며, 시간 단축을 통한 효율성 또한 높습니다.
하지만 기존 출입자들은 지금까지 보안사고가 없었는데 왜 굳이 도입하려고 하느냐며 예산낭비, 생체정보유출 등을 이유로 반대하고 있는 상황입니다. 귀하는 담당 주무관으로서 이와 같은 상황에 어떻게 대처하겠습니까?

면접관의 의도

문제 상황을 제시하여 이에 대한 대처 능력 및 공직자로서의 자세를 평가하는 것이다. 해당 문제의 경우 '설득'과 '소통'에 주안점을 두어야 한다.

핵심 키워드

시스템 변경, 효율성, 예산, 개인정보유출, 보안 등

상황 파악

- 상황: 수기 작성 방식에서 생체인식시스템으로 변경
- 청사 측: 보안 효과가 뛰어나며 효율성 좋은 생체인식시스템 도입 추진
- 기존 출입자: 예산 낭비, 개인정보유출을 이유로 반대

직접작성

- 사전 조사
  - 비슷한 사례 조사
  - 수기 작성 방식하에서의 보안사고 발생 사례를 조사, 수기 작성 방식의 문제점 체크
  - 생체인식시스템의 보안사고율을 파악하여 수기 작성 방식과 비교자료 작성
- 기존 출입자 설득
  - 비교자료를 근거로 생체인식시스템의 우수한 보안성에 대해 설명
  - 생체인식시스템을 통해 취득된 개인정보자료 보호 방안을 마련하여 설득
  - 시스템 도입의 경우 초반에만 예산이 들어가고 정착되면 크게 예산이 소요되지 않는다는 점을 들어 설득

직접작성

- 조사한 사례 및 해당 건의 진행 상황을 매뉴얼화하여 비치
- 개인정보보호가 제대로 이루어지고 있는지 수시로 모니터링

직접작성

- 사례 조사를 한다고 하였는데, 조사는 어떤 방식으로 진행하겠습니까?
- 생체인식시스템의 성능 및 효율이 뛰어나지만 예산을 체크해 보니 생각보다 많은 비용이 소요된다면 어떻게 하겠습니까?
- 해당 건에 대하여 매뉴얼화한다고 하였는데, 매뉴얼에 들어갈 수 있는 내용으로는 어떤 것들이 있는지 설명해 보시오.
- 기존 출입자들이 개인정보에 대하여 저렇게 민감하게 반응하는 이유는 무엇인지 설명해 보시오.
- 얘기한 대로 설득하였는데도 설득이 되지 않는다면 어떻게 하겠습니까?
- 조사하였더니 기존 수기 작성 방식에서도 수집된 정보가 유출이 되었다면 어떻게 하겠습니까?
- 마지막으로 하고 싶은 말을 해보시오.

➕ **면접 플러스**

보통 후속작업으로 발생했던 문제에 대한 '매뉴얼'을 만들겠다는 해결책이 제시되는데, 이 경우 매뉴얼의 내용 및 운용방법에 대한 질문이 동반될 수 있으므로 구체적으로 구상해야 한다.

🔲 **더 알아보기**

120대 국정과제

윤석열 대통령이 20대 대통령으로 당선된 후 대통령직인수위원회에서 발표한 110대 국정과제의 이행 계획 등에 대한 검토를 거치고, 지방시대와 관련된 10개 국정과제를 추가하여 최종적으로 6대 국정목표, 23개 약속, 120대 국정과제를 확정지었다. 6대 국정목표는 정치·행정, 경제, 사회, 미래, 외교·안보, 지방시대로 나누어지며 내용은 다음과 같다.

1. 상식이 회복된 반듯한 나라
2. 민간이 끌고 정부가 미는 역동적 경제
3. 따뜻한 동행, 모두가 행복한 사회
4. 자율과 창의로 만드는 담대한 미래
5. 자유, 평화, 번영에 기여하는 글로벌 중추국가
6. 대한민국 어디서나 살기 좋은 지방시대

CHAPTER 03

공업직(일반기계·전기·화공) 면접 핵심 자료

01 보도자료와 정책자료

1. 보도자료

(1) 내 차는 자율주행 레벨 몇일까?

🏛 산업통상자원부	보 도 자 료		다시 도약하는 대한민국 함께 잘사는 국민의 나라
보도 일시	2023.1.19.(목) 11:00 〈 1.20.(금) 조간 〉	배포 일시	2023.1.19.(목)
내 차는 자율주행 레벨 몇일까? – 국표원, 자율주행 레벨(0~5) 분류기준 국가표준(KS) 제정 –			

산업통상자원부 국가기술표준원(원장 이상훈)은 자율주행차의 용어와 개념을 정리하고 자율주행 레벨 분류기준을 정의하는 표준안 개발을 완료하고 오는 1월 25일 국가표준(KS)을 제정고시한다고 19일 밝혔다.

국내에서 레벨 분류는 국제자동차기술자협회(SAE) 기준을 주로 인용하여 왔으나, 이번 KS 제정으로 자율차 관련 국가·지자체 실증사업 및 산업계에 보다 명확한 자율주행 레벨 분류기준을 제공하게 되었다.

제정되는 KS표준*은 국제표준(ISO)** 기반으로 자율주행을 차량의 사용자와 운전자 동화시스템의 역할에 따라 레벨 0에서 레벨 5까지 6단계로 분류한다.

레벨 0	레벨 1	레벨 2	레벨 3	레벨 4	레벨 5
운전자동화 없음	운전자 보조	부분 운전자동화	조건부 운전자동화	고도 운전자동화	완전 운전자동화
–	운전자 보조		자율주행 (ADS)		

* KS R ISO/SAE PAS 22736(도로 차량 운전자동화 시스템의 분류와 정의)

** 2021년 국제표준화기구(ISO)는 SAE J 3016을 기반으로 ISO/SAE PAS 22736을 국제표준으로 채택

예를 들어 자동차선 변경 시 레벨 2에서는 손발을 떼더라도 눈은 운전환경을 주시하여야 한다. 레벨 3에서는 눈도 뗄 수 있으나, 시스템이 개입을 요청하면 운전자는 운전행동으로 복귀하여야 한다. 레벨 4는 비상시 대처 등을 운전자 개입 없이 시스템이 스스로 해결할 수 있으며, 레벨 5는 모든 도로조건과 환경에서 시스템이 항상 주행을 담당하게 된다.

이 외에도 KS표준은 운전자동화, 운전자보조, 운전전환요구 등 자율주행 관련 주요 용어를 정의하고, 자율주행 기능으로 오해를 부를 수 있는 오토노머스(Autonomous), 무인(Unmanned) 등 용어는 사용하지 않도록 권고하고 있다.

자율주행 레벨 KS표준 제정을 통해 자동차 및 부품, 통신, 법률, 보험, 도로 인프라, 교통물류 등 관련 산업에서 사용되는 레벨과 용어를 통일함으로써 자율주행 기능에 대한 혼동을 최소화하고 후방 산업 비즈니스 확산의 기준으로 활용할 수 있을 것으로 기대된다.

국표원은 앞으로도 관련 부처와 함께 자율주행 서비스 활성화의 열쇠가 되는 자율주행 데이터 표준과 라이다 · 레이다 · 카메라 등 핵심부품에 대한 표준화 작업도 지속 추진할 예정이다.

(2) 탄소중립시대의 새로운 성장동력, 기후테크 본격 육성

🏛 중소벤처기업부	**보 도 자 료**	*다시 도약하는 대한민국* *함께 잘사는 국민의 나라*	
보도 일시	2023. 3. 13.(월) 11:00	배포 일시	2023.3.13.(월)

탄소중립시대의 새로운 성장동력, 기후테크 본격 육성
– 기후테크 벤처 · 스타트업 타운홀미팅 개최(3.13.) –
– 5월 부산 기후산업국제박람회 및 2030 부산 세계박람회 유치와 연계 –

대통령 직속 '2050 탄소중립녹색성장위원회'(공동위원장: 한덕수 국무총리, 김상협 카이스트 부총장, 이하 탄녹위)가 녹색성장의 실현을 위해 범정부 역량을 결집하여 기후테크 벤처 · 스타트업 본격 육성에 나선다. 탄녹위는 3.13.(월) 부산광역시 벡스코에서 부산광역시와 공동으로 '기후테크 벤처 · 스타트업 타운홀 미팅'을 개최했다. 이날 행사에서 탄녹위는 국가의 신성장동력이 될 수 있는 기후테크를 육성할 정책의지를 밝히고, 이와 관련한 시민 의견을 수렴함으로써, 탄소중립과 녹색성장을 동시에 달성하기 위한 기반을 다졌다.

기후테크는 기후(Climate)와 기술(Technology)의 합성어로 수익을 창출하면서 온실가스 감축과 기후적응에 기여하는 모든 혁신기술을 의미한다. 기후테크는 클린 · 카본 · 에코 · 푸드 · 지오테크의 5개 분야로 구분되며, 에너지(클린), 탄소포집 · 산업 · 물류(카본), 환경(에코), 농식품(푸드), 관측 · 기후적응(지오) 등 기후산업의 전반적 분야를 포괄한다.

현재, 우리나라를 포함한 세계 주요국의 탄소중립 선언*으로 탄소감축 필요성에 대한 공감대가 확대되고 있으며, 관련 산업 · 기술 분야의 성장세도 뚜렷하다.

* 한국 · 미국 · 프랑스 · 영국 등(2050), 독일 · 스웨덴(2045), 중국 등(2060)

이에 따라 전 세계적으로 한 해 500억 달러(60조 원) 내외의 기후테크 자금이 투입되고 있으며, 투자금은 매년 급속히 확대되는 추세이다. EU, 미국, 중국 등 주요국들은 기후테크 분야를 새로운 성장동력으로 육성하고자 대규모 투자를 진행하고 있어, 우리나라가 이러한 상황에 뒤쳐질 경우 자칫 산업의 주도권을 상실할 우려가 있다.

이날 행사에서 기후테크의 5개 분야 중 하나인 지오테크에 해당하는 나라스페이스의 박재필 대표가 인공위성을 이용한 탄소 관측 · 감시 기술을 설명하고, 해당 시장의 미래 비전을 선보였다. 나라스페이스는 탄소감축 성과를 정량적으로 측정 · 분석하는 것을 필요로 하는 기업과 연구기관 등에 이 데이터를 판매하고, 데이터 활용 플랫폼을 제공할 예정이다.

기후테크 스타트업에 투자하는 벤처투자사(벤처캐피털)이자 기후변화 전문기관인 BNZ파트너스의 임대웅 대표는 기후테크 투자 시장의 현황과 성장 전망을 발표했다. 임 대표는 경기침체 위기에 따른 불확실성이 커짐에 따라 벤처 투자 시장이 전반적으로 위축되고 있는 상황이지만, 미래를 위한 기후테크 투자는 올해에도 지속 확대해 나가야 한다고 말했다.

중소벤처기업부의 윤세명 기술혁신정책과장은 기후테크의 개념과 국내외 기업·투자 현황을 소개하고, 기후테크 육성을 위한 정부의 정책적 의지를 밝혔다. 기후테크 벤처·스타트업은 탄소중립의 새로운 아이디어와 기술을 개발하는 혁신 주체가 될 수 있다는 점을 강조하고, 기업 경쟁력 강화를 위한 투자, R&D, 규제개선 등 성장 생태계를 조성하기 위한 지원을 아끼지 않겠다는 의지를 피력했다.

탄녹위는 이날 행사에서 제기된 각계의 의견을 수렴한 후, 관계부처와 함께 종합적인 기후테크 벤처·스타트업 육성 방안을 마련하여 3월 이후 탄녹위 전체회의에서 발표할 예정이다.

이 내용에는 기후테크에 대한 현장 의견과 폭넓은 현황 분석을 바탕으로 민·관의 협력을 중심으로 한 체계적이고 유기적인 기후테크 벤처·스타트업 진흥 방안이 담길 예정이다. 또한, 다가오는 5월에 부산에서 있을 2023 기후산업국제박람회(WCE)에서도 기후테크의 현 기술 수준과 미래 가능성이 널리 알려질 수 있도록 정부, 관계기업 및 투자자들의 적극적인 참여를 이끌어낼 예정이다.

(3) 편리함에 안전을 더하다! 올해부터 파열방지 부탄 캔!

⬤ 산업통상자원부	보 도 자 료		다시 도약하는 대한민국 함께 잘사는 국민의 나라
보도 일시	2023.1.18.(수) 11:00 〈 1.20.(금) 조간 〉	배포 일시	2023.1.19.(목)

편리함에 안전을 더하다! 올해부터 파열방지 부탄 캔!
– 부탄 캔에 파열방지기능 의무화, 「고압가스 안전관리법 시행규칙」 시행 –

산업통상자원부(장관 이창양, 이하 산업부)는 「고압가스 안전관리법 시행규칙(산업통상자원부령 제446호)」의 시행에 따라 2023년 1월 1일부터는 '국내 판매용 부탄 캔에 파열방지기능을 갖추도록 의무화'하여 생산한다고 밝혔다.

부탄 캔은 내수용으로 연간 약 2.1억 개(1인당 약 4개 사용)가 생산되고 있으며, 부탄 연소기 사용 중에 부탄 캔이 과열되어 파열사고*가 지속됨에 따라, '국민생활 밀착형 가스안전 확보'를 위해 제2차 가스안전관리 기본계획(2020~2024년)의 세부 과제로 '부탄 캔에 파열방지기능 안전장치 장착의 의무화'를 추진하였다.

* 최근 5년간(2018~2022년) 부탄 캔 전체 사고 93건 중 파열에 의한 사고는 72건(77.4%)

> **파열방지기능이란?**
> • 부탄 캔 용기가 가열되어 내부의 가스 압력이 급격히 상승하면 용기의 이음매 부분이 파열되는데, 파열압력 전에 용기에 틈새를 만들어 가스를 방출함으로써 내부압력을 낮추어 용기의 파열을 방지하는 기능
> • 파열방지기능의 장착으로 상당수의 부탄 캔 사고를 예방하고, 부탄 캔 파편으로 인한 부상을 방지하여 사고와 인명피해가 상당히 줄어들 것으로 기대됨

그간 산업부는 부탄 캔 파열사고 예방을 위하여 부탄 캔에 경고 그림의 크기를 확대(1/35 → 1/8)하고 파열방지기능의 유무를 표시하도록 「고압가스 안전관리법」 제22조의 2에 따른 상세기준을 개정(21.7.5. 시행)하였고, 「고압가스 안전관리법 시행규칙」 개정(22.1.7. 개정, 23.1.1. 시행)으로 모든 국내판매용 부탄 캔에 파열방지기능을 의무적으로 갖춤으로써, 부탄 캔 사고 중 파열로 인한 안전사고의 근본적인 예방을 기대할 수 있다.

(4) [보도설명 자료] 정부는 탈석탄 정책 기조를 유지하고 있으며, 정부의 탄소중립 정책이 '백스텝'했다는 주장은 사실이 아님

보도 설명 자료

(2022.1.19.)

수신: 산업통상자원부 등록기자

제목: 정부는 탈석탄 정책 기조를 유지하고 있으며, 정부의 탄소중립 정책이 '백스텝'했다는 주장은 사실이 아님(22.1.19. 세계일보 「脫석탄 아닌 減석탄… 정부 탄소중립 정책 '백스텝」 보도에 대한 설명)

- 보도 내용

  10차 전기본 계획기간 동안 정부의 탈석탄 정책 기조가 후퇴했으며, 정부 탄소중립 정책이 '백스텝'

- 동 보도 내용에 대한 입장

  10차 전력수급기본계획의 2030년 석탄발전 비중 19.7%는 9차 전기본(29.9%) 및 NDC 상향안(21.8%) 대비 대폭 축소하여 탈석탄 기조를 유지하고 있으며, 보도 내용은 사실이 아님

〈2030년 석탄 발전량 비중 전망〉

(단위: TWh)

구분	2018년	2030년 전망		
		9차 전기본	NDC 상향안	10차 전기본
발전량	239.0	175.1	133.2	122.5
비중 (전체 발전량 대비)	41.9%	29.9%	21.8%	19.7%

2030년 이후에도 석탄발전 비중을 지속 감축(2036년 석탄발전 비중: 14.4%)하며, 2036년까지 가동연한 30년이 도래하는 노후 석탄발전소 28기(14.1GW)를 폐지할 계획임. 또한, 향후 석탄발전에 암모니아 20% 혼소발전을 추진하여, 온실가스 감축과 탄소중립을 추진해 나갈 예정임

정부는 탄소중립을 위한 탈석탄 정책 기조를 유지하면서, 전력수급의 안정성에 차질이 없도록 하는 한편, 석탄발전 폐지에 따른 일자리 문제와 지역경제 영향을 최소화할 수 있도록 적극 대응할 예정임

---

2. 정책자료

(1) 자발적 탄소시장의 부상, 중소기업 정책 방향

① 주요국들은 탄소중립을 법제화하고, 새로운 경제성장의 동력으로서 탄소중립 이슈의 극복 방안을 모색 중이며, 중소기업에 대한 지원과 이들의 혁신을 주요하게 인식하고 있다.

② 기업들의 탄소중립 선언이 이루어지고 있으며, 특히 기업들의 자발적인 참여를 통해 운영되는 자발적 탄소시장에 대한 국제적 차원의 이니셔티브(목표를 달성하기 위해 해야 하는 핵심적인 일)가 증가하고 있는 것에 주목할 필요가 있다.

③ 자발적 탄소시장은 탄소감축의 의무가 부여되지 않는 기업(또는 기관) 등이 사회적 책임과 환경보호를 위해 배출권을 거래하는 시장으로, 운영 및 관리를 위해 소요되는 비용이 상대적으로 낮은 특성을 가진다. 기업은 활동 중에 발생한 탄소를 자발적으로 상쇄하거나 탄소배출권을 구매하는 방식으로 시장에 참여한다.

④ 국내의 경우 배출권거래제(규제적 시장) 참여 대상인 중소기업은 약 100여 개이며, 이를 제외한 대부분의 중소기업은 자발적 시장의 잠재적인 참여 대상이다. 자발적 탄소시장은 2017년 이후 가파른 성장세를 보이고 있으며, 2020년부터 2030년까지 약 15배 증가할 것이라는 전망이다.

⑤ 국제적으로 널리 알려진 자발적 시장으로 자발적 탄소 표준(VCS), 골드 스탠더드(GS), 탄소 레지스트리(ACR), 기후보호행동(CAR) 등이 있고, 국내의 경우 최근 이에 대한 관심이 높아지고 있으며, 산업통상자원부의 온실가스 감축사업(KVER)의 사례가 참고할 만하다.

⑥ 중소기업 탄소중립 전환에 대한 새로운 인센티브 체계의 관점에서 '중소기업 참여형 자발적 시장 체계'의 확립이 필요하며, 다음과 같은 정책 방향을 제안한다.

⑦ 중소기업들이 참여하고, 자발적 시장이 형성되어 안정화될 때까지 정부의 예산사업 방식으로 운영을 지원하는 것이 바람직하다. 탄소배출 평가 및 인증에 대한 전담 기구를 중소기업 소관 부처 차원에서 운영하는 것이 필요하다. 중소기업의 자발적 온실가스 감축 활동에 대한 인증 부여, 인센티브 제공, 중기지원사업 연계하려는 노력이 중요하다. 또한 중소기업 참여형 자발적 시장에 대한 범위를 확립하는 것이 필요하다.

(2) 반도체 · AI · 배터리 등 미래전략산업 초격차 확보

정책	세부 내용
경제안보 확보	• 반도체, 배터리 등 국가첨단전략산업 성장기반 마련 • 반도체 설비투자 시 과감한 인센티브 제공 및 인허가 신속 처리 ※ ▲투자지원 확대, ▲인프라 구축 지원, ▲인허가 일원화 검토 등 • 전략산업(반도체, 배터리, 디스플레이 등) 생태계 · R&D · 국제협력 등 종합지원 • 「국가첨단전략산업법」 지원체계 본격 가동 및 지원내용 강화
인재양성 강화	• 미래전략산업을 이끌어갈 인재 양성 생태계 구축 • 반도체 특성화대학을 지정하고 관련학과 정원 확대 검토 • 계약학과, 산학연계 프로그램 등 산업 현장수요에 맞는 인재 양성
4차 산업혁명	로봇, 반도체 등 디지털 실현산업* 수요연계 · R&D 강화 * 로봇, AI반도체, 전력반도체, 센서, IoT가전 등
사회문제 해결	• 팬데믹 · 인구구조 · 기후위기 등 문제해결형 신산업 육성 • 백신 · 레드바이오 · 융합바이오 등 신산업 관련 규제완화, 제도 · 인프라 구축 ※ ▲바이오 제조혁신센터 구축, ▲생분해플라스틱 평가 · 인증 · 처리시스템 마련, ▲유전체 규제완화 등 • 수소, CCUS 등 탄소중립 · 미세먼지 대응 에너지신산업 조기 상용화

(3) 에너지안보 확립과 에너지 신산업 · 신시장 창출

정책	세부 내용
에너지믹스	원전, 재생에너지 조화 등을 고려, 에너지믹스를 합리적으로 조정하고 에너지 · 산업 · 수송부문 NDC 달성방안 수정
에너지 공급망	• 자원안보의 범위를 수소, 핵심 광물 등으로 확대하고 비축 확대, 수입국 다변화, 재자원화로 수급안정성 제고 • 민간 중심으로 해외자원 산업생태계를 회복하고 자원공기업 경영 개선 추진
에너지 신산업	• 태양광, 풍력 산업을 고도화하고 고효율 · 저소비형 에너지 수요관리 혁신, 4차산업 기술과 연계한 신산업 육성 추진 • 안정적 청정수소 생산 · 공급기반을 마련하여 세계 1등 수소산업 육성
전력망 · 시장	• 전력시장 · 요금 및 규제 거버넌스의 독립성 · 전문성을 강화하고 경쟁과 시장원칙에 기반한 전력시장 구축 • 안정적 전력공급을 뒷받침하는 미래형 전력망 구축 • 에너지 취약계층에 대해서는 필수전력 지원 확대

1. 전문 자료

(1) 4차 산업혁명(2016년도 5분 스피치 주제)

① 4차 산업혁명의 개요

    ㉠ 정의: 정보통신기술(ICT)의 융합으로 인공지능(AI), 사물인터넷(IoT), 로봇, 드론, 자율주행차, 가상현실(VR) 등이 주도하는 차세대 산업혁명을 말한다.

    ㉡ 산업혁명의 단계

단계	시기	핵심 키워드	핵심 기술
1차 산업혁명	18세기	기계화	1784년 영국에서 시작된 증기기관과 기계화
2차 산업혁명	19~20세기 초	산업화	1870년 전기를 이용한 대량생산이 본격화
3차 산업혁명	20세기 후반	정보화	1969년 인터넷이 이끈 컴퓨터 정보화 및 자동화 생산시스템
4차 산업혁명	현재	지능화	로봇, 인공지능(AI), 사물인터넷을 통해 실제와 가상이 통합돼 사물을 자동적·지능적으로 제어할 수 있는 가상 물리 시스템의 구축

② 4차 산업혁명 관련 핵심 개념

개념	세부 내용
인공지능(AI)	• 인공지능(AI)은 인간의 두뇌 작용(인식판단, 추론, 문제해결, 언어, 행동지령, 학습)을 컴퓨터 스스로 추론·학습·판단하면서 작업하는 시스템으로, 2000년대 들어 급속히 진보함 • 자율주행차, 데이터 마이닝, 언어인식, 의약 및 생명정보공학, 금융서비스, 로봇, 교육 등 다양한 분야에 응용
자율주행차	운전자가 브레이크, 핸들, 가속 페달 등을 제어하지 않아도 도로 상황을 파악해 자동으로 주행하는 자동차로, 운전자 없이 운행하는 무인 자동차와는 다른 개념이지만 혼용되어 사용
가상현실 (VR)	• 컴퓨터 가상세계에서 사람이 실제와 같은 체험을 할 수 있도록 하는 최첨단 기술로, HMD(머리에 장착하는 디스플레이 디바이스)를 활용해 체험 가능 • 의학(수술·해부 연습), 항공·군사(비행 조종 훈련) 등 다양한 분야에 이용·활용

사물인터넷 (IoT)	• 사람 · 사물 · 공간 · 데이터 등이 인터넷으로 서로 연결되어 정보를 공유하는 환경으로, 궁극적 목표는 사물의 인터넷 연결로 사물의 특성을 지능화, 자동화함으로써 더 나은 서비스를 제공하기 위함 • 농업 · 환경 · 에너지 · 유통 등 다양한 분야의 정보를 모아 분석한 산업의 지능화가 목적임 • 사물인터넷 활용 분야 　– 교통: 교통 지체 · 흐름 개선으로 혼잡비용 절감 및 교통사고 예방 　– 의료: 개인맞춤형 건강관리 　– 안전: CCTV 기반 범죄예방 　– 에너지: 자동화된 물류시스템 개발 및 실시간 정보제공 　– 농업: 각종 센서 기술을 개발한 스마트팜(Smart Farm) 　– 제조: 다품종 소량 생산의 유연화 전략 및 맞춤 생산 　– 스마트홈(Smart Home): 조명, 냉장고, 세탁기, 로봇청소기 등 가전 제어 관리
드론 (Drone)	• 무선전파 유도에 의해 비행 · 조종이 가능한 비행기나 헬리콥터 모양의 군사용 무인항공기(UAV; Unmanned Aerial Vehicle / Uninhabited Aerial Vehicle)의 총칭으로, 2010년대를 전후하여 군사적 용도 외 다양한 민간 분야에도 활용 • 대표적으로 사람이 직접 가서 촬영하기 어려운 장소(화산 분화구 등)를 촬영하거나, 인터넷 쇼핑몰의 무인(無人)택배 서비스에 활용

(2) 「소재 · 부품 · 장비산업 경쟁력 강화를 위한 특별조치법」(약칭 「소재부품장비산업법」)

① 「소재부품장비산업법」의 개요

㉠ 소재 · 부품 · 장비산업의 발전 기반을 조성하고, 산업기술 역량의 축적 등 소재 · 부품 · 장비산업의 경쟁력 강화 및 건전한 생태계 구축을 통하여 국가안보 및 국민 경제의 지속적인 성장에 이바지함을 목적으로 한다(「소재부품장비산업법」 제1조).

㉡ 2019년 12월 27일 국회 본회의에서 「소재 · 부품 · 장비산업 경쟁력 강화를 위한 특별조치법」이 의결됨

• 소재 · 부품 · 장비산업 관련 정책을 제도적으로 뒷받침하는 법적 기반의 마련으로 소부장산업의 경쟁력 강화를 국가적으로 지속적으로 추진할 수 있게 되었다.

• 기존의 소재 · 부품에서 소재 · 부품 · 장비로 정책대상을 확장하여 산업 중심 경쟁력 강화를 위한 모법으로 전환하는 계기가 되었다.

▌더 알아보기

소부장 산업

• '소부장'은 소재 · 부품 · 장비를 줄인 말로, 2001년부터 2019년 7월 일본 수출규제로 중요한 대한민국 과제가 되었다. 일본 정부는 2019년 7월 4일부터 반도체 · 디스플레이 등의 생산에 필수적인 품목에 대한 한국 수출규제 강화 조치를 시행하였고 8월 2일에는 일본의 백색국가 명단(White List)에서 한국을 제외시켰다.

• 지난 20여 년간 외적으로는 성장했지만, 특정 국가에 대한 높은 의존도, 낮은 기술자립도, 수용기업과 공급기업 간 공급망 형성 부족 등의 고질적인 문제점을 안고 있다.

② 「소재부품장비산업법」에서 사용하는 용어의 정의(「소재부품장비산업법」 제2조)

용어	세부 내용
소재 · 부품	상품의 제조에 사용되는 원재료 또는 중간생산물로서 대통령령으로 정하는 것
장비	소재 · 부품을 생산하거나 소재 · 부품을 사용하여 제품을 생산하는 장치 또는 설비로서 대통령령으로 정하는 것
핵심전략기술	소재 · 부품 · 장비 중 산업 가치사슬에서 원활한 생산과 투자 활동을 위하여 핵심적 기능을 하는 기술로서 제12조에 따라 선정된 기술
특화선도기업	핵심전략기술과 관련한 기술적 역량과 생산능력을 갖춘 기업이거나 성장이 유망한 기업으로서 제13조에 따라 선정된 기업
전문기업	소재 · 부품 또는 장비의 개발 · 제조를 주된 사업으로 영위하는 기업으로서 제14조에 따라 확인을 받은 기업
전문투자조합	특화선도기업 등에 투자하고 그 성과를 배분하는 것을 주된 목적으로 하는 조합으로서 제18조에 따라 등록한 조합
신뢰성	소재 · 부품 · 장비의 품질 · 성능 등이 일정한 조건하에서 일정한 기간에 요구되는 수준을 갖추고 있는 것
실증기반	소재 · 부품 · 장비의 실증시험, 신뢰성평가, 성능검증 등에 필요한 시설 · 설비 기반
협력모델	소재 · 부품 · 장비분야에서 수요기업 사이 또는 공급기업 사이의 수평적 협력, 수요 · 공급기업 사이의 수직적 협력 등 참여하는 기업 간에 상호이익을 위하여 구축한 협력체계
상생모델	협력모델 중 대기업과 중소기업 간에 상호이익을 위하여 구축한 분업적 협력체계

③ 「소재부품장비산업법」의 기본방향과 주요 내용

구분	기본방향과 주요 내용
대상	• 기업단위 전문기업 육성 → 산업 전반적인 경쟁력 강화 • 산업기술역량 축적, 산업경쟁력 강화, 건전한 생태계 구축, 국가안보 개념 추가
범위	• 소재 · 부품 → 소재 · 부품 · 장비로 확대 • 소재 · 부품과 장비가 결합 · 융합 · 강화되는 추세로 산업 가치사슬 간 상호영향력 확대

기능	기술개발	• 모든 소재·부품·장비 산업에 기술개발 개방 • 기술확보 가능성 확장: 지식재산권(특허 등) 조사·분석, 공동 R&D • 기술이전 및 사업화 촉진, 국제협력 및 표준화 등 지원 근거 마련 • 융합혁신지원단(국책연구소 등)을 구성하여 기업지원 강화
	테스트베드	• 공공부문 실증설비 개방 및 평가 • 민간기업의 테스트설비 개방에 인센티브 부여 • 신뢰성평가·인증 지원, 신뢰성 보증근거 신설, 정부지자체·공공기관 등 우선구매로 공급망 진입 및 시장 창출 촉진
	인력양성	기술인력 수급 분석: 수요맞춤형 계약학과 설치 지원, 핵심 전략기술 전문교육기관 지정, 공동 교육 훈련 시설 설치 근거 신설
방식	규제개선	기업의 규제 건의는 관계부처가 적극적으로 처리하고, 법령 정비사안은 관계부처가 검토 및 조속한 법령정비 의무 부여
	특례조항	환경, 입지, 예비타당성 조사 등에 대한 특례 신설
체계	경쟁력강화 위원회	소재·부품·장비산업의 경쟁력 강화를 위한 주요 사항을 심의·조정하고, 업무지원을 위한 실무추진단을 산업부에 설치
	특별회계	안정적 재정확보를 위해 '특별회계' 설치
	수급안정화 조정	급변하는 국제통상 여건과 천재지변 등 긴급상황에서 핵심 전략기술 관련 품목의 수급 안정화에 필요한 조항 등 신설

④ 소재·부품·장비산업 정책 방향

구분	세부 내용
수립 배경	• 일본 수출규제 대응 중심의 소부장 정책을 통해 대일(對日) 의존도가 역대 최소(2022년上 15.4%)를 기록하는 등 일부 성과 창출 • 소재부품장비 대중(對中) 의존도는 지속 증가(2012년 24.9% → 2022년上 29.6%)하고, 요소수 사태에 적기 대응하지 못하는 등 한계점 일부 존재
주요 정책방향	• 대(對)세계, 첨단미래산업으로 정책대상 확대 • 공급망 종합지원체계 구축 • 소부장 산업 글로벌화 지원
정책 대상	• 대일(對日)/주력산업 중심 → 대(對)세계/첨단 미래산업으로 확장 　- 2020년 최초 선정된 100대 핵심 전략기술을 중국 등 대(對)세계 공급망, 첨단 미래산업을 고려하여 150대 핵심 전략기술로 대폭 확대 • 급변하는 글로벌 공급망 환경에 유연하게 대응하기 위해 핵심 전략기술을 주기적으로 재검토하여 개편 추진

공급망	• 공급망 위기대응력 부재 → 종합지원체계 구축 • 「소부장특별법」 개정: 공급망 정보분석, 리스크 관리 등 산업부문 공급망 안정화를 위한 법적 근거 마련 • 공급망 안정품목 신설: 국내 산업과 국민 생활에 큰 영향을 미치는 요소와 같은 원소재·범용품 집중 관리 　－ 조기 경보시스템 운영 및 고도화: 코트라·무역협회·수입기업 등 가용 가능한 해외 네트워크를 총동원하여 위기 징후 파악·대응 • 소재·부품·장비 공급망 안정사업 신규 추진 　－ 단일기업 또는 복수의 기업 간에 핵심 품목 공급망의 효율화·안정화 　－ 기술개발, 국내외 생산시설 구축, 컨설팅, 재고확대, 규제개선, 국제협력 등
글로벌화	• 국산화 중점 → 우리기업의 글로벌 시장 선점까지 지원 • 해외 수요－국내 공급기업간 공동 R&D 등 협력범위 확대 • 글로벌화 지원(무역금융, 인증 등)까지 자동 연계: 코트라, 업종 단체 및 융합혁신지원단(37개 정출연) 등 협업을 통해 해외 수요발굴 및 국내 소재·부품·장비 기업 연계 추진 • 소재·부품·장비 글로벌화 전략 수립: 주요 수입품목의 국산화를 넘어, 글로벌 공급망 재편을 소부장 기업의 수출기회로 활용

⑤ 산업분야별 핵심전략기술 확대 개편

분야	세부 내용
반도체	• 기존 17개 → 32개로 확대 • 반도체 공정에 필요한 소재(불화수소 등) 중심에서 패키징 후공정, 증착과 같은 공정 기술까지 확대 • 메모리 반도체 기술뿐 아니라 시스템 반도체(비메모리) 기술까지 포함
디스플레이	• 기존 10개 → 14개로 확대 • 현재의 주력모델인 OLED 기술 중심에서 미래 차세대 디스플레이(XR, 마이크로 LED, 플랙서블) 기술 중심으로 확대 개편
자동차	• 기존 13개 → 15개로 확대 • 내연차 중심(수소차 관련 일부 포함)의 기술에서 전기차 등 미래차에 필요한 핵심기술(구동모터용 고속베어링, 차세대 와이어링 하네스)을 추가
기계금속	• 기존 38개 → 44개로 확대 • 기계: 전통 기계산업용 장비(공작기계 등) 중심에서 항공용 가스터빈 등 고부가 산업용으로 전환 • 금속: 마그네슘·알루미늄 등 대외 의존도가 높은 기초소재 기술개발
전기전자	• 기존 18개 → 25개로 확대 • 상용 이차전지의 핵심소재(양극재, 음극재, 전해질, 분리막)의 자립화에서 고성능, 고안전 차세대 전지(전고체 전지 등) 기술로 확대 • 태양전지, 수전해용 전극소재 등 특정국 의존 품목도 신규 포함

기초화학	• 기존 4개 → 15개로 확대 • 일본 강점의 정밀 화학 제품에서 친환경(셀룰로오스계 인조섬유), 저탄소(리사이클 섬유소재), 미래유망(엔지니어링 복합소재) 등 확대
바이오	• 기존 0개 → 5개로 확대 • 코로나19 등 감염병 위기 대응을 위한 자체 기술력 확보의 중요성이 대두됨에 따라 바이오 분야에 대한 핵심 전략기술 신규 확대 • 백신 개발 시급성 및 업계 수요 등을 고려하여 백신 및 첨단 바이오의약품 4개 기술은 우선 반영(9차 위원회 심의 → 고시개정 2022.6.24.)

(3) 지능형 로봇

① 지능형 로봇의 개요

　㉠ 정의: 인공지능 등 IT 기술을 바탕으로 인간과 상호작용하면서 가사 지원, 교육, 엔터테인먼트 등 다양한 형태의 서비스를 제공하는 인간지향적인 로봇을 말한다.

　㉡ 특성: 지능형 로봇은 단순 반복 작업을 주로 수행하는 산업용 로봇과 달리 인공지능, 휴먼인터페이스, Ubiquitous 네트워크 등의 IT 기술이 집적된 Fusion System으로 '1가구 1로봇 시대'의 무한한 잠재적 시장을 목표로 다양한 정책 수립과 산업 육성에 매진하고 있다.

　㉢ 지능형 로봇의 역할과 활용 분야

　　• 역할: IT 도우미(로봇이 내 옆에 있는 것처럼 느끼게 해주는 도우미)로 다양한 환경(사무실, 백화점, 병원, 교통수단, 홈네트워크)에서 여러 기능 수행을 돕는다.

　　• 활용 분야: 가사 지원 · 실버 로봇, 교육 · 오락 로봇, 의료 · 헬스케어 로봇, 국방 · 안전 로봇, 해양 · 환경 로봇에 활용된다.

② 지능형 로봇 산업의 목표

목표	세부 내용
핵심기술 확보	• 정형화된 음성 · 화상 기반 상호작용기술 • SW 로봇 전이 및 자율망 구성 기술 • 정형화된 환경인식 및 주행기술 • 2족 보행 및 실시간 제어기술
산업기반 조성	• 지능형 로봇 연구소를 중심으로 자생적 산업 클러스터 조성 • 로봇 관련 기술 및 시장 정보 네트워크 구축
세계시장 선점	• 조기시장 창출을 위한 시범사업 추진 • 테스트베드 구축 및 표준 시험인증 강화

③ 우리나라 지능형 로봇 산업의 SWOT 분석

강점(Strengths)	약점(Weaknesses)
• 아파트, 인터넷 등 로봇 사용에 용이한 환경 • 반도체, 정밀기계 등 관련 기술 우수 • 메카트로닉스 관련 다양한 산업기반	• 산발적인 기술개발로 인해 요소부품 기술 뿐만 아니라 시스템통합 기술도 취약 • 요소부품 기술 부족 • 중소기업 위주로 자본력 취약 및 단기투자 성향
기회(Opportunities)	위협(Threats)
• 노령화, 유비쿼터스 IT 도래 등 성장 유망 • 미국, 일본 등 선진국에서도 시장 초기상황 • 관련 산업의 동시다발적 성장 등 파급효과가 큼 • BT, NT 등 학제적 · 융합적 기술기반 확보 시 미래 수요기반 확보	• 선진국은 국가차원의 집중개발 추진 • 선진국의 기술금수 및 정보차단에 의한 단기간 기술 추월에 한계 • 선진국의 기술장벽 강화로 기술적 예속 우려

④ 지능형 로봇의 장 · 단점

장점	단점
• 노동력 감소를 해결하고 업무 효율성을 높임 • 상품 · 서비스 원가를 낮춰 산업경쟁력 확보 • 객관적이고 합리적인 의사결정 가능 • 비대면 서비스 제공 가능 • 삶의 질 향상에 도움	• 단순노동이 로봇으로 대체됨으로 일자리 감소 • 윤리적 판단이나 가치관에 대한 판단 불가 • 군사적으로 활용될 경우 인명피해 발생 가능 • 데이터 범위를 벗어난 상황에서 항상 검증을 요함 • 감정 교류가 없음

⑤ 지능형 로봇의 기대효과

구분	세부 내용
경제적 측면	IT, BT, NT 등 신기술 분야의 산업화에서 지능형 로봇은 필수적인 생산기술을 제공하며, 타 성장동력 산업과의 연관성이 매우 높으므로 산업적 시너지 효과의 극대화가 가능
기술적 측면	• 메카트로닉스 기술과 기계, 전기, 전자 등의 전통기술과 신소재, 반도체, 인공지능, IT, BT, NT 등 첨단기술의 적용과 융합이 가능 • 신기술과의 융합으로 새로운 상품과 산업의 등장이 예상되며, 로봇 기술은 신기술 분야의 경쟁력 있는 산업화의 필수적인 인프라로 자리매김할 것으로 기대됨
사회적 측면	• 지능형 로봇 산업은 21세기 복지사회 서비스 수요를 해결할 새로운 대안으로 삶의 질 향상에 대한 인간의 욕구해결을 도울 수 있음 • 산업 공동화 현상에 대해 조선업과 같은 대기업형 산업뿐만 아니라 중소기업형 산업의 경쟁력 확보에 일조 • 고령자 · 장애인의 작업 역할 수행에 대한 조력자로 도움을 줄 수 있음 • 인간의 접근이 어려운 재난 현장에서 재해를 극복하는 데 도움을 줌

(4) 모빌리티 혁명

① 미래자동차의 개요

　㉠ 정의: 친환경 전기차와 수소차, ICT · AI 기술 기반의 자율주행차를 포괄하는 개념의 자동차를 말한다.

　㉡ 특징: 우버 · 디디추싱 · 그랩 등 스마트폰 · O2O 플랫폼 기반 공유이동수단 서비스 수단까지 확장되고 있다.

② 미래자동차 시장의 전망

구분	세부 내용
친환경차	• 전기 · 수소차 비중의 확대(20~30%) • 스마트카 · 자율주행 기능의 고도화로 자동차의 전동화 추진
자율주행차	반도체(센서) · 소프트웨어 · 인공지능 등 전후방 산업 발달
공유이동수단	관련 서비스 산업의 발전으로 생활 · 교통체계 혁명

③ 미래자동차 산업 글로벌 3강 전략

구분	세부 내용	
전동화 탑티어 (top-tier) 도약	• 차량용 SW · 반도체 역량 강화 • 전기 · 수소차 핵심 성능 강화	
	전기차	**수소차**
	• 충전속도: 현재 18분 → 2030년 5분(80% 이상 충전 시) • 주행거리: 현재 500km → 2026년 600km	• 내구성: 현재 30만km → 2030년 80만km • 연비: 현재 13km/kg → 2030년 17km/kg
	• 생산능력 확충을 위한 규제 걸림돌 해소: 자동차업계 95억원+α(2022~2026년) 투자이행 지원	
생태계 전반의 유연한 전환	• 부품기업 생태계의 미래차 전환 • 내연기관 친환경화 · 고도화: 내연차의 친환경화, 탄소중립 연료, 하이브리드 성능 고도화 • 생태계 다양성 강화: 전용 R&D 확대, 미래차 투자 시 외투 · 지투 보조금, 전기차 전문 위탁생산, 모빌리티 앱 개발 등	
안정적인 공급망 구축	• 미국 인플레이션 감축 법안 대응: 미국 전기차 보조금 개편 법안(IRA) 대응 • 주요 시장별 맞춤형 전략 추진 • 민 · 관 공급망 공조 강화 및 핵심품목 국산화	

자율주행 · 모빌리티 신산업 창출	• 자율주행 핵심기술 개발: Fast-follower 부품, First-mover 부품, 기술상용화 　네트워크 • 자율주행 · 커넥티드 기반 서비스 콘텐츠 개발 · 실증 • 환경조성 및 규제 혁신 　－ 데이터 공유 · 활용: AI 기반 모빌리티 빅데이터 포털 구축 　－ 표준 제정: 자율주행 데이터, 핵심부품(4종) 등에 대한 국가표준 마련 　－ 규제 개선: '모빌리티 규제혁신 로드맵' 2.0 수립 • 타산업과의 융합 활성화 　－ 자동차산업 확장 방향: 제조(반도체, 탄소소재, 철강 · 금속, 이차전지, 로 　　봇 · 기계)+모빌리티(자동차, 서비스)+에너지(수소, 대체연료, 전력서비스) 　－ 미래차 얼라이언스 설립 　－ 미래 모빌리티 연계기술 개발: 항공 · 방산(UAM, 무인이동체), 로봇(자율주 　　행로봇), 기계(건설 · 농기계), 조선(자율운행선박)

░ 더 알아보기

퍼스널 모빌리티(Personal Mobility)

• 전기를 동력으로 하는 1인용 이동수단으로 전동휠, 전동킥보드, 전기자전거, 초소형 전기차 등이 해당된다.

• 도로교통법에 따르면 전동킥보드, 전동휠 등 배기량 50cc 미만(전기 동력의 경우 정격출력 0.59kW, 590W 미만)의 원동기는 '원동기장치 자전거'에 해당해 원동기장치자전거 면허(16세 이상부터 취득 가능)를 소지해야 한다. 만약 면허 없이 전동킥보드 등 개인형 이동장치(PM)를 운전하면 10만 원의 범칙금이 부과된다.

• 해당 이동수단 운행 시 헬멧 및 보호장구를 착용해야 하며, 차도로 통행하고, 음주운전 금지 등 「도로교통법」을 준수해야 한다. 만약 헬멧 등 인명보호장구를 착용하지 않고 전동킥보드를 타면 2만 원, 두 명 이상이 전동킥보드를 같이 타면 4만 원의 범칙금을 내야 한다.

2. 관련 이슈

(1) 전기요금 누진제 9년 만에 대법원 선고

　　누진제는 전기요금을 전기 사용량에 따라 순차적으로 전기요금의 단가를 높여서 부과하는 제도로 1974년 석유파동으로 인한 에너지 절약을 유도하기 위해 도입되었다. 좋은 취지였던 누진제가 계속해서 논란이 되고 있는 이유는 국내 전기 사용량의 절반 이상을 차지하는 산업용 전기요금이 아닌 주택용 전기요금에 누진제를 적용했다는 점이다. 이러한 논란을 해소하기 위해 정부는 전기요금 누진제 폐지가 아닌 부담을 완화하는 수준의 개편이 이뤄져왔다.

〈누진제 개편 내용〉

구분	세부 내용
개편 전	계절과 상관없이 1단계(200kWh 이하) 93.3원, 2단계(201~400kWh) 187.9원, 3단계(400kWh 초과) 280.6원 적용
개편 후	• 2018년 하계(7~8월) 요금 할인 상시화 별도 누진 　－ 1단계: +100kWh 추가 확대하여 1단계(0~200kWh → 0~300kWh)로 조정 　－ 2단계: +50kWh 추가 확대하여 2단계(201~400kWh → 301~450kWh)로 조정

　지난 2014년 가정용 전기요금에 누진제를 적용하는 것은 사용자에게 부당하다며 적정 요금 차액 반환을 요구하는 소송이 진행되었고, 앞서 1·2심은 공공재인 전기 소비의 절약을 유도하는 것은 사회 정책상 타당하다며 누진제의 정당성을 인정했다. 2023년 3월 30일, 9년만에 대법원은 같은 이유로 가정용 전기요금에 누진제를 적용하는 것이 정당하다고 판결했다. 가정용 전기요금에 누진제 적용에 대한 논란이 대법원까지 간 만큼 향후 요금 체제 변경에 영향을 끼칠 것이라 생각된다.

▌더 알아보기

에너지바우처

- 에너지바우처는 에너지 취약계층이 전기, 도시가스, 지역난방, 등유, LPG, 연탄을 구입할 수 있도록 정부가 바우처를 제공하는 제도로, 여름 바우처와 겨울 바우처로 지원하며, 바우처 금액은 가구원 수를 고려하여 차등 지급한다.
- 지원대상: 「국민기초생활 보장법」에 따른 생계급여 또는 의료급여 수급자 중 노인(만 65세 이상), 영유아(만 6세 미만), 장애인 등이 있는 가구로 주민등록상 거주지 읍·면·동 행정복지센터에서 신청할 수 있다.
- 지급받은 바우처는 전기·도시가스·지역난방 요금을 자동 차감받거나 에너지공급사 등을 방문해 국민행복카드로 등유·LPG·연탄 등을 구입할 수 있다.

(2) 수소경제를 이루기 위한 발걸음

　수소경제는 수소가 주요 연료가 되는 미래의 경제로, 석유자원 고갈에 대한 대안으로 떠오르고 있다. 미국 펜실베이니아대학교 워튼스쿨 교수인 리프킨(Jeremy Rifkin)이 주장한 수소는 친환경 연료로 고갈될 우려가 없으며 에너지 시스템에 사용되는 모든 분야에 사용 가능해 재생에너지의 단점을 보완해준다는 장점이 있다. 우리나라는 성공적인 수소경제를 이루고자 혁신성장전략투자방향(2018.8.) 정책을 통해 수소경제를 3대 투자 분야로 선정하여 수소경제 추진위원회를 구성하였으며, 2019년 1월에 수소경제 선도국가로 도약하기 위한 각종 비전과 계획을 담은 수소경제 활성화 로드맵 정책을 내놨다. 이에 따라 현재 우리나라는 수소차, 연료전지, 천연가스 배관 등의 분야에서 수소를 활용하고 있다. 수소경제 전환으로 우리나라의 에너지원을 친환경 에너지로 전환하고 에너지 해외 의존도를 낮춰준다는 긍정적인 반응이 있지만 현재 정부의 방식대로 진행된다면 수소 에너지 생산하는 과정에서 다량의 온실가스가 배출될 수 있다는 우려 섞인 목소리도 있다. 이미 유럽, 북미 등 해외 주요국들에서는 수소 에너지를 생산하는 과정에서 이산화탄소 배출이 전혀 없는 그린수소를 위해 10MW급 이상의 수전해 실증 프로젝트를 추진하고 있어 국내에서도 2030년까지 그린수소 25만 톤 생산·공급 목표로 10MW급 수전해 실증을 본격 개시하겠다고 밝혔다.

(3) 2050 탄소중립

탄소중립은 인간 활동에 의한 이산화탄소 배출을 최대한 줄이고, 배출한 이산화탄소를 다시 흡수(삼림 등)해 실질적인 배출량을 '0(Zero)'으로 만드는 것이다. 배출 탄소량과 흡수 탄소량이 동일한 '순배출 0'으로, '넷-제로(Net-Zero)'라고도 부른다. 온실가스를 흡수하기 위해서는 배출 이산화탄소의 양을 계산하고 그만큼의 나무를 심거나, 풍력·태양력 발전과 같은 청정에너지 분야에 투자해 오염을 상쇄해야한다. 전세계적으로 지구온난화로 인한 이상기후(폭염, 폭설, 태풍, 산불 등) 현상이 나타남으로, 이러한 기후변화에 대응할 필요성이 대두하였다. 우리나라도 화석연료 의존도가 높고, 제조업 중심의 산업구조로 인해 온난화 경향(최근 30년간 평균 온도가 1.4℃ 상승)이 심해지고 있다. 따라서 우리나라는 기후 변화로 인한 국내 피해를 최소화하고, 기후위기 대응에 적극 동참하고자 2050 탄소중립을 선언(2020.10.28.) 하였다. 또한 탄소중립이 실현되었을 때 산업·건물 수송 등 주요 부문별 정책 방향을 제시하는 '2050 탄소중립 시나리오를'를 마련하였다.

※ 2050 탄소중립 시나리오는 경제적·기술적 여건변화를 고려하여 국가전략을 5년마다 재검토하고, 필요한 경우 이를 변경한다(「탄소중립법」 제7조).

〈2050 탄소중립 시나리오〉

첫째, 전환부문에서는 화력발전 전면중단으로 배출량을 제로화한 A안과, 석탄발전은 중단하나 LNG발전은 일부 유지하여 국내 배출량이 일부 잔존하는 B안을 제시하였다. 대신 재생에너지 비중은 각각 70.8%와 60.9%로 확대하는 것으로 제시하였다.

둘째, 산업부문에서는 A·B안 동일하게 철강공정의 수소환원제철방식을 도입하고, 시멘트·석유·화학·정유과정에 투입되는 화석 연·원료를 재생 연·원료로 전환하여 2018년 대비 80.4% 감축되는 안을 제시하였다.

셋째, 건물부문에서는 제로에너지 건축물 건립과 그린 리모델링을 통한 건축물의 에너지 효율 향상과 함께 에너지 고효율 기기 보급으로 2018년 대비 배출량을 88.1% 감축하는 안을 제시하였다.

넷째, 수송부문에서는 전기수소차 등 무공해차 보급을 97% 이상으로 확대하는 A안과 무공해차 보급을 85% 이상으로 하면서 혁신적인 기술개발로 탄소배출을 중립화한 내연기관차를 일부 잔존시키는 B안으로 구성하였다.

다섯째, 농축산부문에서는 영농법 개선, 저탄소 어선 보급 등을 통해 농경지와 수산업 현장에서의 온실가스 발생을 최소화하고, 저탄소 가축 관리와 식생활 전환, 저탄소 단백질 식품개발 등을 통해 2018년 대비 배출량을 37.7% 감축하는 안을 제시하였다. 이 밖에도 폐기물 함량과 그린수소 이용 확대를 제시하였다.

■ 더 알아보기

RE 100

- 'Renewable Electricity 100%'의 약어로, 2050년까지 사용 전력의 100%를 태양광, 풍력 등 재생에너지로만 충당하겠다는 다국적 기업들의 자발적인 약속을 말한다.
- 2022년 7월말 기준 RE100에 가입한 전 세계 기업은 구글, 애플, 제너럴모터스(GM), 이케아 등 376곳 (2014년 13곳)이다.

탄소세

온실가스를 배출하는 화석에너지(석탄, 석유 등) 사용량에 부과하는 세금으로, 1990년 핀란드에서 처음 도입되었으며, 제품 제조 과정에서 에너지 사용으로 발생하는 탄소 배출량에 따라 부과되는 일종의 종량세이다.

교토의정서와 파리협약

구분	세부 내용
교토의정서(1997)	기후변화의 심각성을 인식하고, 그 해결을 위해 선진국에 의무 부여
파리협정 (2016년 발효)	• 이후 121개 국가가 '2050 탄소중립 목표 기후동맹'에 가입 • 산업화 이전 대비 지구 평균온도 상승을 2℃보다 '훨씬 아래(well below)'로 유지하고 1.5℃로 억제하기 위해 노력 • 탄소중립사회: 지구 온도 상승 1.5℃ 이내 억제를 위해 2050년까지 탄소 순배출이 '0'이 되어야 함

성공에 대해서 서두르지 않고,

교만하지 않고,

쉬지 않고, 포기하지 않는다.

– 귀스타브 플로베르 –

농업직

01 농업직 공무원의 개요

1. 농업직 공무원이란?

농림축산식품부 또는 수요 부처에서 농산 · 축산 · 식량 · 농지 · 수리, 식품산업 진흥, 농촌 개발 및 농산물 유통에 관한 사무를 담당하는 국가공무원으로 농림수산식품부, 농촌진흥청, 시청, 군청, 도청 등에서 근무하게 된다.

2. 농업직의 주요 업무

(1) 농림축산식품부 본부에서 근무 시 농업정책의 세부 사업 계획 · 관리하는 업무

(2) 식량증산, 비료제조, 채소 등 농산물 생산 및 검사

(3) 농림축산식품부 소속기관에서 근무 시 검역, 품질관리, 종자 관리 등 각 기관의 고유 업무 수행

3. 장·단점

(1) 농업 분야의 업무가 적성에 맞거나 전공을 농업 관련으로 한 경우, 적성과 전공을 살릴 수 있음

(2) 대부분 농업 현장과 관련된 정책을 집행하므로 활동적인 성향에 알맞음

(3) 농업 정책 중 세부 분야에 전문성을 키울 수 있음

(4) 소수 직렬이므로 행정직 공무원에 비해 승진이 불리하고, 직급이 높을수록 기술직 TO 가 적어짐

1. 농림축산식품부 소개

(1) 농정 목표
　　① 튼튼하고 굳건한 식량주권
　　② 혁신하고 성장하는 역동적 농업
　　③ 두텁고 안정적인 농가경영 안전망
　　④ 건강하고 안전한 국민 먹거리
　　⑤ 쾌적하고 매력적인 농촌

(2) 주요 역할
　　① 식량의 안정적 공급과 농산물에 대한 품질관리
　　② 농업인의 소득 및 경영안정과 복지증진
　　③ 농업의 경쟁력 향상과 관련 산업의 육성
　　④ 농촌지역 개발 및 국제 농업 통상협력 등에 관한 사항
　　⑤ 식품산업의 진흥 및 농산물의 유통과 가격안정에 관한 사항

2. 농림축산식품부 조직도 및 주요 업무

(1) 조직도

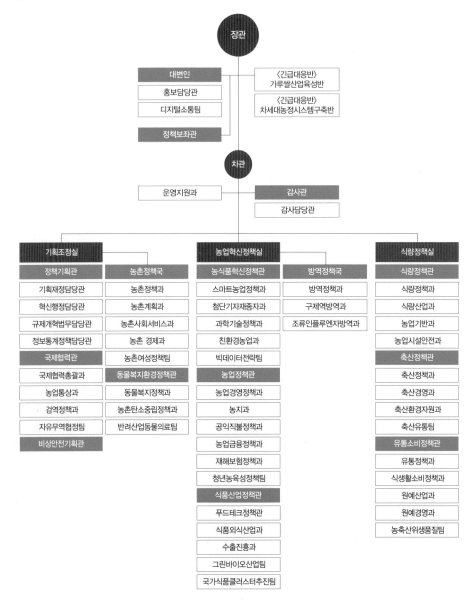

※ 출처: 농림축산식품부 홈페이지(www.mafra.go.kr)

(2) 주요 업무

긴급 대응반	가루쌀산업 육성반	가루쌀산업 육성반 업무, 기획, 활성화, 가루쌀산업 소비촉진, 방역 기획
	차세대농정 시스템구축반	차세대 농정 시스템 구축반 업무, 농정 시스템 구축, 서비스 시스템, 차세대 농림사업 통합정보시스템 구축
기획 조정실	정책기획관	기획 재정, 예산 · 기금 편성, 혁신행정, 규제 개혁 법무, 정보통계정책, 행정 정보, 농업경영체 등록, 사이버 보안, 팜맵, 국가 농식품 통계서비스 등
	국제협력관	양자협력, 국제 농업협력 사업, ODA 사업, 국제기구 협력, 해외농업개발, 농업통상, WTO · FTA의 TRQ 및 탄력관세 관리, 검역정책, 식물방역 법령 운용, 동 · 축산물 수출입 검역, 위생검역 등
	비상안전 기획관	비상 안전계획, 중대재해 대응, 비상관리, 재난대비 훈련 등
	농촌정책국	농식품 미래전략, 자격증 관리, 청년 지원 사업, ICT 융복합, 농어업인 삶의 질 향상 정책, 농업박람회 개최, 농촌공간재생, 지역역량 강화, 방역시설관리, 농촌복지 등
	동물복지환경 정책관	동물복지 실태조사, 보호 · 복지업무 기획, 동물보호법, 동물 학대, 동물복지정책, 탄소 감축, 재생에너지, 기후변화 계획, 상생협력, 동물의료정책, 코로나19대응, 반려동물 산업 등
농업혁신 정책실	농식품혁신 정책관	스마트 농업정책, 농생명 정책, 스마트팜 수출지원, 농식품 벤처 창업, 농기계, 종자육성, 비료관리법 운용, R&D 기획 및 사업 관리, 도시농업 활성화, 친환경 농산물 유통, 공공데이터, 빅데이터 전략 등
	농업정책관	농정국 기획, 농업경영정책 기획, FTA 계 업무, 농지 관리 기금, 농지법, 농지은행, 농지보전, 공익직불사업, 농업금융정책, 농협중앙회 · 농협금융지주 관리, 재해 대책, 가축재해보험, 청년농 육성, 귀농 귀촌 등
	식품산업 정책관	푸드테크 정책, 농지제도, 식품산업정책, 식품 R&D, 국제식품규격, 식품외식사업, 김치산업 육성, 외식창업, 농식품 온라인 마케팅, 수출진흥, 그린바이오산업, 전통식품, 기능성 식품, 종자산업, 국가 식품 클러스터 추진 등
	방역정책국	방역 기획, 투자 · 융자사업, 질병 총괄 대응, 가축전염병 방역대책 수립, 방역교육, 구제역 방역, 살처분 보상금, 수의사법, AI 방역, 질병 등급제, 조류인플루엔자 방역 등

식량 정책실	식량정책관	농업정책기획, 식량기획, 식량안보, 공공비축, 쌀 적정생산, 식량분야 탄소중립, 재해대책, 맥류기획, 쌀소비, 잡곡소비, 농업생산기반정비, 간척농지이용, 수리시설개보수, 대단위농업개발사업, 가뭄대응 등
	축산정책관	축산 · 축산정책 기획, 축산종사자교육, 한우, 축산재해, 축사시설현대화, 양돈, 낙농, 친환경축산, 양축용 사료, 축산물 품질평가, 축산물 이력제 등
	유통소비 정책관	유통국 관리, 기금총괄, 농산물 도매, 산지기획, 지역먹거리계획, 로컬푸드, 식생활소비정책, 엽채류 · 조미채소류 · 농산물 수급관리, 인삼 · 차산업, 시설원예지원, 화훼, 농축산위생품질, 한식사업지원, 축산물 HACCP 등

3. 농림축산식품부 외청 소속기관의 주요 업무

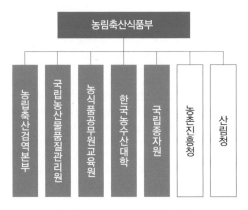

〈농림축산식품부 외청 소속기관〉

※ 출처: 농림축산식품부 홈페이지(www.mafra.go.kr)

(1) 농림축산검역본부: 해외 가축전염병 및 식물병해충 유입을 차단하여 국민 건강을 증진하고 우리 농축산업을 보호하는 역할 담당

(2) 국립농산물품질관리원: 친환경 농산물 인증, 원산지관리, 농산물 안전성 및 농업통계조사, GMO 관리 등을 수행하고, 농산물 품질관리 및 유통관리를 담당

(3) 농식품공무원교육원: 농축산 식품 분야에 종사하는 공무원과 농림축산식품부 산하단체의 직원, 농업인 및 식품산업 종사자들에게 업무수행에 필요한 지식과 기술을 배양시켜주는 교육 훈련기관

(4) 한국농수산대학교: 농 · 어업 부문 종사자를 위한 전문적인 지식과 기술을 전수하여 이론과 실무를 갖춘 전문 농어업경영인을 양성을 목표로 하는 3년제 국립 전문대학

(5) 국립종자원: 식량작물의 안정적 생산을 위하여 고품질 정부 보급종을 공급하고 품종보호 제도를 운영하여 신품종 육성가의 권리를 보호하는 기관

(6) 농촌진흥청: 농업 과학 기술의 연구개발 · 보급 · 교육훈련 및 국제기술협력, 국민 식량의 안정적 공급, 농식품 산업의 경쟁력 향상, 농업인 복지 · 농촌 활력 증진 등 농촌진흥에 관한 업무 담당

(7) 산림청: 산림자원의 증식, 산림의 보호 육성, 임산물의 이용개발, 산지의 보전, 산림경영의 연구 · 개선에 관한 사무 관장

(8) 유관기관

농협중앙회	한국농어촌공사	한국농수산식품유통공사
한국마사회	축산물품질평가원	농림식품기술기획평가원
농림수산식품교육문화정보원	가축위생방역지원본부	국제식물검역인증원
농업정책보험금융원	한식진흥원	한국식품산업클러스터진흥원
축산환경관리원		

4. 농림축산식품부 임용 및 복지제도·시설

(1) 신규채용자 임용

① 최초 임용 시 소속기관 발령: 결원 현황에 따라 배치

② 배치 기준: 본인 희망, 연고지, 전공, 경력, 시험 성적 등 고려

③ 전보기준: 근무실적, 역량, 전공, 경력, 본인 희망 등 고려

④ 운영: 소속기관에서 실무 경험을 쌓은 후 전입 심사를 거쳐 본부에서 근무할 수 있도록 함

(2) 복지제도 · 시설

① 맞춤형 복지 등 전 공무원에게 적용되는 복지 제도 운용

② 구내식당, 의무실, 약국, 체력단련실 등 보유

③ 직장 동호회 지원(등산, 테니스, 축구, 농구, 사진 등)

④ 소속기관 지원 사무소 근무자 관사 제공(일부 기관 제외)

⑤ 여가 활동 편의 제공(제휴 콘도 등 회원권 이용 가능)

5. 선배 공무원이 바라는 인재상

(1) 농업·농촌 및 식품산업에 대한 관심을 가지고 전문성 함양을 위해 지속적으로 노력하며, 담당업무 수행에 있어 소명 의식과 비전을 가진 인재

(2) 정치, 경제, 사회, 역사 등 기본적인 지식과 폭넓은 사고를 바탕으로 최신동향을 파악하고, 합리적인 대안을 제시할 수 있는 분석력과 기획력을 가진 인재

(3) 정책의 고객인 국민의 입장에서 문제를 인식하고 국가 및 사회의 시대적 요구에 맞는 합리적 대안을 제시할 수 있는 소통 능력과 이해관계 조정 능력을 갖춘 인재

(4) 투철한 책임 의식을 바탕으로 열정적으로 업무를 수행하면서 기존 틀에 얽매이지 않는 창조성과 남을 배려하는 성품을 가진 인재

(5) 상사, 부하, 동료들과 긴밀하게 협력하고 시너지를 낼 수 있는 자세를 가진 인재

03 2023년 농림축산식품부 주요 과제

1. 핵심 추진 과제

(1) 굳건한 식량안보 확보
  ① **식량자급률 제고**: 2023부터 주요 곡물 자급률 상승세 전환으로 2027년 식량자급률 55.5% 달성 → 국내 생산 및 비축 확대, 안정적 해외 유통망 확보 등 식량안보 정책 지원 대폭 확대(관련예산 2022년: 1,972억 원 → 2023년: 3,489억 원)
    ㉠ 수입에 의존하고 있는 주요 곡물의 국내 생산·비축 확대
    ㉡ 해외 공급망 확충을 통한 국내 반입 확대(2021년: 61만 톤 → 2023년: 70만 톤 → 2027년: 300만 톤)
  ② **농업 생산성 향상**: 비농업부문 기술·자본 활용을 위해 기업적 경영방식 도입
    ㉠ 경영체 역량 강화를 위한 기업 경영방식 도입 및 투자 확대
    ㉡ 기업의 자본력·기술력을 활용한 성공사례 창출
    ㉢ 농업기술 개발, 생산기반 정비 등 생산성 향상 기반 마련

(2) 농업의 미래 성장 산업화

① 스마트 농업 확산: 2027년까지 온실 · 축사의 30% 스마트화 → 농업인 기술 역량 제고, 스마트 시설 지원, 현장 중심형 기술 개발 추진

ㄱ 농가의 스마트 농업 기술 활용 역량 강화 및 청년 창업 유도

ㄴ 노후시설 스마트팜 전환 및 집적 단지 조성

ㄷ 스마트 농업 기술 개발(자동화 → 지능화) 및 제도적 기틀 마련

② 미래 신산업 육성: 푸드테크, 그린바이오 등 신산업을 세계 최고 수준으로 육성

→ 기술 개발 · 규제 완화 · 시장 조성 등을 통해 민간의 창의성 극대화 유도

ㄱ 식품과 IT · BT · AI 등 첨단 기술이 융복합된 푸드테크 신산업 육성

ㄴ 종자, 기능성 · 바이오 소재, 합성생물학 등 그린바이오산업 육성

ㄷ 반려 가구 및 반려동물 복지증진을 위한 연관산업 육성

③ 수출 및 ODA 확대: 농식품 수출액 100억 불 달성 및 한국형 스마트팜 신시장 진출

→ 수출업체 조직화로 물류 · 마케팅 효율성 제고 및 기술경쟁력 확보, ODA 등 국제 기여를 통한 국제사회 기여 및 수출 저변 확대

ㄱ K-Food+ 수출 확대 추진본부 구성 · 운영

ㄴ 수출시장 다변화로 2023년 농식품 수출액 100억 불 달성

ㄷ 세계로 확산하는 한류 활용, 한식이 주도하는 K-Food 수출 확대

ㄹ 중동 · 동남아 · 중앙아시아 지역으로 스마트팜 · 농기자재 수출 확대

ㅁ K-농업 해외 전파를 통한 국격 제고 및 기업 진출 기반 마련

(3) 든든한 농가 경영 안전망 구축

① 농가 경영 위기 극복 지원: 농자재 · 금리 · 인력 등 농가의 경영 위험 요인 관리체계 강화

ㄱ 직불제, 재해보험 등을 중심으로 농가 소득안정 장치 강화

ㄴ 농자재 가격 상승 등에 따른 경영비 부담 완화

ㄷ 국내외 인력을 활용한 안정적 농업노동력 확보 체계 구축

② 유통 선진화 및 수급 안정: 유통비용 절감 및 수급 안정 도모

ㄱ 산지부터 소비지까지 농산물 유통의 디지털 전환

ㄴ 주요 품목별 특성을 반영한 맞춤형 수급 조절 정책 추진

(4) 농촌주민 · 도시민을 위한 새로운 농촌 조성 및 동물복지 강화

　① 농촌 공간 계획 및 재생: 농촌주민, 도시민을 위한 농촌다움이 살아 있는 공간으로의 재생 → 지자체 · 주민이 지역 특성에 맞는 농촌 공간 계획 수립

　　㉠ 쾌적한 농촌환경 조성을 위해 마스터플랜 수립

　　㉡ 농촌지역의 자원 · 문화 등을 활용하여 농촌 재생

　② 농촌 사회서비스 강화: 농촌 어디에서나 기본적인 사회서비스를 제공받을 수 있는 체계 구축 → 다양한 유형의 사회서비스 제공 모델 육성

　　㉠ 농촌형 사회서비스 인프라 확충

　　㉡ 농촌의 돌봄 · 의료 · 문화 등 사회서비스 전달 체계 개선

　③ 동물복지 강화: 동물복지를 강화하여 사람 · 동물 모두 행복한 One-Welfare 실현 → 학대 · 유기 등 최소화를 위한 사전 예방정책 확대 및 사후 조치 실질화, 동물 '보호'에서 동물 '복지' 관점으로 정책 전환을 위한 추진 기반 마련

　　㉠ 학대, 유기 및 개 물림 사고 등을 최소화하기 위한 사전 예방적 정책 확대

　　㉡ 피학대 · 유기 동물의 구조 · 보호 및 입양 등 사후 조치 실질화

　　㉢ 동물복지 강화를 위한 제도, 사회적 수용성 등 추진 기반 마련

2. 10대 농정이슈

(1) 추진 배경

　농업 · 농촌의 대내외적 여건과 주요 현안들을 고려하여 한국농촌경제연구원은 2023년에 추진해야 할 농정과제를 중심으로 10대 농정이슈를 선정하였다.

(2) 2023년 10대 농정이슈

　① 농가 경영 부담 완화를 위한 영농 안정 대책 마련

　② 식량자급률 목표치 재설정과 달성 전략 수립

　③ 다각적 농정 목표 달성을 위한 직불제 확대 · 개편 추진

　④ 「농촌공간재구조화 및 재생지원에 관한 법」의 제정 및 시행에 따른 농촌정책의 혁신

　⑤ IPEF 참여에 따른 농업부문 대응전략 마련

　⑥ 농산물 유통 디지털화 진전

　⑦ 청년농 육성과 농업노동력 공급 확대

　⑧ 취약계층 식생활 보장을 위한 정부의 역할 확대

　⑨ 스마트 농업 인프라 강화

　⑩ 2030 NDC 감축 로드맵 이행 조치 및 기후변화 적응 강화

3. 농산물 유통구조 선진화 방안

(1) 추진 배경

① 유통 효율성 제고 노력

㉠ 생산자 단체를 중심으로 규모화 추진

㉡ 도매시장 거래 제도 개선: 산지 유통시설 확충 등을 통해 출하 비용을 절감했으나 간접비 증가, 소포장·저온유통 등 서비스 확대로 전체 유통비용 상승

② 물류 기술 혁신을 통한 온라인 채널의 급성장

㉠ 지능 정보기술을 활용한 각 산업에서의 디지털 전환

㉡ 물류 일괄 대행(풀필먼트) 서비스 발달: 2020년 비대면 도매거래 시범사업 추진을 통해 물류비용 절감 등 디지털 전환 효과 체감

③ 유통환경 및 소비구조의 변화: 1인 가구 및 새로운 서비스에 대한 수요 증가

④ 농산물 유통 주체의 역량 강화 필요성

⑤ 산지 유통·물류체계 기반 마련의 필요성

(2) 비전과 목표

① 비전: 농산물 대량 유통 생태계 조성을 통한 유통·물류 혁신

② 목표: 2027년까지 농산물 유통비용 6% 절감(연 2.6조 원)

(3) 3대 전략

① 산지 유통의 거점화·규모화

배경	• 1인 가구 증가 및 외식·가공(HMR, 밀키트 등) 식품 선호 • 소매 주체들은 맞춤형 상품의 안정적 공급을 위해 직접 산지 거래 확대 추세
문제인식	• 산지 농산물유통센터(APC)는 다품목 농산물을 소량 취급함 • 정보화·자동화 수준이 낮음
목표	소비지 환경 변화에 대응한 산지 유통 거점화·규모화를 통해 농산물 공급체계 개선

내용	• 다양한 상품의 안정적 공급을 위해 주산지에 스마트 농산물유통센터 100개소 구축(~2027년) • 스마트 농산물유통센터(APC)* 표준모델 제공(~2023년 상반기): 10대 품목(과수–사과, 배, 감귤, 과채–토마토, 파프리카, 수박, 참외, 채소–양파, 마늘, 기타–감자) 별 자동화 시설 구성, 실시간 상품 정보처리 시스템 구축 방향 등의 내용 포함 * APC: 정보통신기술을 기반으로 농산물 입고부터 출하까지의 전 과정을 자동화·정보화하여 최소 시간·비용으로 고객 맞춤형 상품을 생산하는 시스템을 갖춘 첨단 산지 유통시설 • 생산·유통 통합조직 100개소 육성(~2027년): 스마트 농산물유통센터 전담 운영 주체로, 전문 품목 생산·판매가 통합된 대량 공급능력을 보유함 • 권역별 스마트 물류 거점 구축 검토: 산지 대규모 통합물류를 위한 냉장 유통(콜드체인) 시스템을 기반함

② 농산물 거래 디지털 전환

배경	• 경매 후 수도권 도매 시장에서 지방으로 재배송 물량이 증가함 • 도매 시장 송품장을 수기로 작성 • 수집·분산 등 도매 기능 약화로 일부 지방 도매 시장의 소매 시장화
문제인식	• 물류 비효율 발생 • 사전 반입량 예측의 어려움 • 단기 가격 등락 빈번
목표	디지털 기술 활용을 통한 농산물 거래 방식의 혁신

내용	• 전국 단위 거래가 가능한 도매 시장 농산물 온라인 거래소 출범(~2023년)
	  – 채소·과일 → 축산(2025년) → 식품·양곡(~2027년)으로 단계적 확대
	  – 입찰·정가 거래 외 예약거래 등 다양한 거래방식 도입
	  – 온라인 거래 농산물 품질관리 방안 등 운영체계 마련
	  – 다양한 거래 주체들의 참여가 가능하도록 '온라인 거래소법' 제정하여 개별 도매 시장 내 거래만 인정하는 현행법상 거래규제 개선
	• 전자송품장 시범 도입(2023년 가락시장)
	  – 사전 예약 기반의 전자거래 체계로 전환
	  – 도매 시장 내 물류 최적화를 위한 통합 관리체계 구축
	  – 반입·배송 차량 관제 등 시장 내 물류 동선 최적화
	  – 도매 시장 내 소분·소포장 시설, 공동 배송장 지원: 외식·급식·지역농산물(로컬푸드) 등 다양한 소비지 수요에 맞춘 상품화 지원
	• 지방 도매 시장 기능 재정립
	  – 수집·분산 기능이 약한 지방 도매 시장을 지역농산물 공급기지로 기능 전환
	  – 지방 도매 시장의 권역별 거점화를 위한 통폐합 유도

③ 창의와 경쟁의 유통생태계 조성

배경	온라인플랫폼 등 새로운 유통방식이 도입 중이나, 종합적인 생산·유통정보 활용 기반이 미흡
문제인식	온라인 직거래 수요는 높지만, 기반시설이 부족
목표	민간 유통혁신이 확산될 수 있도록 전문인력 양성, 창업지원, 정보 활용 기반 구축 등의 지원 확대

내용	• 온라인 농산물 전문 판매 전문가(마케터) 3만 명 양성(~2027년)
	• 첨단 유통·물류 새싹기업에 대한 창업 전(全) 주기별 맞춤형 지원계획 마련 (~2023년)
	• 농산물 유통 정보 통합 플랫폼 구축(~2024년)
	  − 표준화된 상품·거래 정보 공개
	  − 데이터 분석, 실증 서비스 제공을 통한 민간 활용도 제고
	• 온라인 거래 확대에 따른 소비자 보호 기능 강화
	• 온라인 거래 분쟁 해소를 위한 교육·지원체계 마련
	• '온라인 직거래 지원센터' 100개소 구축(~2027년)
	  − 상품화·마케팅, 주문·배송·정산·고객 서비스 등 일괄(원스톱) 서비스 제공

농업직 면접 기출 가이드

01　기출 빈출 리스트

- 농업 관련 이슈에 대해 아는 것을 말해 보시오.
- 농업 관련 정책 중 개선할 것은 무엇이 있는지 말해 보시오.
- 우리나라 농업의 문제점과 희망 부서에서 이를 해결할 수 있는 방안에 대해 설명해 보시오.
- 공익직불제가 무엇인지 설명해 보시오.
- 로컬푸드가 무엇인지 설명해 보고 그 사례를 말해 보시오.
- 친환경 농업이 필요한 이유에 대해 설명해 보시오.
- 친환경 농업을 할 때 농민들에게 불편한 점은 무엇이라고 생각합니까? 그 해결방안에 대해 설명해 보시오.
- 태풍이나 홍수와 같은 자연재해로 인한 농업피해를 줄일 수 있는 방안에 대해 설명해 보시오.
- 농업에서 빅데이터나 4차 산업을 어떻게 활용할 수 있다고 생각합니까?
- 우리나라 쌀 곡물 자급률은 얼마나 됩니까? 우리나라 곡물 자급률이 낮은데 그 해결방안으로 어떤 것이 있다고 생각합니까?
- 스마트팜에 대하여 설명해 보시오.
- 농업인구가 감소하고 있는데 이에 대한 대책으로 어떤 것이 있는지 말해 보시오.
- 농촌에 청년인구를 유입시킬 수 있는 방안에 대해 설명해 보시오.
- 쌀 소비를 촉진할 수 있는 방법을 말해 보시오.

1. 5분 발표

> 「이해충돌방지법」
> 제1조(목적) 이 법은 공직자의 직무수행과 관련한 사적 이익추구를 금지함으로써 공직자의 직무수행 중 발생할 수 있는 이해충돌을 방지하여 공정한 직무수행을 보장하고 공공기관에 대한 국민의 신뢰를 확보하는 것을 목적으로 한다.
> 제4조(공직자의 의무) ① 공직자는 사적 이해관계에 영향을 받지 아니하고 직무를 공정하고 청렴하게 수행하여야 한다.
> ② 공직자는 직무수행과 관련하여 공평무사하게 처신하고 직무관련자를 우대하거나 차별하여서는 아니 된다.

위 제시문의 내용에서 유추할 수 있는 공직 가치와 이를 실천하기 위한 방안을 자유롭게 발표해 주세요.

［면접관의 의도］

법령에서 발췌한 지문에서 공직가치를 찾는 문제이다. 이런 경우, 법령에 관련 가치가 직접 서술되어 있는 경우가 많은데 법령에 직접적으로 등장하지 않는 가치를 유추하는 것도 좋다.

［핵심 키워드］

공익성, 청렴성, 투명성, 공정성, 책임감, 적극성 등

도입

제시문은 「이해충돌방지법」 제1조 목적과 제4조 공직자의 의무에 대한 내용으로, 저는 위 내용 중 공정하고 청렴하게 임무를 수행해야 한다는 데서 '청렴성'을, 사익추구를 금지하고 국민의 신뢰를 확보해야 한다는 데서 '공정성'을 유추하였습니다.

직접작성

청렴성은 직무의 관계 유무를 떠나 금전이나 향응을 받지 않으며, 외압에 굴복하지 않는 태도를 말합니다. 공직자의 청렴성은 국민 신뢰를 위한 기본으로, 실제 공무원 행동 강령에서도 매년 1회 이상 교육해야 한다고 명문화될 만큼 중요한 덕목입니다. 다만 이런 반 부패성에 대한 것은 '협의의 청렴성'이고, 최근에는 행정업무의 투명성과 책임성까지 포함하는 '광의의 청렴성'이 주목받고 있습니다. 진정한 청렴성을 실천하기 위해서는 단순히 위법행위나 징계사유가 되는 행동을 하지 않는 것뿐만 아니라, 남들이 보지 않는 곳에서도 공익을 위해 적극적으로 행동하는, 적극행정을 실현하는 자세가 필요하다고 봅니다.

공정성은 모든 일을 절차에 맞고 공평하게 처리하며, 모든 사람·구성원들을 올바르고 균형 잡힌 시각으로 동등하게 대하는 것을 뜻합니다. 서울시 농수산식품공사의 경우, 시장 경쟁력 확보를 위해 시장 구성원 전체와 적극 소통하며, '공정한 시장 질서 확립'을 목표로 경매 담합 행위를 차단하고 거래 공정성과 투명성 향상을 위한 경매 시스템을 개선하는 등 공정성을 위하여 노력한 결과 도매 시장 활성화에 큰 역할을 하며 농림축산식품부의 도매 시장 개설자 평가 결과 최우수 기관으로 선정되었습니다. 이와 같이 공적 단체가 앞장서서 구성원 전체의 의견을 적극 받아들이고, 모두의 이익을 반영하는 공정성을 발휘한다면 사회가 더 발전할 수 있다고 생각합니다.

공정성에 대해 제 경험을 말씀드리겠습니다. 저는 고등학교 재학 시절 선도부였는데, 주 1회 아침지도를 서며 지각자 명단을 체크하였습니다. 그런데 한 번은 친한 반 친구가 지각을 하였는데, 과자를 건네며 지각자 명단에서 빼주면 안 되겠느냐고 부탁하였습니다. 하지만 이 경우 아침 일찍 제시간에 등교한 다른 학생들과의 형평성에서 어긋나기도 하고, 친하다고 해서 이런 부탁을 들어주는 것은 부당하다고 생각하여 미안하지만 안 된다고 확실히 거절하였습니다.

직접작성

제가 만약 공직에 들어온다면 광의의 청렴성을 실천하여 위법한 행동을 하지 않는 것뿐만 아니라 적극적인 태도로 공익을 실현하며, 어떤 일이든 공정하게 처리하는 공무원이 되도록 노력하겠습니다.

직접작성

➕ 발표 내용에 대해 나올 수 있는 질문

- 농업직에서 가장 중요한 공직가치는 무엇이라고 생각합니까?
- 청렴성, 공정성이 농업직에서 중요한 이유는 무엇이라고 생각합니까?
- 농업직에서 가장 이루기 어려운 공직가치가 무엇이라고 생각합니까?
- 농업직 공무원이 된다면, '공정'의 기준을 무엇으로 잡겠습니까?
- '광의의 청렴성'에 대해 이야기하였는데, 이를 실천하기 위해 어떤 노력을 할 수 있는지 말해 보시오.
- 청렴성, 공정성과 관련하여 조직원과 충돌이 생긴다면 어떻게 하겠습니까?
- 청렴성과 공정성을 높이기 위해 어떤 노력을 하였는지 말해 보시오.
- 친한 친구를 지각자 명단에서 빼주지 않았다고 하였는데 친구는 어떻게 반응했습니까? 실제로 비슷한 일이 조직 내에서 일어난다면 어떻게 대처하겠습니까?
- 만약 조직 내에서 외부와의 유착 관계를 발견한다면 어떻게 내응하겠습니까?
- 「이해충돌방지법」과 같이 공무원이 지켜야 할 원칙을 말해 보시오.

➕ 면접 플러스

제시문의 「이해충돌 방지법」은 모든 공공기관과 공직자를 대상으로 하기 때문에 5분 발표가 아니더라도 공무원 면접에서 종종 질문이 나오므로 어떤 내용인지, 어떤 공직가치와 관련이 있는지 확실하게 알아두는 것이 좋다.

2. 경험형 문제

근무하고 싶은 부처와 직무를 기술하고, 해당 직무의 수행을 위해 어떤 노력과 경험을 하였는지 서술하시오.

(면접관의 의도)
응시자가 하고 싶은 업무가 무엇인지, 또 해당 업무에 대하여 얼마나 잘 이해하고 있는지, 해당 업무를 하기 위해 어떠한 노력을 하였는지를 종합적으로 평가하여 해당 직군에 얼마나 적합한 인재인지를 평가한다.

(핵심 키워드)
희망 직무, 직무 내용, 직무 관련 경험, 공직 가치, 갈등 해결, 성과 등

희망 부처

농림축산식품부 소속 국립종자원

> 직접작성

희망 직무

종자산업 육성 및 지원 업무

> 직접작성

해당 직무 관련 노력과 경험

- 교육 경험: 대학에서 원예학 전공(관련 전공 수강), 국립종자원에서 '미래인력 양성과정' 수강, 자생식물 사단법인 견학
- 업무 경험: 골프장에서 잔디 보호 아르바이트(1년)
- 자격증: 종자기사 자격증 취득
- 농림축산식품부 관련 정보: 농림부 홈페이지에서 정책·관련법 공부, 유튜브 구독, 농민신문 구독
- 봉사활동 경험: 헌혈 서포터즈(헌혈 유공장 금장 수여), 고양시 꽃 박람회 안내 도우미, 한국 창의과학재단 주최 쏙쏙캠프 참여(농촌 초등학교 방문 프로그램, 캠프 운영)

```
┌─────────────────────────────────────────────┐
│  직접작성                                      │
│                                              │
│                                              │
│                                              │
│                                              │
└─────────────────────────────────────────────┘
```

자기소개서를 바탕으로 한 질문과 답변 예시

해당 업무를 지원한 동기는 무엇입니까?

어려서부터 원예에 관심이 많아 대학에서 원예학을 전공하였는데, 전공 공부 중 종자 산업에 대해 관심을 가지게 되었습니다. 정부에서도 종자 · 종묘의 중요성을 인식하고 골든시드(Golden Seed) 프로젝트와 민간육종 연구단지(시드벨리) 등 종자산업을 적극 육성하고 있으며 디지털육종과 같은 신기술 상용화에도 투자를 많이 할 예정인 것으로 알고 있는데, 이와 같이 우리나라를 종자산업의 강국으로 만들기 위한 정부의 노력에 제가 힘을 보탠다면 굉장히 보람된 일이 될 것이라 생각했습니다.

```
┌─────────────────────────────────────────────┐
│  직접작성                                      │
│                                              │
│                                              │
│                                              │
│                                              │
└─────────────────────────────────────────────┘
```

국립종자원에 지원하였는데, 해당 부처의 잘한 정책이나 아쉬운 정책에 대해 각각 얘기해 보시오.

국립종자원에서 「종자산업법」 등 관련 법의 불필요한 규제나 규정 등에 대해 국민들로부터 직접 건의를 받고 이에 대한 포상까지 하는 등 국민과 적극적으로 소통하는 모습을 보고, 적극행정을 실현하는 좋은 방법이라고 생각하였습니다. 반면 아쉬운 정책으로는 코로나로 인해 온라인으로 개최한 국제 종자박람회의 홍보가 부족하다는 점입니다. VR과 같은 최신 기술을 접목한 체험행사 등 다양한 콘텐츠들이 젊은 세대에게는 구시대 산업처럼 느껴질 수도 있는 종자산업에 대해 호기심을 가질 수 있게 잘 구현해 놓았다고 감탄하였습니다. 그런데 이런 훌륭한 시도에도 불구하고 홍보가 턱없이 부족하여 일반인들에게 거의 알려지지 않아 매우 안타까웠습니다. 언론 홍보도 별로 없거니와 홍보 영상에도 접근하기 힘들었기 때문에, 앞으로는 행사를 진행할 때 사전에 홍보 계획을 같이 수립하여 적극적으로 알리는 것이 필요하지 않을까 생각합니다.

```
┌─────────────────────────────────────────────┐
│  직접작성                                      │
│                                              │
│                                              │
│                                              │
│                                              │
└─────────────────────────────────────────────┘
```

업무에 도움이 되는 전문성을 갖추기 위해 어떤 노력을 하였습니까?

종자산업 관련 전문가가 되기 위해 종자기사 자격증을 취득하였으며, 국립종자원에서 차세대 종자산업 전문가 후계를 양성하기 위해 진행하는 미래인력 양성과정을 수강함으로써 관련 업무를 직접 체험해 보았습니다. 또 골프장에서 잔디를 관리하는 아르바이트를 하며 골프장 관리원에게 잔디관리 및 품종, 관리 방법 등을 배우기도 했습니다. 이런 모든 노력들이 향후 제가 국립종자원에서 일하는 데 큰 도움이 될 것이라 생각합니다.

> 직접작성

➕ 기타 추가 질문

- 종자산업 관련 이슈에 대해서 말해 보시오.
- 종자산업 관련 정책 중 개선할 것이 있는지 말해 보시오.
- 종자산업 관련 업무를 하고 싶다고 하였는데, 자신이 가장 하고 싶은 분야는 무엇이며, 해당 분야에 관심갖게 된 이유를 말해 보시오.
- 주변의 충고를 무시했다가 실패한 경험이 있다면, 어떤 상황이었는지 구체적으로 설명하고 그 결과를 말해 보시오.
- 종자기사 자격증을 취득하였는데 어떻게 공부했는지 말해 보시오.
- 다양한 봉사활동을 한 이유를 말해 보시오.
- 봉사활동을 하면서 어려웠던 점과 이를 어떻게 해결했는지, 또 이를 통해 무엇을 배웠는지 말해 보시오.
- 자생식물 사단법인은 어떤 곳이고, 방문하여 무엇을 배웠습니까?
- 고양시 꽃 박람회에 참여했다고 했는데 해당 행사에 대한 의견을 말해 보시오.
- 자신의 성격 중 농업직에 적합한 부분과 적합하지 않은 부분에 대해 말해 보시오.

➕ 면접 플러스

봉사활동이나 기관방문, 지원부서 관련 행사 참여 경험은 중요한 스펙 중 하나이며 면접에서 이야기했을 때 효과성 높은 경험이라는 것을 염두에 두고, 관련 내용을 미리 정리해 두는 것이 좋다.

3. 상황형 문제

현재 가축 분뇨를 매개체로 하는 질병이 유행하고 있으며, 이에 따라 정부에서는 가축 분뇨의 외부 반출을 금지시켰습니다. 그런데 축산업계에서는 가축 분뇨를 자체적으로 보관하기 힘들다며 외부 반출 금지를 완화시켜 달라고 하며, 주민들도 반출 금지로 가축 분뇨가 쌓이면서 악취와 수질오염이 심해지고 있다고 외부 반출을 허락해 달라고 합니다. 본인이 담당 주무관이라면 이 상황에서 어떻게 대처하겠습니까?

(면접관의 의도)

정부 정책에 대한 반대 의견을 어떻게 설득할 것인지 묻는 문제로, 위 문제의 경우 축산업계, 주민 등 입장이 다른 여러 대상을 설득해야 한다는 것을 염두에 두어야 한다.

(핵심 키워드)

질병 유행, 신규 법안, 외부 반출 금지, 금지 완화 요청

상황 파악

- 정부: 가축 분뇨를 매개체로 하는 질병 유행, 이로 인한 가축 분뇨 외부 반출 금지
- 축산업계: 보관을 문제로 외부 반출 금지 완화 요청
- 주민: 악취 및 수질오염을 문제로 외부 반출 금지 완화 요청

직접작성

- 사전 조사
  - 비슷한 상황이 있었는지, 또 어떻게 해결하였는지 관련 사례 조사
  - 해당 농가 및 지역의 분뇨 보관 상황, 환경오염 상황 확인
  - 분뇨가 하루에 얼마나 배출되고 이를 보관하는 데 어느 정도 공간이 필요한지 조사
  - 분뇨 외부 반출 시 질병이 전염될 확률에 대해 (주민 설득을 위한) 근거 자료 작성
- 나의 결정
  - 전염병은 초기 진압이 중요하므로 일단 가축 분뇨 이동 금지
  - 추후 상황을 관찰하며 이동 금지 완화를 단계적으로 시행
- 대처
  - 지자체와 환경 단체, 축산업계, 주민 등 이해관계자가 모두 모인 간담회 개최(갈등 중재 및 소통)
  - 별도 보관 공간 마련(빈집, 폐공장, 지하 보관소 등)
  - 소독약, 방역 차량 등을 이용하여 주기적으로 방역

직접작성

향후 대처

- 시행한 조치들이 효과가 있는지, 전염병 누출은 없는지 지속적인 모니터링
- 해당 상황에 대한 사례집(혹은 매뉴얼) 작성

➕ 제시된 답안을 통해 나올 수 있는 추가 질문

• 사전 조사로 두 가지를 제시하였는데 그 외에 상황을 파악하기 위해 할 만한 조사는 무엇이 있는지 설명해 보시오.

• 공청회를 연다고 하였는데, 어떤 주제로 열 것인지, 본인은 어떤 역할을 맡을 것인지 구체적으로 설명해 보시오.

• 일단 금지시키겠다고 하였는데 주민들이 환경오염을 이유로 반대하고 있는 상황에서 이를 어떻게 설득하겠습니까?

• 이동 금지 완화 조치를 단계적으로 시행하겠다고 하였는데, 어떤 단계로 진행하겠습니까?

• 분뇨 외부 반출이 안 되어 수질오염 및 악취 등 환경오염이 심해진다면, 이는 어떻게 해결하겠습니까?

• 만약 주민들의 의견을 받아들여 완화시켜 준다면 질병이 전염될 수도 있는데, 이로 인해 다른 지역 사람들이 반출 완화에 반대한다면 어떻게 대처하겠습니까?

• 전문가가 정부 부처 및 당신의 정책을 반대한다면 어떻게 하겠습니까?

• 여러 해결 방안을 이야기하였는데, 그런 해결 방안을 실시하는 데 예산이 많이 든다면 어떻게 하겠습니까?

• 만약 본인은 반출 완화를 시키고 싶은데 정부에서 반출 금지를 강력하게 지시한다면 어떻게 대처하겠습니까? (정부와 내가 생각하는 업무 진행 방향이 다르다면 어떻게 하겠습니까?)

• 마지막으로 하고 싶은 말을 해보시오.

➕ 면접 플러스

전염병과 같이 어떻게 대처하느냐에 따라 피해상황이 크게 확산될 수도 있는 문제는 최대한 원칙을 지킨다는 답변을 하는 것이 중요하다.

▍더 알아보기

골든 시드 프로젝트(GSP; Golden Seed Project)

농림축산식품부와 해양수산부, 농촌진흥청, 산림청이 손잡고 공동 운영 중인 국가 전략형 종자 R&D 사업으로, '종자의 국산화'에 초점을 맞춘 프로젝트이다. 금보다 비싼(Golden Seed) 수출전략형 종자 등을 개발하여 2020년에 종자 수출 2억 달러, 2030년에 30억 달러 수출 달성 기여를 목표로 한다.

민간육종연구단지

종자기업에 대한 육종 연구용 포장과 첨단 연구시설 지원을 통해 기업의 기반투자 부담을 줄이고 세계적 수준의 품종을 개발할 수 있는 여건을 제공하기 위해 조성된 단지이다.

CHAPTER 03 농업직 면접 핵심 자료

01 보도자료와 정책자료

1. 보도자료

(1) 2023년 농촌융복합산업지구 및 네트워크 사업 대상자 선정

농림축산식품부	**보 도 자 료**		다시 도약하는 대한민국 함께 잘사는 국민의 나라
보도 일시	2023.1.31.(화) 11:00 〈 2.1.(수) 조간 〉	배포 일시	2023.1.31.(화)

2023년 농촌융복합산업지구 및 네트워크 사업대상자 선정
− 농촌융복합산업지구(3개소): 전남 장흥, 전남 곡성, 경북 고령 −
− 지역단위 네트워크사업(3개소): 경기 이천, 세종, 전남 광양 −

농촌융복합산업지구 조성사업은 지역 내 농축산업 생산(1차), 제조·가공업(2차), 유통 및 체험·관광업(3차)이 집적된 지역을 농촌 융복합 산업 협력 단지(클러스터)로 조성하기 위해 필요한 시설과 장비를 지원하는 사업이다. 이에 따라 농업인, 제조·가공업체, 유통·관광업체 등에게 농촌산업 주체 간 연계·협력, 공동 기반(인프라) 구축, 기술·경영 컨설팅 및 공동 홍보·마케팅 등에 활용할 수 있도록 4년간 총 30억 원(국비 50%, 지방비·자부담 50%)을 지원한다. 지역단위 네트워크 구축 지원 사업의 지원대상은 '경기 이천', '세종', '전남 광양' 등 3개 지자체이다.

지역단위 네트워크 사업은 농촌융복합산업 인증사업자를 중심으로 지역 내 농촌융복합산업을 영위하는 경영체 및 생산자단체 간 네트워크 형성·운영을 지원하는 사업이다. 농촌융복합산업 발전의 핵심요소인 1차·2차·3차 산업 주체 간 연계·협력을 지원하기 위해 협의체 구성·운영, 공동 마케팅 및 홍보 등에 2년간 총 2억 원(국비 50%, 지방비·자부담 50%)을 지원하게 된다.

이상만 농식품부 농촌정책국장은 "농촌경제를 활성화하기 위해서는 농업에 가공·관광 등 다른 산업과 접목하여 부가가치를 제고하고 새로운 일자리를 창출하는 것이 필수적"이라고 강조하며, "이번에 농촌융복합산업지구 조성사업과 지역단위 네트워크 구축 지원 사업으로 선정된 시·군들은 지역 특산물을 활용하여 농촌융복합사업을 활성화하고자 하는 의지가 강력한 만큼 그 어느 때보다도 기대된다."라고 밝혔다.

2023년 신규 선정사업별 주요 내용

1. 농촌융복합 산업지구

산업 지구	사업 주요 내용
전남 장흥 한우	• 위치: 장흥군(장흥읍, 용산면, 안양면) • (공동 인프라) 한우가공 인프라(육포공장) 업그레이드, 체험·관광 융복합산업관 조성 • (네트워킹 강화) 전문인력 영입 및 운영, 참여주체 역량강화 등 • (고부가가치화 등) 한우 상품·브랜드·체험관광 경쟁력 강화
전남 곡성 토란도란	• 위치: 곡성군(곡성읍, 오곡면, 삼기면) • (공동 인프라) 곡성토란융복합센터 구축, 곡성토란 체험관광 인프라 조성 • (네트워킹 강화) 청년농업인 사업화 지원 경연대회, 참여주체 역량강화 컨설팅 등 • (고부가가치화 등) 토란상품 상품 및 레시피 개발, 토란도란 마을축제 활성화 등
경북 고령 딸기	• 위치: 고령군(쌍림면, 대가야읍, 덕곡면) • (공동 인프라) 쌍림농협농산물가공센터 인프라 보완, 안림딸기마을 창업허브조성 • (네트워킹 강화) 고부가가치 스타트업, 6차산업 사업모델 개발, 청년창업지원 등 • (고부가가치화 등) 고령딸기 브랜드 개발 및 홍보마케팅 등

• 사업 목적: 농산물 생산, 가공, 유통, 관광 등 1,2,3차 산업이 집적된 지역을 농촌 융복합 산업 클러스터로 육성

　※ 재정지원 등을 통해 농촌융복합산업화 촉진 및 지역경제 다각화·고도화 거점 육성
　　→ 농가소득 증대, 일자리 및 부가가치 창출, 지역경제 활성화

• 지원 기준: 지구당 30억 원(국비 15억 원)씩 4개년 지원(국비 2억 원 → 4 : 6 : 3)

　※ 2018년까지 착수지구는 3개년 지원(1년차 : 2년차 : 3년차 국비배정=4.5억 원 : 4.5억 원 : 6.0억 원)

- 지원 내용: 생산–제조 · 가공—관광 · 서비스 등 지구 내 기존자원(농촌산업 인프라)과 연계 · 보완이 가능한 공동사업

  → 제조 · 판매 · 체험 등 공동인프라 조성, 기술 · 경영 컨설팅, 포장디자인 개선, 신상품 · 신서비스 개발, 공동 홍보 · 마케팅, 산업주체 간 연계 · 협력

- 선정 현황: 2014~2022년까지 36개소 선정, 2023년 4개소 추가 선정

  ※ 신규지구 추가공모 예정(2월 중)

- 예산: 2022년 6,000백만 원 → 2023년 6,000백만 원

2. 지역단위 네트워크 사업

산업단	사업 주요 내용
세종	• 네트워크 구성: 와이팜영농조합법인, 세종다움협동조합 등 • 참여 경영체 역량강화, 세종 농촌융복합산업 관광프로그램 개발, 찾아가는 6차 산업 행사 등
경기 이천	• 네트워크 구성: 돼지보러오면돼지, 명주가, 농업회사법인농장디자인주식회사 등 • 동물복지와 동물교감치유를 위한 프로그램 개발, 이천쌀 활용 양조업을 통한 청년창업농 육성 및 브랜드화 등
전남 광양	• 네트워크 구성: 농촌융복합산업 인증자 협회 사업단(광양빵) • 공동마케팅 강화, 광양 매실 · 감 체험 프로그램 개발, 가공제품 및 상품 개발 컨설팅 등

- 사업 목적: 농촌융복합산업 인증사업자 중심으로 지역 내 농촌융복합산업을 영위하는 경영체 및 생산자단체 간의 네트워크 형성 · 운영을 지원해 지역 내 농촌융복합산업 생태계 발전 도모
- 지원 기준: 협의체별 2억 원(국비 1억 원)씩 2개년 지원(1차년 50% : 2차년 50%)
- 지원 대상: 인증사업자 주관의 (예비)인증사업자, 생산자단체 참여 협의체
- 지원 내용: 산업주체 간 네트워킹 강화, 통합 브랜드 개발 및 홍보, 지역연계 체험프로그램 개발, 포장디자인 개선, 시제품 생산 및 제품 개발 지원 등
- 선정 현황: 2014~2022년까지 92개소 선정, 2023년 3개소 추가 선정

  ※ 선정현황(누적): 2014년 14개소 → 2015년 32개소 → 2016년 35개소 → 2018년 70개소 → 2019년 77개소 → 2020년 84개소 → 2021년 90개소 → 2022년 92개소 → 2023년 95개소

- 예산: 2022년 600백만 원 → 2023년 600백만 원

(2) 가루쌀 활용 제품개발에 함께할 식품업체 모집

⊙ 농림축산식품부	보 도 자 료		다시 도약하는 대한민국 함께 잘사는 국민의 나라
보도 일시	2023.1.16.(월) 11:00 〈 1.17.(화) 〉	배포 일시	2023.1.16.(월)

가루쌀 활용 제품개발에 함께할 식품업체 모집(1.16.~2.3.)
– 농심품부, 올해 25억 원 규모로 가루쌀을 활용한 15개 제품개발 지원 –

농림축산식품부(장관 정황근, 이하 농식품부)는 가루쌀 산업 활성화를 위해 2023년 '가루쌀 제품개발 지원사업' 대상자를 공모한다.

가루쌀은 수입 밀가루를 대체하여 우리나라 식량안보를 강화하고 쌀의 만성적 공급과잉 문제를 해결할 수 있는 핵심 수단이다. 가루쌀은 밀처럼 전분 구조가 둥글고 성글게 배열되어 건식제분이 가능하여 제분 비용이 상대적으로 낮고 전분 손상은 적어 일반 쌀가루보다 밀가루를 대체하는 데 유리하다.

농식품부는 지난해 6월 '가루쌀을 활용한 쌀 가공산업 활성화 대책'을 발표하고, 식품기업의 가루쌀 제품개발을 지원한다고 밝혔다. 가루쌀 제품개발 지원사업은 가루쌀로 만든 면류, 빵류, 과자류 등 15개 제품군의 신제품 개발을 희망하는 식품업체를 지원하며, 업체별로 최대 2개 제품군 개발에 참여할 수 있다.

사업대상자로 지정된 식품업체는 제품개발에 필요한 원료 구입, 상품개발, 디자인, 포장재 개발, 시제품 생산, 소비자 평가, 홍보 등에 관한 비용을 1개 제품군 당 2억 원(사부담 20%)까지 지원받을 수 있다. 식품업체에서 제출한 제품개발 사업신청서, 사업계획서 등을 토대로 제품개발에 대한 분석을 통해 개발 목표, 밀가루 대체 효과, 상품화 가능성, 업체의 연구 수행 능력 등을 종합 평가하여 최종 사업 대상자를 선정할 계획이다.

전한영 농식품부 식량정책관은 "가루쌀을 활용한 신제품 개발은 가루쌀 소비 기반을 확대하여 우리나라 밀 수입 의존과 쌀 공급과잉 문제를 해결할 뿐 아니라, 새로운 산업이 성장하는 계기가 될 것이다."라며, "앞으로도 정부는 가루쌀 산업을 활성화하기 위해 가루쌀 생산부터 유통, 가공, 홍보, 수출 등 지속 가능한 가루쌀 산업생태계 조성을 위해 다각도로 지원하겠다."라고 밝혔다.

(3) 전 세계 식량ㆍ기후 위기 극복 위해 케이(K)-농업 전파

![관계부처합동] 관계부처합동	보 도 자 료		다시 도약하는 대한민국 함께 잘사는 국민의 나라
보도 일시	2023.1.10.(화) 18:00	배포 일시	2023.1.10.(화)

전 세계 식량ㆍ기후 위기 극복을 위해
케이(K)-농업을 전파하다
– 농업 분야 무상 공적개발원조(ODA) 추진전략 수립 –

정부는 1월 10일(화) 제5차 '무상개발협력전략회의(외교부장관 주재 농림축산식품부, 기획재정부, 교육부 등 14개 정부 부처 위원, 한국국제협력단(KOICA), 한국수출입은행 등으로 구성)'를 통해 「농업 분야 공적개발원조(ODA)(무상부분) 추진전략(안)」(이하 농업 공적개발원조(ODA) 전략)을 의결하였다.

최근 전 세계적으로 식량 및 기후 위기가 심각해지는 상황에서 한국이 농업 분야 개발협력을 통해 2030년 지속가능발전목표(SDGs) 달성에 기여하는 한편, 식량원조를 받던 국가에서 주는 나라로 탈바꿈한 국가로서 농업발전 성과를 전 세계에 확산할 필요성이 더욱 커지고 있다.

이에 정부는 농업 분야 무상 공적개발원조(ODA)의 전체적인 방향성과 전략을 수립하였다. 우선, 전 부처 농업 공적개발원조(ODA) 규모를 2027년까지 2배 확대한다는 목표하에, 개발도상국 수요와 우리의 외교정책을 고려하여* 국가별ㆍ지역별로 지능형 농장(스마트팜) 및 디지털농업 확산, 쌀 생산 역량 강화 등 차별화된 협력 분야를 설정하여 추진한다.

* (예) 한-아세안(ASEAN) 정상회의(11월) 후속 성과 확산을 위하여 동남아시아 지역에 디지털 농업 확산과 농업 생산성 증진을 위한 협력 사업 추진

이에 따라 첫째, 아프리카 지역에는 한국형 쌀 생산 벨트('K-라이스벨트')를 구축하고, 아시아 지역에는 한국형 지능형 농장('K-스마트팜')과 디지털 농업행정ㆍ정보통계 시스템 구축('K-디지털농업')을 지원하여 생산성과 농업정책 역량 강화를 돕는다.

둘째, 국제기구와의 협력도 강화한다. 세계식량계획(WFP)을 통한 인도적 쌀 식량원조를 점진적으로 확대하고, 우리나라가 아시아, 아프리카, 중남미에 구축한 대륙별 농업기술협의체의 회원국과 해외농업기술 개발사업(KOPIA) 센터도 확대하여 맞춤형 농업기술협력을 추진한다.

셋째, 민간의 역량을 농업 공적개발원조(ODA)에 활용할 수 있는 통로를 확대한다. 우선 해외진출기업협의회*, 한국국제협력단(KOICA) 공공협력사업 등을 활용하여 기업의 경험과 아이디어를 공적개발원조(ODA) 사업에 반영한다. 개발도상국의 농업개발에

관심이 높은 기업이 민관협력 형태로 공적개발원조(ODA) 사업에 직접 참여하도록 포용적 비즈니스 프로그램(IBS)**, 혁신적 기술 프로그램(CTS)*** 등을 통해 제도적으로 지원한다.

* (해외진출기업협의회) 농업 공적개발원조(ODA) 추진기관과 해외농업자원개발협회 등 기업 간 협의체

** (포용적 비즈니스 프로그램) 기업의 사회적공헌활동 재원과 전략을 공적개발원조(ODA)사업과 연계하여 개발도상국의 발전에 기여하는 사업

*** (혁신적 기술 프로그램) 예비창업가, 소셜벤처의 혁신적 기술 개발을 지원하여 원조 효과성을 제고하는 사업

※ 본 저작물은 공공누리 제1유형에 따라 농림축산식품부(www.mafra.go.kr)의 공공저작물을 이용하였습니다.

(4) 신선란 초도물량 국내 수입 도착, 시중 공급으로 수급 안정 대책 마련

🔵 농림축산식품부	보 도 자 료		다시 도약하는 대한민국 함께 잘사는 국민의 나라
보도 일시	2023.1.10.(화) 배포 시	배포 일시	2023.1.10.(화)

신선란 초도물량 국내 도착, 이르면 15일부터 시중 공급
— 이번 계란수입은 본격 수입 시 시행착오 최소화를 위한 시범 도입으로,
향후 계란 수급상황을 예의주시하며 수급안정 대책을 추진해 나갈 계획 —

농림축산식품부(장관 정황근, 이하 농식품부)는 고병원성 조류인플루엔자 확산 등으로 국내 수급 상황이 악화될 경우에 대비해 시범 수입된 신선란이 1월 10일(화) 국내에 도착해 이르면 15일부터 시중에 공급될 예정이라고 밝혔다.

1월 10일 현재 계란 수급은 안정적인 상황이나, 1월까지 철새 유입이 계속되어 산란계 농장에서 고병원성 조류인플루엔자가 확산될 가능성이 적지 않아 수급 상황 불안에 대비할 필요가 있다. 이에 따라 수입 공급망을 점검하고, 향후 본격 수입 시 시행착오를 최소화하기 위해 국영무역을 통해 스페인에서 신선란 121만 개를 시범적으로 수입하기로 한 것이다.

수입되는 계란은 수출국의 위생 검사를 거치는 한편, 국내에서도 검역과 서류검사(수출검역증명서, 표시사항, 소비기한 등), 현물(제품과 서류와의 일치 여부, 보존·보관 상태, 변질·부패·이물질 함유 여부 등), 정밀검사(동물용의약품, 살충제 등 잔류 물질과 살모넬라균) 등 위생 검사를 실시하여 안전성에 문제가 없는 경우에만 통관되며, 식용란 선별 포장업체를 통해 물 세척 및 소독, 난각 표시 등을 거친 후 시중에 유통할 예정이다.

스페인산 계란은 시중에서 주로 유통되는 국내산 계란과 같은 황색란이나, 국내산 계란은 껍데기(난각)에 10자리(산란일자+농장 고유번호+사육환경)로 표시하는 반면, 수입산은 농장 고유번호 없이 5자리(산란일자+사육환경)로 표기되며, 포장재에도 원산

지가 표시되므로 소비자도 수입 계란 여부를 쉽게 확인할 수 있다.

김정욱 농식품부 축산정책관은 "이번 계란 수입은 향후 산란계 살처분이 대폭 증가해 국내 계란 공급이 어려워질 경우에 대비하여 일부 물량을 시범적으로 도입하는 것으로 본격 수입 시 시행착오를 최소화하기 위한 것"이라고 하면서, "농가에서도 고병원성 조류인플루엔자 발생에 따른 수급 불안이 발생하지 않도록 농장 방역수칙을 철저히 이행해달라"고 당부하였다.

수입 계란		국내 계란
0000 4 산란일　사육환경	고유번호 0000 AB38E 4 산란일　사육환경	• 산란일: 산란월일 • 고유번호: 「축산법」에 따른 가축사육업 허가 시 부여된 5자리 고유번호 • 사육환경: 방사(1), 축사 내 평사(2), 개선케이지(3), 기존케이지(4)

※ 본 저작물은 공공누리 제1유형에 따라 농림축산식품부(www.mafra.go.kr)의 공공저작물을 이용하였습니다.

(5) 케이-푸드(K-Food)의 위상

🏛 농림축산식품부	보 도 자 료		다시 도약하는 대한민국 함께 잘사는 국민의 나라
보도 일시	2023.1.3.(화) 배포 시	배포 일시	2023.1.3.(화)

또 한 번, 케이-푸드(K-Food)의 저력을 보였다
– 2022년 농수산식품 수출액은 120억 불(농식품 88.3억 불, 수산식품 31.6억 불)로 역대 최고치 경신 –

농림축산식품부(장관 정황근)와 해양수산부(장관 조승환)는 2022년도 농수산식품 수출액(잠정)이 2년 연속 100억 불을 돌파했으며, 전년보다 5.3% 증가하여 약 120억 불을 달성했다고 밝혔다.

※ 농식품 수출액(억 불): 2020년 75.6 → 2021년 85.6 → 2022년 88.3(3.2%↑)

※ 수산식품 수출액(억 불): 2020년 23.1 → 2021년 28.3 → 2022년 31.6(11.8%↑)

농식품 분야에서는 2022년 한 해 동안 러시아-우크라이나 전쟁 장기화, 전 세계적 물류난 등 어려운 수출 여건에도 불구하고, 쌀가공식품을 비롯한 가정간편식 및 배, 유자 등의 수출 증가로 위기를 극복하며 역대 최고 수출액을 달성하였다. 품목별로 살펴보면, 쌀가공식품·라면 등 가정간편식과 유자차·배 등이 높은 성장률을 보였다.

※ 쌀가공식품(180.6백만 불, 10.1%↑), 라면(765.5백만 불, 13.5%↑), 유자(차)(56.4, 6.6↑), 배(74.3, 3.5↑)

쌀가공식품의 경우, 코로나19 이후 건강에 관한 관심 증가로 한국 식문화에 대한 관심이 높아지면서 미국과 유럽을 중심으로 떡볶이, 즉석밥 등의 인기가 특히 높았던 것이 수출에 긍정적으로 작용한 것으로 분석된다. 라면과 음료 등 가공식품의 성장세도 두드러졌는데, 간편식 선호와 한류 효과, 적극적인 우수성 홍보에 힘입어 각국에서 수요가 증가하였다. 배의 경우, 수출 최대 시장인 미국으로 전용선복(전용 선적 공간)을 확대 운영하고, 한국산 배의 우수성 홍보를 통해 북미와 아세안에서 수요가 크게 증가하였다. 또한 비타민 등 효능이 해외로 알려지며, 유자에 대한 인기도 높아졌다.

주요 농식품의 국가별 수출실적

① 쌀가공식품(%): 미국 86.4백만 불(28.2↑), 유럽연합 · 영국 10.5백만 불(19.6↑)

② 라면(%): 중국 188.9백만 불(26.0↑), 유럽연합 · 영국 89.1백만 불(25.8↑), 러시아 12.0 백만 불(23.3↑)

③ 음료(%): 일본 21.1백만 불(43.2↑), 아세안 173.3백만 불(15.8↑), 미국 82.6백만 불(6.0↑)

④ 배(%): 미국 35.8백만 불(16.0↑), 베트남 9.4백만 불(63.6↑), 캐나다 1.6백만 불(13.4↑)

⑤ 유자(차)(%): 미국 13.0백만 불(30.4↑), 아세안 7.3백만 불(18.8↑), 유럽연합 · 영국 1.6 백만 불(6.1↑)

권재한 농림축산식품부 농업혁신정책실장은 "악조건 속에서도 다시금 역대 최고치를 경신한 것은 우수한 농산물을 생산해온 농업인과 식품기업의 노력 덕분이다."라며, "2023년에도 수출 잠재력이 높은 신규품목을 발굴 · 육성하고, 한류 확산세를 적극 활용하여 한국 농식품의 수출 성장세를 이어가도록 노력하겠다."라고 밝혔다.

※ 본 저작물은 공공누리 제1유형에 따라 농림축산식품부(www.mafra.go.kr)의 공공저작물을 이용하였습니다.

(6) 농식품부, 농림식품신기술(NET) 23건 신규 인증

⬤ 농림축산식품부	보 도 자 료		다시 도약하는 대한민국 함께 잘사는 국민의 나라
보도 일시	2023.1.3.(화) 11:00 〈 1.4.(수) 조간 〉	배포 일시	2023.1.3.(화)

농식품부, 농림식품신기술(NET) 23건 신규 인증
− 농업의 고부가 가치화 · 미래 성장 산업화를 선도하는 혁신기술 발굴 −

농림축산식품부(장관 정황근, 이하 농식품부)는 2022년 12월 30일에 '인공지능(AI) 기반 3D 식품 프린팅 기술', '작물 내 프로비타민 D3 축적기술' 등 23개 기술을 농림식품신기술(NET; New Excellent Technology)로 인증하였다. 농림식품신기술(NET) 인증제도는 국내에서 최초로 개발하거나 기존 기술을 혁신적으로 개선·개량한 우수 기술을 대상으로 기술성, 경제성, 경영성을 종합 평가하여 정부가 신기술로 인증하는 제도이다.

이번에 인증된 신기술은 합성생물학을 활용한 고부가가치 소재 생산 기술, 디지털 육종기술, 식품 인쇄(프린팅) 기술 등 미래 농산업을 선도할 친환경 생명 공학(그린 바이오), 첨단 식품 기술(푸드테크) 분야의 기술인증이 증가하는 특징을 보였다.

이번에 신규로 인증된 '작물 내 프로비타민 D3 고함량 축적 기술'은 유전자 가위 기술을 통해 토마토, 상추와 같은 식물체에 함유된 프로비타민 D3가 콜레스테롤로 전환되지 않고, 천연 프로비타민 D3를 생성할 수 있도록 하였다. 이 기술을 활용하면 야외활동 및 일조량 부족 등으로 발생할 수 있는 비타민D 결핍을 예방할 수 있는 과채류 생산이 가능하여 향후 식물 기반 천연 원료를 활용한 고부가가치 산업화에 활용 가능성이 높을 것으로 기대된다.

'인공지능(AI) 기반 소비자 맞춤형 3D 식품 프린팅 기술'은 인공지능(AI) 기술을 통해 식재료를 특정 식품에 알맞은 형태로 가공하여 다양한 디자인과 질감으로 식품을 제조할 수 있으며, 이를 통해 메디푸드, 고령 친화식 등 특수 목적형 식품산업에도 활용 가능성이 클 것으로 전망된다.

'차속동조* 기능을 가지는 승용자주식 마늘 수집 기술'은 이송 차량의 속도와 마늘을 수집·이송·선별하는 작업 속도를 동일화하고 수평제어 시스템을 통해 경사지에서도 작업이 가능함에 따라 마늘 수집에 필요한 인력과 시간을 절감할 수 있는 기술이다.

* 농기계의 구동부와 작업부의 속도를 연동하여 제어하는 기술로 농작업 속도 및 효율 개선

또한 2022년 하반기부터 농림식품신기술(NET)과 한국농어촌공사 케이알씨(KRC) 신기술의 공동인증제를 도입하여 별도 인증으로 인한 신청인의 불편을 해소하고 우수기술의 신속한 현장 적용이 가능하도록 하였다.

'텔레스코픽 가이드를 적용한 수문장치 기술'은 한국농어촌공사와 공동인증제를 통해 인증된 기술로, 수문틀의 길이를 조절할 수 있게 되어 기존 수리 시설의 수문틀과 상부의 콘크리트 구조물을 50% 이상 축소 설치함으로써 공사기간 단축과 공사비 절감이 가능하도록 하였다.

이번에 인증된 23개 신기술의 유효기간은 2022년 12월 30일부터 최대 3년이며, 농식품부는 혁신제품 지정 추천을 통한 공공조달 연계, 농식품연구개발사업 선정 시 가점 부여 등으로 인증업체의 성장을 지원할 계획이다. 인증된 신기술의 세부정보 및 신기술인증제도와 관련된 사항은 '농림식품신기술인증제 누리집(www.newat.or.kr)'에서

확인이 가능하다.

이연숙 농식품부 과학기술정책과장은 "농림축산식품 분야의 디지털전환 가속화 및 탄소중립 실현 등을 뒷받침할 신기술을 지속 발굴하여 혁신기술이 농업 미래 성장의 원동력이 될 수 있도록 노력하겠다"라고 밝혔다.

(7) 보리 품종식별을 위한 신속 · 저비용 유전자분석법 개발

⊛ 농림축산식품부	보 도 자 료		다시 도약하는 대한민국 함께 잘사는 국민의 나라
보도 일시	2022.12.29.(목) 11:00 〈 12.30.(금) 조간 〉	배포 일시	2022.12.29.(목)

보리 품종식별을 위한 신속 · 저비용 유전자분석법 개발!
– 국내 주요 식량작물(벼 · 보리 · 밀)의 종자 순도 확인을 위한 통합 분석법 완성 –

국립종자원(원장 김기훈, 이하 종자원)은 첨단 유전자(DNA) 분자표지 기술을 적용하여 신속 · 저비용의 보리 품종순도 확인법을 개발하고 특허출원을 하였으며, 관련 기술의 기술이전을 통하여 민간에게 보급할 예정이다.

※ 특허명: 국내 보리 품종판별을 위한 SNP/InDEL 유전자 마커와 프라이머 세트 (12.28.)

보리는 세계 5대 주요 곡물 작물로 최근 보리의 기능성 성분이 당뇨병 저하, 심혈관질환 감소, 콜레스테롤 수치 감소 등의 효과를 보이는 것으로 알려져 있으며 막걸리 · 차 · 음료 등 다양한 가공 제품으로 개발 · 보급되기에 품질이 우수한 보리 품종의 안정적인 농가 공급의 중요성이 증대되고 있다.

※ 보리 보급종 공급률: 2021년 37.7% → 2023년 43.6% → 2024년 44.2% → 2025년 44.9% → 2030년 50.3%

특히, 보리의 품종순도 확인은 생산 · 유통 · 소비기반 조성에 필수적인 요소로 이를 위한 과학적인 분석법 개발의 필요성과 민간의 기술 수요가 지속적으로 증대되는 등 보리 산업 육성을 위한 과학적인 지원이 필요한 실정이다. 종자원에서 개발한 보리 품종순도 확인 기술은 단일염기다형성(SNP)을 이용한 최신 유전자(DNA) 분석 기술로, 저비용으로 시료를 신속하게 분석 가능하며 기존 분석법에 비해 시간과 비용이 크게 절감되어 민간 기술이전이 용이한 분석법이다.

※ 특징: 분석시간 – 4시간/20시료(1/10로 감축), 비용 – 0.5만 원/시료(1/4로 감축)

개발된 순도분석법은 기존에 종자원에서 개발된 국내 주요 식량작물(벼, 밀)의 순도 분석법과 통합 운영을 통한 '식량작물 통합 유전자분석법'을 확립하여 민간 기술이전 및 국내 식량 산업을 위한 과학적인 지원을 할 예정이다.

유병천 종자원 종자검정연구센터장은 "국내 식량작물 산업의 육성 지원을 위한 지속적인 과학적 분석기법 개발 추진으로 투명한 유통질서를 확립하고 소비기반 조성 및 국제 경쟁력을 높여 민간과 상생을 통한 환경·사회·지배구조(ESG) 경영을 해 나갈 것이다."라고 밝혔다.

※ ESG: Envirnment(친환경), Social(사회적 기여), Governance(투명한 지배구조)

2. 정책자료

(1) '케이(K)-종자' 디지털 육종기술로 고부가 수출산업 기반 마련

목적	• 농식품부는 「제3차(2023~2027년) 종자산업 육성 종합계획」을 수립·발표함(「종자산업법」에 따른 5년 단위 법정 계획) • '종자산업 기술혁신으로 고부가 종자 수출산업 육성'을 비전으로 설정하고, 종자산업 규모를 1.2조 원(2020년: 74백억 원)으로 키우고, 종자 수출액을 1.2억 불(2020년: 60천만 불)까지 확대하기 위한 5대 전략 13개 과제 제시
주요 내용	• 디지털 육종 등 신육종 기술 상용화: 작물별 디지털 육종기술 개발 및 상용화, 신육종 기술 및 육종 소재 개발 • 경쟁력 있는 핵심 종자 개발 집중: 세계시장 겨냥 10대 종자 개발 강화, 국내 수요 맞춤형 우량종자 개발 • 3대 핵심 기반 구축 강화: 육종-디지털 융합 전문 인력 양성, 공공 육종 데이터 민간 활용성 강화, '종자산업혁신단지(K-Seed Vally)' 구축 및 국내 채종 확대 • 기업 성장·발전에 맞춘 정책지원: 정부 주도 연구개발(R&D) 방식에서 기업 주도로 개편, 기업 수요에 맞춘 장비·서비스 제공, 제도 개선 및 민·관 협력(거버넌스) 개편 • 식량 종자 공급 개선 및 육묘산업 육성: 식량안보용 종자 생산·보급체계 개선, 식량종자·무병묘 민간시장 활성화, 육묘업을 신성장 산업화

(2) 2023년도 청년후계농 선발 및 영농정착 지원사업 시행지침

목적	• 창업자금, 기술·경영 교육과 컨설팅, 농지은행 매입비축 농지 임대 및 농지 매매를 연계 지원하여 건실한 경영체로 성장을 유도: 특히 영농 초기 소득이 불안정한 청년후계농에게는 최장 3년간 월 최대 110만 원의 영농정착 지원금을 지급 • 젊고 유능한 인재의 농업 분야 진출을 촉진하는 선순환 체계 구축, 농가 경영주의 고령화 추세 완화 등 농업 인력구조 개선
신청 자격	• 2023년 사업 신청가능 연령: 1983.1.1.~2005.12.31. 출생자(병역필 또는 병역 면제자) 단, 한국농수산대학, 스마트팜 보육센터 등 수료자 중 교육 선발 이전에는 청년후계농영농 정착지원 사업 신청이 가능한 연령이었으나 교육 수료 후 만 40세 이상이 된 경우라도 교육 수료 다음 연도 사업까지는 신청 가능 • 영농경력: 독립경영 3년 이하(독립경영 예정자 포함) • 거주지: 사업 신청을 하는 시·군·광역시에 실제 거주(주민등록 포함)
지원 사항	• 영농정착지원금 – 지원 금액: 영농경력에 따라 차등 지급(독립경영 1년차는 월 110만 원, 2년차 월 100만 원, 3년차 월 90만 원 지급) – 지원 인원: 농업 경영체별(농업인, 농업 법인)로 한 사람에게만 지급 – 지원 기간: 독립경영(영농) 기간에 따라 차등 • 농지 지원: 별도 영농계획 심사 없이 한국농어촌공사의 농지지원 대상에 바로 편입하여 농지은행사업 기준에 따라 농지 임차·매입 지원 • 창업 및 경영개선 자금 지원 – 희망 시 후계농업경영인 육성 자금을 지원(최대 5억 원)하고, 귀농 창업 자금을 신청할 경우 우대선발(5점 가점) – 농림 수산업자신용보증기금 보증 시 보증 비율 우대(95%) 및 보증심사 간소화 지원 – 본인이 생산한 농산물의 품질 제고 및 유통·가공 등 경영다각화를 위한 자금이 필요할 경우 농업정책보험 금융원의 펀딩 프로그램을 활용하여 민간 자본 투자 지원(단, 해당 사업에서 정하는 요건 충족 필요) • 영농기술 및 경영역량 제고 교육·컨설팅 지원 – 농촌진흥청의 선도농가 장기 현장실습과 상품개발 컨설팅 우선 지원 – 농촌진흥청에서 주관하는 경영 진단·분석 컨설팅을 지원하여 영농계획의 타당성 및 실현 가능성 확인 및 보완 기회 제공 – 선발된 청년후계농 중 독립경영 예정자는 영농기반 마련 전까지 농업 법인 운영 등 경영역량 습득을 위한 농업 법인 취업 프로그램 우선 지원 – 농정원에서 운영하는 '농업교육포털'을 통해 농업교육 이력 관리 서비스 지원

〈청년후계농 지원 흐름도〉

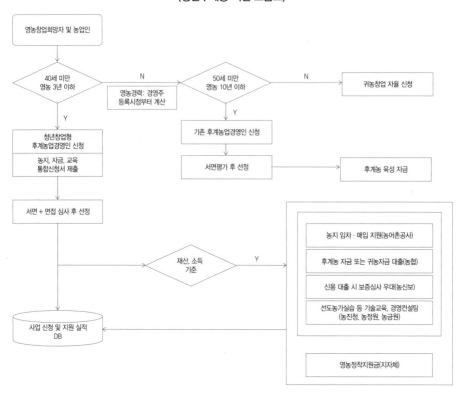

(3) 2023년도 정부관리양곡 판매 가격

농림축산식품부고시 제2022-129호 (2022년 12월 30일)

양곡관리법 제9조제2항에 따라 2023년도 정부관리양곡 판매가격을 다음과 같이 고시합니다.

1. 정부양곡 판매 가격

구분	연산 또는 종류	포장단위	판매 가격(원)
국산쌀	2022년산	40kg(P.P.대)	99,340
		20kg(지대)	50,170
		20kg(P.P.대)	50,060
		10kg(지대)	25,310
	2021년산	40kg(P.P.대)	89,410
		20kg(지대)	45,200
		20kg(P.P.대)	45,090
		10kg(지대)	22,830
수입쌀 (가공용)	단립종	40kg(P.P.대)	53,050
	중립종	40kg(P.P.대)	58,590
	장립종	40kg(P.P.대)	37,030

(1) 이 표 이외의 포장단위 가격은 40kg 포장단위 가격을 기준으로 환산 적용

(2) 소포장은 모든 제품에 포장비용을 더하여 산출(20kg P.P.대 392원/20kg, 20kg 지대 498원/20kg, 10kg 지대 483/10kg)한 다음 최종 산출 비용에서 원 단위 절사

(3) 판매 가격은 시·군이 지정하는 정부 관리양곡 보관창고 또는 가공공장 문전 상차도 기준

(4) 현미의 경우 쌀 가격의 90%로 환산하여 적용

2. 적용지역: 전국

3. 시행일: 2023년 1월 1일

4. 재검토 기한

농림축산식품부 장관은 「훈령·예규 등의 발령 및 관리에 관한 규정」에 따라 이 고시에 대하여 2023년 1월 1일을 기준으로 매 3년이 되는 시점(매 3년째의 12월 31일까지를 말한다)마다 그 타당성을 검토하여 개선 등의 조치를 하여야 한다.

5. 기타

이 고시에 포함된 양곡이라도 수급 여건에 따라 판매하지 않을 수 있다.

6. 종전 고시의 폐지

이 고시 시행과 동시에 「2022년도 정부관리양곡 판매가격(농림축산식품부고시 제2021-93호)」는 폐지한다.

(4) 동물보호법 시행령, 시행규칙 개정안 입법 예고

---

1. 2022년 4월 26일 공포된 「동물보호법」 시행(법률 제18853호, 2023년 4월 27일)에 필요한 법률 위임사항 등을 규정한 「동물보호법 시행령 · 시행규칙 개정안」 입법예고(1월 19일 ~2월 28일, 40일간)
2. 시행령 · 시행규칙 개정안 주요 내용
   (1) 개물림사고 방지, 돌봄 제공 등 반려동물 소유자 준수사항 강화
      예 반려견 동반 외출 시 이동장치에 잠금장치를 갖출 것, 동물을 직접 안거나 목줄 · 가슴줄을 잡아야 하는 공간에 '준주택' 추가, 반려동물을 2m 미만 짧은 줄로 묶어서 사육 금지 등
   (2) 민간 동물보호시설 신고제 도입에 따른 신고 대상(보호동물 마릿수 20마리 이상 시설), 준수 기준(적정한 동물 보호 환경을 위한 시설 · 운영기준) 등 규정
   (3) 사육포기 동물의 지자체 인수제 신설에 따른 인수 가능 사유 등 규정
      예 6개월 이상의 장기입원 또는 요양, 병역 복무, 태풍 · 수해 · 지진 등으로 인한 주택 파손 · 유실 등
   (4) 동물 학대 예방 등을 위한 영상 정보처리기기(CCTV) 설치장소를 구체화하고, 피학대 동물 격리기간 확대, 반환 시 사육 계획서 제출 등 학대 발생 시 사후조치 절차 강화
   (5) 실험동물 전임 수의사제 도입에 따라 전임 수의사를 두어야 하는 동물실험 시행기관의 범위 등 규정
      예 연간 1만 마리 이상의 실험동물을 보유 · 사용 등
   (6) 반려동물 영업자 거래내역 신고, 불법 영업장 폐쇄를 위한 절차 등 규정
      예 동물 생산 · 수입 · 판매업자는 매월 취급한 등록 대상 동물 거래내역을 신고하고 2년 간 보관 등

---

(5) 제1차(2022~2026년) 화훼산업육성 종합계획

1. 지속 가능한 생산기반 조성

　(1) 화훼산업 진흥 지역 조성(2022~2025년: 5개소) 및 지원(2023~2026년)

　　① 집적화: 진흥 지역 지정 및 농가와 마케팅 주체(농협 등) 연계 조직화

　　② 패키지 지원: 진흥 지역이 경쟁력을 확보하도록 H/W · S/W 지원

　(2) 화훼 생산단계 R&D 강화

　　① 기반 조성: 전문가 거버넌스* 운영, 국내 · 외 우수한 유전자원 DB화(2022년~)

　　* 농진청, 민간육종업체, 수출업체, 농가 등이 참여하여 생산에 필요한 R&D 방향 등 설정

　　② R&D 강화: 수요 대응 품종 개발로 자급률 향상* 및 생육기술 연구 확대

　　* 주요 4개 품목 자급률(장미, 국화, 난, 백합): 2020년 23.6% → 2026년 25%

　　③ 품종개발: 국가 신품종 개발 R&D 및 민간육종 업체 지속 지원

　　④ 생육기술: 생육 환경정보(온도 등) 및 기후변화 대응 재배적지 연구(2023년~)

2. 선진 유통체계 전환

　(1) 화훼 유통체계 선진화를 위한 도매시장 인프라 정비

　　① 인프라: 권역별 유통 · 소비거점 육성 및 노후된 양재공판장 개선

　(2) 거래방식 혁신 및 물류효율화를 위한 유통체계 선진화

　　① 디지털화: 전자경매시스템 도입 및 양재공판장 온라인경매 시범구축

　　② 표준규격: 소비 트렌드 등 감안, 기존 규격 보완 · 정비 및 신규 설정

　　③ 신선유통: 진흥 지역은 습식 · 저온 유통체계 공동 인프라 의무 설치, 공판장 건립 시 입 · 출고 경로까지 저온유통체계를 의무화

　(3) 수입 화훼의 도매시장 상장 및 표시제 등을 통한 유통의 투명성 제고

　　① 수입 화훼 상장: 현황 조사와 영향 분석(2022) 후 시행 등 공론화(2023)

　　② 표시제 개선: 재사용 화환 · 원산지 표시제 실효성 제고를 위한 제도 보완 및 생산자 · 소비자단체 주도 자율점검 체계 마련

　　③ 민간시장: 실태조사와 정보 교류를 위한 협의체 구성(2022), 상인 시범 등록(2023)

3. 소비 확대를 위한 수요 창출

　(1) 화훼 소비의 긍정적 가치 발굴, 소비자 신뢰 확보

　　① 인식개선: 중장기 로드맵 마련으로 인식 수준별 홍보전략 수립(2022)및 식물이 주는 정서 안정 등의 긍정적 가치 발굴 홍보

　　② 신뢰 제고: 우수 화원 인증(2023~), 소비자가 믿고 구매하는 환경 조성

　(2) 판로 지원 다양화 및 수출 경쟁력 강화

　　① 온 · 오프라인: 디지털 전환, 비대면 소비 트렌드에 대응한 온라인 판로와 소비자와 접점 확대를 위한 오프라인 판로 확대

　　② 수출 활성화: 케이플로라(화훼수출 통합조직) 중심 수출 경쟁력 회복

※ 본 저작물은 농림축산식품부의 제1차 화훼산업육성 종합계획에서 발췌하였습니다.

(6) 농축산물 할인 지원

목적	국산 농축산물 소비자의 장바구니 물가 부담 경감
주요 내용	• 소비자의 장바구니 물가 부담 경감을 위해 농축산물 구매 시 할인(20~30%, 최대 1~2만 원) 지원(운영비 포함 1,080억 원) 　- 소비자에 부담이 높은 품목 등 농식품부 지정품목에 대해 1주일 1인 1만 원 한도 20% 할인(전통시장 2만 원 한도, 30%) 지원[총 예산 1,080억 원(사업비 1,070억 원, 운영비 10억 원)] 　- 홍보 강화 등 운영비 추가 소요 시 기재부와 협의하여 변경 • 대상 품목: 국산 신선 농축산물 • 사업 대상처: 행사 주기별 1인당 한도 설정이 가능한 모든 유통 업체를 대상으로 공모하여 선정 　- 대형 유통경로: 대형마트 등 대기업(계열사 포함) 유통업체 및 온라인몰 　- 중소유통경로: 중소 · 중견기업 유통업체 및 전통시장 　- 지역농협, 중소형 마트, 친환경 매장, 로컬푸드 직매장, 중소 온라인몰 등 • 주요 추진계획 　- 사업자 선정 평가 및 선정 완료(2022.12.26. 주간) 　- 설맞이 농축산물 할인대전(2023.1.5.~1.25.): 성수품 등 신선 농축산물 　- 추석맞이 농축산물 할인대전(9월): 성수품 등 신선 농축산물 　- 김장행사(11월): 무 · 배추 등 김장채소 등

(7) 공익직불제

목적	공익직불제의 성공적 안착을 통해 사람과 환경 중심 농정 기틀 마련
주요 내용	밭과 중소농을 배려하고, 농업 · 농촌의 공익적 기능을 제도화
추진 실적	• 농업 · 농촌의 공익적 기능 강화와 중소농가의 소득안정을 위한 농업 · 농촌 공익직불법 제정(2019.12.) 및 공익직불제 시행(2020.5.~) • 쌀, 대농 중심의 기존 직불제를 '농업 · 농촌 공익증진직불제'로 개편 • 시행 2년차인 2021년에는 자격 요건이 검증된 112만 농가 · 농업인에게 직불금 2.2조 원 지급(개편 전 대비 약 1조 원 증가)
지급 대상 및 지급액	• 2019년 113만 명/12,356억 원 → 2020년 112만 명/22,769억 원 → 2021년 112만 명/22,268억 원 • 시행 2년 차부터 '부정수급 방지 시스템'을 개발 · 활용하여 직불금 부정수급 방지 및 행정 효율성 제고
정책 효과	• 중소농 소득안정 기능 강화 및 논 · 밭 형평성 제고 • 기본 직불금 지급단가 증가(2019년 평균: 109만 원 → 2020년: 203만 원), 소농 직불금(0.5ha 이하 농가에 120만 원 지급) 지급 등으로 농가 소득 안정에 기여 • 0.5ha 이하 농업인(농가) 수령액 비중: 2019년 10.6% → 2020년 22.3% → 2021년 24.3% • 품목과 관계없이 신청할 수 있고, 면적이 작을수록 높은 단가를 지급하여 품목 간 형평성 제고 및 농가 간 격차 완화

정책 효과	• 밭 수령액 비중: 2019년 16.2% → 2020년 27.7% → 2021년 28.1% • 공익직불제 안착 0.5ha 이하 농업인(농가) 수령액 비중(2019년 10.6% → 2020년 22.3% → 2021년 24.3%), 밭 수령액 비중(2019년 16.2% → 2020년 27.7% → 2021년 28.1%) • 농가 준수 사항을 환경보호, 먹거리 안전 등 17개까지 확대(기존 농지 관리, 농약 사용 기준 등 3개)하여 농업 · 농촌의 공익기능 증진에 기여

(8) 2022년 농림축산식품부 적극행정 우수 사례

주제	추진 내용 및 성과
버려지는 열로 온실을 따뜻하게! 농민의 마음도 따뜻하게!	• 배경: 우리나라 시설재배 대부분이 화석에너지 중심의 생산 체계이므로 신재생 에너지로 전환 필요 • 농식품부에서 지원한 가축 분뇨 공동자원화 시설의 발전폐열을 난방 온실에 공급하여 농업 분야 재생에너지 순환 모델 구축 • 수열 에너지, 수소 연료전지 활용 및 기업–산업체–농업인 상생 협력 추진
환경부담은 줄이GO! 규제는 낮추GO! 국민 삶의 질은 높이GO! 똥을 금으로 만들어 축산환경 3GO!	• 배경: 악취 및 온실가스로 인한 축산업 부정적 인식 및 지역사회 갈등 심화 • 민간기업 첨단 기술 농업에 접목해 가축사육 스마트화 • 분뇨를 탄소로 저장하는 숯으로 만드는 기술 등을 세계 최초 상용화하여 분뇨 산업 고부가가치화 • 주민 · 농가 소통 확대로 지역 여건별 맞춤형 개선하여 삶의 질 향상
안전 협업으로 붉은불개미 타파하여 국내 확산 차단하고 국민 안전 보호!	• 배경: 2021년 부산항에서 외래해충 개미류 검출, 국가재난형 고위험 병해충 국내 유입 우려 증가 가이드라인 제시 • 부산 항만공사 등 안전 협업으로 항만 「안전확보방안」 시스템 구축 • 「안전관리지침」 개정으로, 전국 공항만 안전 전담 요원배치(41개소) 등 안전사고 예방 환경 조성 • 부산항에서 발견한 붉은불개미를 안전하게 신속 방제하여 국내유입 차단
기관협업 통해 청년농업인의 농지 확보 및 시설물 설치의 어려움 해결!	• 배경: 현장 청년농들의 시설자금 및 농지 확보 어려움 • 매년 700여 명 청년농에게 130억 원 이상의 신규 보증을 통한 금융 지원 기대
빅데이터 기반의 직불금 수령 농가 관리로 국가재정 누수 방지!	• 배경: 2020년 공익직불제 도입 후 소농 직불금 도입, 직불금 단가 인상 등에 따른 비농업인의 직불금 부정수급 발생 개연성 증가 • 빅데이터 기반으로 4~5월 특별, 7~9월 정기, 연중 수시 조사를 통해 실경작 여부를 집중 조사하여 2020년 163명에서 2021년 823명으로 405% 증가 인원 적발

탄저병 강한 고추, 단백질 함량 높인 콩, 신품종 등록 길 개척	• 배경: 식물체 길이 · 모양 · 색깔 등 표현형 위주 신품종 특성 심사 외에 최근 육종 동향을 반영한 병저항성 및 기능성 성분 등 특수 형질 심사 기준에 대한 수요 확대 추이 • 품종육성 최신동향과 육종가의 수요를 적극 반영하여 기존 표현형 위주 특성 심사 외에 특수 형질 심사 기준 도입으로 국내 식물신품종 육종 경쟁력 제고
고병원성 AI 살처분 범위 조정 체계 마련으로 살처분 가금 감소 및 계란 가격 안정	• 배경: 고병원성 AI 확산 차단을 위해 AI 발생농장을 중심으로 3km 내 가금에 대한 예방적 살처분 정책 시행하고 살처분 최소화하여 가금 산업 보호 및 고병원성 AI 차단 시스템 마련 필요 • 위험도에 비례한 살처분 범위 조정 · 운영으로 예방적 살처분 농가 및 산란계 살처분 크게 감소(16,960천 수 → 4,414천 수) • 철저한 차단방역으로 고병원성 AI 발생 건수도 대폭 감소(109건 → 47건) • 계란 가격 안정으로 국민 생활 안정에 기여

02 농업직 공무원 관련 전문 자료 및 이슈

1. 전문 자료

(1) 스마트팜

① **개념**: 비닐하우스 · 유리온실 · 축사 등에 IoT, 빅데이터 · 인공지능, 로봇 등 4차 산업혁명기술을 접목하여 작물과 가축의 생육환경을 원격 · 자동으로 적정하게 유지 · 관리할 수 있는 농장을 말한다.

② **구분**: 원격제어 단계의 1세대, 데이터 기반 정밀 생육관리 단계의 2세대, 인공지능 · 무인자동화 단계인 3세대로 구분된다.

스마트팜 구분 및 비교

구분	1세대	2세대	3세대
목표 효과	편의성 향상 '좀 더 편하게'	생산성 향상 '덜 투입, 더 많이'	지속 가능성 향상 '누구나 고생산 · 고품질'
주요 기능	원격 시설 제어	정밀 생육관리	전주기 지능 · 자동관리
핵심 정보	환경정보	환경정보, 생육정보	환경정보, 생육정보, 생산정보
핵심 기술	통신기술	통신기술, 빅데이터/ AI	통신기술, 빅데이터/ AI, 로봇
의사결정/제어	사람/사람	사람/컴퓨터	컴퓨터/로봇
대표 예시	스마트폰 온실제어 시스템	데이터 기반 생육관리 소프트웨어	지능형 로봇농장

③ 의의: 개인의 경험 · 노하우에 덜 의존하고도 누구나 안정적으로 농축산물을 생산할 수 있고 노동력 · 에너지 · 양분 등을 덜 투입하고도 농산물의 생산성과 품질을 제고할 수 있다.

(2) 케이푸드(K-Food)+

① 개념: 한국 농식품을 뜻하는 K-Food에 지능형 농장(스마트팜), 농기자재 등 연관 산업을 플러스(+)해서 수출 확대 및 수출전략 산업으로 육성하겠다는 의미이다. 케이(K)−문화의 세계화로 인하여 케이−푸드(K-Food)의 브랜드 이미지가 높아졌고, 이로 인해 농식품의 수출시장 다변화가 가능해졌다.

② 2023년 1월 농림축산식품부 '케이푸드+ 간담회' 주최 내용

㉠ 지능형 농장(스마트팜) 수출업계: 네덜란드 등 선진국에 비해 수출 규모는 작지만, 정보통신기술(ICT) 등 우리나라의 우수한 기술을 활용하여 지능형농장(스마트팜)에 대한 수출을 늘릴 방안 구상

㉡ 농기자재 수출업계: 미국, 프랑스, 이탈리아 등 세계 5대 농기계 박람회에 적극적으로 참여하여 신규 거래선을 발굴하고, 개발도상국을 중심으로 부품 수출 후 현지 완제품 조립으로 시장경쟁력을 확보해 나가겠다는 구상

ⓒ 비료업계·농약업계: 루마니아·이탈리아 등 유럽시장 및 남미 시장 개척 계획 발표

(3) 푸드테크

① **정의:** 식품(Food)과 기술(Technology)의 합성어로 식품생산·유통·소비 전 과정에 IT·BT·로봇 등 첨단기술이 결합된 新산업을 말한다.

② **의미:** 식품과 기술과의 융합을 통해 새로운 식품과 서비스 개발, 생산 공정 효율화, 유통시간 단축 등 농식품산업의 부가가치 제고가 가능해졌다.

  ⊙ 광의적 의미: ICT 기반 농업생산 등 전후방 산업을 포함하여 '농업-푸드테크(Agri-Foodtech)'로 불리며 대체식품, 간편식품, 식품 프린팅(3차원 디지털 디자인을 활용하여 식품 원료를 한 층씩 적층하여 재구성하는 식품 제조 기술), 스마트팩토리(모든 생산과정에 IoT, ICT 기술을 접목해 최소 비용으로 제품을 생산하는 첨단 지능형 공장), 배달앱 및 무인 주문기, 배달·서빙·조리 로봇 등이 광범위하게 포함된다.

  ⓒ 협의적 의미: 식품 가치사슬에서 '新 식품 개발, 제조 및 유통 효율화, 외식, 부산물 처리' 등 5개 분야로 구분한다.

③ **사례:** 식물성 대체육 같은 식물성 대체식품, 식품 프린팅·로봇 등을 활용한 제조공정 자동화, 온라인 유통 플랫폼, 무인주문기, 서빙·조리·배달로봇 등

④ **발전**

  ⊙ 코로나19 이후 식품 소비 트렌드가 환경·건강 중시, 개인 맞춤형 소비, 비대면 활성화 등으로 변화하면서 푸드테크 산업 발전을 견인 중

  ⓒ 소비자들은 탄소 배출 절감 등 사회적 가치 실천, 혁신적 제품을 통한 만족도 제고 등을 목적으로 푸드테크 관련 제품 소비를 확대

(4) 펫 푸드

① **개념:** 반려동물용 식품을 말하며, 개, 고양이 등의 반려동물이 섭취하는 주식 및 간식 등 모든 먹이를 의미한다.

② **발전**

  ⊙ 「동물보호법」상 반려동물이란 반려(伴侶) 목적으로 기르는 개, 고양이 등 농림축산식품부령으로 정하는 동물을 말하는데, 키우는 동물을 가족과 같이 생각하는 사람들이 많아지며 장난감이나 유희의 표현이었던 애완동물 대신 사람이 정서적 교감을 나누고 더불어 살아가는 동물을 뜻하는 반려동물로 부르는 경향이 나타났다.

ⓛ 「사료관리법」상 사료는 축산법에 따른 가축이나 그 밖에 농림축산식품부장관이 정하여 고시하는 동물·어류 등에 영양이 되거나 그 건강유지 또는 성장에 필요한 것으로 정의되는데, 펫 푸드는 단순한 사료가 아니라 제품의 품질, 기능, 목적에 따른 차별적 소비 등 식품의 개념을 포함하게 되었다.

③ 정부의 반려동물 육성계획

ⓐ 펫 푸드에 특화된 사료 분류·표시 기준을 마련하여 국내 펫 푸드 수입 의존도를 낮추고, 수출 유망 산업으로 육성시키고 키운다.

ⓑ 반려동물 맞춤형 의약품·의료기술 개발을 위한 투자(인공관절·혈액대체재, 면역치료제, 기능성 사료 등 연구개발에 2023년, 90억 원 투자 계획)를 확대한다.

ⓒ 동물 진료비 게시 및 중대 진료행위에 대한 사전 고지제를 시행한다.

2. 관련 이슈

(1) 농촌 인력중개센터 확대 지원으로 농업인력 공백 최소화

코로나19로 잠시 중단됐던 정부의 불법체류 외국인 단속이 본격화되면서, 농번기를 앞둔 시점에 무리하게 단속이 이뤄지고 농민이 범법자로 몰려 농사가 중단되는 상황이 발생하고 있다. 농가는 내국인이 농사일을 기피하는 상황에서 합법적인 제도만으로는 인력을 충당하기 어려운 탓에 불법체류자에게 농작업을 의존할 수밖에 없었다고 한다. 농촌인력 대안이 시급한 상황에서, 농림축산식품부는 4월부터 본격화되는 농번기에 대비하여 인력수급 관리 강화와 공공부문 인력 공급 대폭 확대를 주요 내용으로 하는 '인력수급 지원대책'을 추진한다고 밝혔다.

내용을 살펴보면 첫째, 농촌 인력중개센터를 2022년 154개소(농촌형)에서 그동안 공공 인력중개센터가 없었던 9개 시·군을 추가하는 등 2023년 170개소로 확대 지원한다.

둘째, 올해 1월 농식품부와 고용부가 체결한 업무협약에 따른 도시 구직자 모집 활성화로 농번기 인력 부족 농가에 인력이 원활히 공급될 수 있도록 지원한다. 농식품부 농촌 인력중개센터와 고용부 취업지원 기관을 연계한 시범사업으로 내년에는 전국 지역으로 확대할 계획이다.

셋째, 서비스를 개시한 도농 인력중개 플랫폼(www.agriwork.kr)을 통해 맞춤형 일자리 정보 제공과 온라인 구인-구직자 매칭을 강화한다.

이와 더불어 역대 최대로 약 3만 8천 명의 외국인 근로자가 농업 분야에 배정되었다. 고용허가제 외국인 근로자(E-9)는 14,000명이 배정되었으며 계절 근로제 외국인 근로자(C-4, E-8)는 121개 시·군 24,418명이 배정되어 순차적으로 입국할 예정이다.

아울러, 지자체의 외국인 계절 근로자 도입 업무 부담 경감을 위해 공공형 계절 근로 19개소와 2023년 외국인 계절 근로 신규 도입 13개 지자체에 대해서는, 농협이 근로 계약 체결, 비자 발급 신청, 입국 및 취업 교육 등 업무를 지원한다.

(2) 농촌 '세컨 하우스', '농촌에서 살아보기'로 농촌 공간 재구성

농림축산식품부, 국토교통부, 해양수산부가 '빈집 관리체계 개편을 위한 제도 개선 연구'를 공동으로 진행하는 등 도시 및 농어촌지역에 방치된 빈집을 효율적으로 관리하기 위한 시도가 한창이다. 농림축산식품부는 농촌주택 개량사업을 통해 노후 불량 주택의 개량을 위한 정책자금을 지원하고 있다. 지금까지는 무주택자만을 대상으로 융자 지원을 했는데, 2023년부터는 사업지침 개정을 통해 농촌 빈집을 개량하는 경우에 한해 1주택자까지 대상자를 확대한다.

농식품부는 농촌에 '세컨 하우스'를 마련하고자 하는 도시민의 수요에 적극적으로 대응하면서 농촌에 증가하고 있는 빈집 문제를 해소하고자 한다고 설명했다. 이 사업은 농촌지역의 주거환경 개선을 위해 농촌주택을 개량하거나 신축할 때 비용을 저금리로 융자 지원한다. 「건축법」상 건축신고가 필요한 주택 개량 및 신축 시 융자가 가능하다. 이 외에도 이 사업을 통해 농촌주택을 개량·신축할 경우 취득세와 지적측량 수수료를 일부 감면받는다. 농식품부는 규제 개선을 통해 농촌 세컨 하우스에 관심 있던 도시민들이 농촌주택 개량사업을 활용함으로써 좀 더 부담 없이 세컨 하우스를 마련할 수 있을 것이며, 농촌지역도 빈집이 감소하고 주거환경이 개선되어 관계 인구가 증가하는 등 도시민과 농촌주민 모두가 윈윈(Win-Win)하는 방안이 될 것을 기대했다.

'농촌에서 살아보기'(이하 '살아보기')는 귀농귀촌을 희망하는 도시민들이 농촌에서 최장 6개월간 거주하며 일자리, 생활 등을 체험하고 지역주민과 교류하는 기회를 제공하는 사업이다. '살아보기' 참가자에게는 마을에서 제공하는 숙소를 포함하여, 마을이 직접 운영하는 프로그램을 통해 영농기술 교육뿐만 아니라, 지역 일자리 체험, 주민교류 기회 등을 제공한다. 작년에는 전국 95개 시군의 119개 마을에서 도시민 882가구에게 농촌 생활 체험 기회를 제공하였고, 이 중 125가구(14.2%)가 농촌 마을로 이주하였다. 충북 제천시에서 운영한 프로젝트참여형에 참여한 한 지원자는 '살아보기' 기간 동안 가구제작기능사 자격증을 취득하여 팀원과 함께 마을에 남아 유휴시설을 활용한 목공방을 운영하고 있다. 2021년부터 운영을 시작한 '살아보기'는 귀농귀촌을 희망하는 도시민은 물론 프로그램을 운영한 농촌 마을주민들에게도 좋은 평가를 받으며 귀농귀촌 희망자를 위한 대표적인 지원 사업으로 자리 잡고 있다.

(3) 반려동물 매매금지 찬반 논란(물건 아냐 vs 펫샵은 무죄)

반려동물 매매금지 찬반 공론장에서 동물들의 권리를 위해 반려동물 매매를 금지하자는 정책적 제안을 하는 측과 이를 반대하는 측이 부딪쳤다.

개 식용 금지 및 반려동물 판매규제 등 동물보호 입법을 추진하는 차원에서 마련된 토론회에서 한 참가자는 "우리 사회에 유기 동물들이 너무 많이 발생해 심각한 과제로 떠오르고 있고, 동물을 쉽게 사고팔다 보니 학대하고 유기하는 일들도 쉽게 벌어지고 있는 것"이라며 "생명권 보호라는 차원에서 매매정책을 국가에서 재고해야 한다"라고 말한 바 있다.

우리나라에서 반려동물을 키우는 인구는 매년 늘고 있고, 늘어나는 반려동물과 비례해 관련 산업 역시 나날이 커지는 추세다. 하지만 이와 함께 반려동물과 관련된 사회적 갈등과 논란 역시 커지고 있다. 대표적인 것이 바로 유기견 · 유기묘 문제다. 연간 유기되는 반려동물 숫자는 약 13만 마리로 추정되는데, 이를 위해 정부는 약 267억 원에 이르는 비용을 쓰고 있다. 한편 경기도가 도민 1,000명을 대상으로 한 설문에서 개인 간 반려동물 매매를 금지하고 자격을 허가받은 생산자 판매나 동물보호센터 등을 통한 '기관입양'만 허용하는 방안에 응답자의 79%가 '찬성'으로 답했다. 반려동물 유통경로를 단축해 생산업자와 입양희망자가 직거래할 수 있게 하는 것에는 76%가 찬성했다.

〈반려동물 매매금지에 대한 찬반〉

찬성	반대
• 돈으로 쉽게 살 수 있다는 의식이 반려동물의 학대와 유기를 양산한다. • 미국, 독일 등 선진국은 이미 펫샵을 통한 반려동물 매매를 불법으로 규정하고 있다. • 사거나 팔지 않고, 입양하는 반려동물 문화가 법률과 제도로 정착돼야 한다.	• 펫샵에서는 품종견 · 품종묘만 거래되지만, 유기동물 70~80%는 믹스견 · 믹스묘다. • 펫샵 분양보다 개인 분양이 많으므로 펫샵의 과잉생산만을 문제로 볼 수 없다. • 유기 동물이 생기는 근본적인 이유는 무책임이지 쉽게 살 수 있어서가 아니다.

미래는 현재 우리가
무엇을 하는가에 달려 있다.

– 마하트마 간디 –

임업직

국가공무원 임업직의 모든 것

01 임업직 공무원의 개요

1. 임업직 공무원이란?

(1) 산림청 또는 그 밖의 수요부처에서 산불방제업무나 국립공원을 관리하고, 임업과 산림에 관한 업무를 전반적으로 담당하는 국가공무원이다.

(2) 임업직류는 크게 산림자원, 산림보호, 산림이용, 산림조경, 산림환경으로 구분되는데, 9급 임업직 공무원 대부분은 산림자원 또는 신림조경 직류이다.

2. 임업직의 주요 업무

(1) 산림자원 · 조경의 조성 및 관리

(2) 산불 · 산사태 산림재난 관련 업무

(3) 국유림 경영 · 관리 업무

(4) 산림휴양 · 복지시설 조성 및 운영

(5) 우량 종묘 연구개발 및 공급

3. 임업직 공무원의 필요 역량 및 필요 지식(9급 기준)

(1) 필요 역량

① **공통 역량**: 공직윤리(공정성, 청렴성), 공직의식(책임감, 사명감), 고객지향마인드(공복의식), 공동체 마인드(협업의식)

② **직급별 역량**: 직무이해력, 성실성, 의사소통능력, 조직헌신

③ **직렬별 역량**: 산림분야 업무추진을 위한 전문성, 정보관리능력, 문제해결력

(2) 필요 지식

① 산림조성 및 경영에 관한 지식

② 산림재난, 병해충 등 산림보호업무에 관한 지식

③ 국유림 등 국유재산 관리에 관한 지식

④ 산림휴양 · 복지시설 조성 · 유지관리에 관한 지식

⑤ 기타 공간정보 구축, 정보처리 기술 능력

---

02   산림청의 개요

1. 산림청의 주요 기능

(1) 산림자원 및 산지 관리체계 고도화

(2) 산림산업 육성 및 일자리 창출

(3) 임업인 소득안정 및 산촌 활성화

(4) 일상속 산림복지체계 정착

(5) 산림생태계 보전 강화

(6) 산림재해 예방과 대응을 통한 국민안전 실현

(7) 국제산림협력 주도 및 한반도 산림녹화 완성

(8) **산림정책 기반 구축**: 거버넌스 · 법무 · 재정 · 통계 · 정보화 · 연구개발

2. 산림청 조직도 및 주요 업무

(1) 조직도

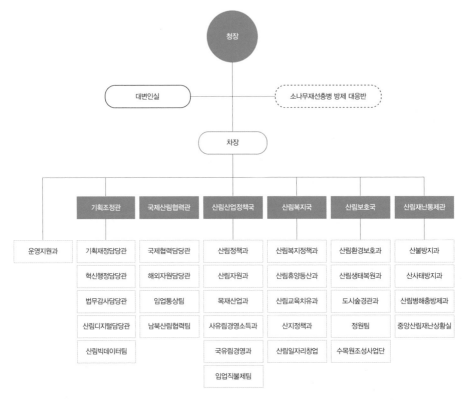

※ 출처: 산림청 홈페이지(www.forest.go.kr)

(2) 관국별 주요 업무

① **기획조정관**: 주요업무계획, 국회, 예산 및 재정성과, 행정혁신, 조직 및 정원관리, 성과관리, 감사, 법령심사, 산림통계, 산림행정 정보화

② **국제산림협력관**: 국제기구·협약 협상, 양자·다자협력, AFoCO 지원, 해외산림자원개발, 임산물 수출입·관세 정책, ODA, 임업분야 통상

③ **산림산업정책국**: 산림정책·연구 조정, 기후변화 대응, 남북산림 협력, 일자리 창출, 종묘·조림·숲가꾸기, 목재산업 육성, 목재수급, 산림바이오매스 이용, 임업기계, 임업기능인 양성, 임도, 임산물 수급, 임업인 소득 증대, 임업인 육성, 산림경영지도, 산림조합 육성, 국유림 경영·관리

④ **산림복지국**: 산림복지 활성화, 산촌 진흥, 휴양·문화, 숲길 조성·관리, 등산지원, 산림치유·교육, 도시숲 조성·관리, 가로수, 무궁화 보급, 산지관리, 산지토석 및 복구

⑤ **산림보호국**: 산림생물다양성 유지·증진, 산림보호구역 지정·관리, 산림보호·단속, 백두대간 보호·관리, 산림생태계 복원

⑥ **산림재난통제관**: 산불방지, 사방사업, 산사태방지, 산림병해충 방제

3. 산림청 소속기관의 주요 업무

산림교육원	산림항공본부	국립산림품종관리센터	지방산림청 (북·동·남·중·서)
국립산림과학원	국립수목원	국립자연휴양림관리소	

〈산림청 소속기관〉

※ 출처: 산림청 홈페이지(www.forest.go.kr)

(1) 산림교육원: 산림분야 공무원·임업인 등에 대한 교육·훈련

(2) 산림항공본부: 헬기에 의한 산불진화, 산림병해충 항공방제, 산악구조
　① 4과: 항공지원과, 산림항공과, 항공정비과, 항공안전과
　② 산림항공관리소: 익산, 양산, 영암, 안동, 강릉, 진천, 함양, 청양, 서울, 울진, 제주

(3) 국립산림품종관리센터: 산림생물 신품종 출원심사 및 권리보호, 종자 및 유전자원 관리

(4) 국립산림과학원: 산림과학 지식·기술 연구개발 연구소 4곳(산림기술경영연구소, 산림바이오소재연구소, 난대·아열대산림연구소, 산림약용자원연구소)

(5) 국립수목원: 산림식물의 수집·보존·관리 및 증식, 광릉숲 보전

(6) 국립자연휴양림관리소: 국유자연휴양림의 조성·운영 및 관리(1개 관리소, 45개 자연휴양림)

(7) 지방산림청(국유림관리소): 조림, 숲가꾸기 등 산림자원·조경의 조성 및 관리, 산불·산사태 산림재난 관련 업무 등 국유림의 경영·관리 업무, 산림휴양·복지시설 조성·운영

〈지방산림청 및 국유림관리소 위치 및 현황〉

북부지방산림청	• 지방청 2과(산림재해안전과, 산림경영과) 1팀(기획운영팀) • 소속 국유림관리소 6곳(춘천, 홍천, 서울, 수원, 인제, 민북지역)
동부지방산림청	• 지방청 2과(산림재해안전과, 산림경영과) 1팀(기획운영팀) • 소속 국유림관리소 7곳(강릉, 양양, 평창, 영월, 정선, 삼척, 태백)
남부지방산림청	• 지방청 2과(산림재해안전과, 산림경영과) 1팀(기획운영팀) • 소속 국유림관리소 5곳(영주, 영덕, 구미, 울진, 양산)
중부지방산림청	• 지방청 2과(산림재해안전과, 산림경영과) 1팀(기획운영팀) • 소속 국유림관리소 4곳(충주, 보은, 단양, 부여)
서부지방산림청	• 지방청 2과(산림재해안전과, 산림경영과) 1팀(기획운영팀) • 소속 국유림관리소 5곳(정읍, 무주, 영암, 순천, 함양)

※ 본 저작물은 2022년도 임업직 9급 국가공무원 경력경쟁채용시험 공고에서 발췌하였습니다.

4. 산림청 복지제도·시설

(1) 복지포인트 지급, 보험가입, 출산장려 포인트 등 맞춤형 복지제도 운영

(2) 비연고자의 생활안정을 위한 관사 제공

(3) 휴식, 여가생활 및 학습을 위한 '산림수련관' 운영

(4) 외국어능력 향상, 업무관련 자격증 취득 등을 위한 학습비 지원

5. 선배 공무원이 바라는 인재상

(1) **전문인재**: 전문성 확보를 통해 고객 · 수혜자의 가치 및 조직성과를 창출하여 미래 성장을 주도하는 인재

(2) **창의혁신인재**: 변화와 혁신을 주도하고 창의성을 바탕으로 산림 가치 창출에 도전하는 인재

(3) **Global 인재**: 차별화된 글로벌 역량과 리더십을 바탕으로 세계 최고의 산림기관으로 성장을 추구하는 인재

1. 비전

선진국형 산림경영·관리를 통한 산림르네상스 시대 창출

2. 핵심 추진 과제(5대 중점 과제)

(1) 산불, 산사태, 산림병해충의 3대 산림재난에 선제적 대비

① 산불방지 및 피해 최소화

ㄱ (예방·감시) 전국 278개 기관 '산불방지대책본부' 운영하여 24시간 상황관리

ㄴ (진화·대응) 고성능 장비 확충 및 국가 주요시설 초동진화 태세 구축

ㄷ (기반시설) 산불진화 임도 등 기반시설 확충 및 산불에 강한 숲 조성

② 산사태 대응체계 고도화

ㄱ (예방) 취약지 점검, 예방시설 확충과 부처협업으로 안전 사각지대 해소

ㄴ (대응) 신속·정확한 산사태 예측정보 제공으로 안전한 주민 대피 가능

③ 산림병해충 피해 예방

ㄱ (소나무재선충병) 선제적 예찰과 방제 총력 대응으로 확산 조기 차단

ㄴ (일반병해충) 도시권 등 혐오해충의 선제적 관리로 국민 불편 해소

(2) 목재 이용 증진과 임가소득 향상 등 돈이 되는 경제임업 육성

① 산림 100년 기반 조성

ㄱ (정책) 숲으로 잘 사는 산림르네상스 시대를 위한 미래 비전·전략 수립

ㄴ (산림경영) 경제림 중심의 경영으로 원목 수요의 60%(2021년: 56%) 공급

ㄷ (경영지원) 임업인의 자유로운 산림경영을 촉진하여 임가소득 4천만 원 돌파

ㄹ (안전망) 임업직불금, 재해보험, 산지연금 확대 등 임업인 소득안전망 확충

② 산림산업의 경쟁력 제고

ㄱ (목재산업) 법률, 제도 마련으로 목재산업 50조 원 시대(2020년: 48조 원) 견인

ㄴ (임산물) 국산 청정임산물의 안정적 공급과 글로벌 경쟁력 강화 추진

ㄷ (첨단화) 실용적인 연구개발과 첨단기술 접목으로 임업을 미래 융·복합 산업화

(3) 산림치유 등 산림복지 활성화로 국민부담을 줄이는 사회임업 확대

　① 생애주기별 맞춤형 산림복지 서비스 다각화

　　㉠ (산림치유) 국민 건강비용부담 완화를 위한 보건 · 의료 연계 및 접근성 향상

　　㉡ (휴양) 야영, 레포츠 등을 즐길 수 있는 생활권 산림휴양시설 확대(65개소)

　　㉢ (교육 · 문화) 산림의 가치와 문화를 배우고 누릴 수 있도록 지원

　　㉣ (서비스) 민간 산림복지 활성화 및 취약계층 이용기회 확대(20%)

　② 지역기반 산림복지 확대

　　㉠ (정원) 쉽게 접하고 누릴 수 있는 생활 속 녹색복지기반 조성

　　㉡ (산촌) 이색적인 산촌의 경관을 활용한 산촌 관광과 산림복지 확대

(4) 생물다양성과 탄소중립에 기여하는 환경임업 활성화

　① 쾌적하고 건강한 국토공간 창출

　　㉠ (도시숲) 다양한 도시숲을 조성하여 1인당 도시숲을 13㎡로(2019년: 11.5)

　　㉡ (생태복원) 자생식물을 활용하여 백두대간, DMZ, 섬 숲 등 핵심생태축 복원

　② 산림생물다양성과 경관의 체계적인 보전 · 보호

　　㉠ (보호종) 산림의 생물다양성 유지 · 증진으로 생태계서비스 제공 확대

　　㉡ (보호구역) 규제에 따른 보상책 강구 및 보호지역 대체 수단 발굴

　　㉢ (보전기반) 기술 활용, 기업협력 확대로 생물다양성 정책기반 확충

　　㉣ (산림경관) 통합적인 산림경관 관리로 경관증진, 재해예방 도모

(5) 국토녹화 성공경험을 지구촌과 공유하는 국제협력 전개

　① 그린ODA 등 국제산림협력 강화

　　㉠ (비전제시) 글로벌 중추국가 실현에 기여하는 새로운 전략 · 모델 수립

　　㉡ (협력) 산림으로 함께 번영하는 양자 · 다자협력 네트워크 확대

　　㉢ (ODA) 우리나라와 수원국의 공동이익을 증진하는 공적개발원조 추진

　② 해외산림진출 확대 및 남북산림협력 준비

　　㉠ (REDD+) 국외감축원 확보(2030년: 5백만t CO_2)를 위한 REDD+ 확대 및 기반 구축

　　㉡ (해외산림) 합법벌채된 목재의 교역촉진과 해외산림개발 활성화 지원

　　㉢ (남북협력) 남북산림협력 본격화에 대비한 빈틈없는 협력기반 마련

3. 세부 추진 계획안

(1) 국내 · 외 산림활동의 강화

2030년 국가온실가스 감축목표의 11%(32백만 톤)를 산림에서 충당할 수 있도록 2023~ 2030년에 11.4조 원을 투입하여 국내 · 외 산림활동을 강화

> **주요 탄소확보 활동**
> ① 산림경영을 확대하고 산림재난을 줄여 23.9백만 톤(74.7%) 확보
> ② 자투리 공간에 도시숲 등 녹지공간을 조성하여 10만 톤(0.3%) 확보
> ③ 탄소저장고인 국산목재 이용 확대로 1.5백만 톤(4.7%) 확보
> ④ 산림부산물을 에너지로 활용하여 1.5백만 톤(4.7%) 확보
> ⑤ 개발도상국 산림훼손 방지(REDD+)로 5백만 톤(15.7%) 확보

(2) 국민안전 확보와 임업인 소득증진을 위한 새로운 제도 도입

① 급경사지(행안부), 도로 비탈면(국토부) 등 관리에 대한 협력을 강화하고 산사태 예측정보를 24시간 전에서 48시간 전까지 확대 제공(2월)한다.

② 목재수확 가능 면적을 최대 50ha에서 30ha로 조정하는 등 친환경적인 새로운 목재수확 제도를 6월 11일 시행한다(「산림자원법」 개정).

③ 임업경영 산림에 체험, 숙박 등의 시설설치를 허용하여 임업인 소득증진을 도모하는 '숲경영체험림'이 6월 11일부터 도입된다.

④ 산지연금의 매수기준 단가 상한선 및 공유지분 제한을 삭제하고(1월) 매입 면적도 확대(371ha → 3,700ha)하여 제도의 실효성을 높인다.

(3) 국민이 일상에서 숲을 접할 수 있도록 신규사업 추진

① 장거리 탐방로 수요를 위해 울진과 태안 안면도를 잇는 동서트레일(총 849km 중 316km)을 조성한다.

② 난 · 아열대 산림식물 보전을 위한 '난대수목원'을 2031년 개원목표로 조성한다.

③ 생활 속 원예(홈가드닝) 확산을 위해 버스를 개조한 이동형 반려식물 진료실(클리닉)을 운영한다(6월).

④ 빅데이터를 활용한 산림재난 예측, 정보 통신 기술(ICT)을 접목한 지능형(스마트) 산림복지 및 산림경영 등 디지털 기술을 활용하여 임업의 첨단화를 도모한다.

(4) 임업인의 산림경영과 국민의 산림이용 지원을 위한 제도 지속적 개선

① 2022년 10월 시행하여 2만 임가에 5.9% 소득증진 효과를 준 임업직불제 지급요건을 농업 등 수준으로 개선하여 3만여 임가가 혜택을 볼 수 있도록 한다.

② 산림의 공익기능 확보를 위해 재산권을 제한받는 사유림 산림보호구역 산주(3만 명, 9만ha)를 보상하는 '산림 공익가치 보전지불제' 도입을 추진한다.

③ 지역주민 강제 대피, 산림재난안전기술공단 설립 등 대형화되고 있는 산림재난에 체계적으로 대응하기 위한 「산림재난방지법」을 제정한다.

④ 사유림 경영 특례부여, 전문임업인 규정 마련 등 사유림 경영 활성화를 뒷받침하기 위해 「임업진흥법」을 「사유림경영법」으로 전면 개편한다.

⑤ 탄소배출권 확보와 기후위기 대응을 위한 산림 공적개발원조(ODA) 국가를 확대하고(2개국), 수출시장 다변화와 기업지원으로 임산물 수출액 5억 불을 달성한다.

⑥ 양도세, 상속세 감면 대상 확대 등 각종 세제 개선을 위한 부처협업을 강화한다.

01 기출 빈출 리스트

- 산림의 공익적 기능에 대해 이야기해 보시오.
- 산림청의 정책에 대해 아는 것을 이야기해 보시오. 좋은 정책과 문제가 있다고 생각하는 정책이 있으면 이야기해 보시오.
- 우리나라 산림의 문제점에 대해 말해 보시오.
- 산불을 줄일 수 있는 방안에 대해 말해 보시오.
- 그린벨트의 해제 시 문제되는 점에 대해서 말해 보시오. 또 그린벨트 해제로 인한 피해를 최소화하기 위한 방안에 대해 말해 보시오.
- 나무가 가장 많이 이용되는 곳은 어디라고 생각합니까?
- 우리나라 목재 자급률이 얼마나 되는지 말해 보시오. 또 목재 자급률을 높일 수 있는 방안이 있다면 설명해 보시오.
- 우리나라 산림 면적은 얼마나 됩니까?
- 목재나 목재품의 수출 활성화 방안에 대해 설명해 보시오.
- 종이에 쓰이는 나무로 어떤 것이 있는지 말해 보시오.

1. 5분 발표

> 산림청에서는 첨단기술을 이용한 '스마트 산불재난 대응'을 강화하기 위해 드론기술을 도입하여
> 전국에 32개 '드론 감시단'을 가동하여 불법 소각행위와 산불 초기 발화점을 감시하고, 야간에는
> 열화상 카메라를 장착하여 산불을 감시하고 있다. 또한 '드론 진화대'를 구성하여 사람이 접근하
> 기 어려운 지대의 산불과 야간 산불 발생 시 출동시켜 산불 피해를 줄이고 산불 진압에 대한 효
> 율성을 높였다.
> 이런 사례를 바탕으로, 앞으로 정부 각 부처에서는 4차 산업혁명에 맞춰 고도화된 정보통신기술
> 을 적극적으로 도입할 예정이다.

**위 제시문의 내용에서 유추할 수 있는 공직가치와 이를 실천하기 위한 방안을 자유롭게 발표
해 주세요.**

(면접관의 의도)

성공적으로 시행된 정부 정책을 제시하여 공직가치를 물어보는 질문이다. 일반적으로 호평 받은 정부 정책의
경우, 적극성과 적극행정에 대한 공직가치를 많이 유추하므로 남들과 차별화된 내용을 구상하는 것이 좋다.

(핵심 키워드)

적극성, 전문성, 공익성, 효율성, 소명의식, 다양성 등

도입

제시문의 내용은 드론을 사용하여 산불피해를 줄였으며 이런 사례를 바탕으로 4차 산업 기술을
적극 도입하겠다는 것입니다. 저는 위 내용 중 드론을 통해 보다 효율적으로 산불 진압에 성공하
였다는 데서 '전문성'을, 산불 진압을 위해 적극적으로 신기술을 적용하였다는 데서 '적극성'을 유
추하였습니다.

직접작성

전문성은 공직자로서 자신의 업무에 대해 높은 지식을 가지고, 투철한 직업의식으로 업무를 수행하는 것을 말합니다. 산림청의 전문성 발휘 사례로 목재산업과 마윤호 주무관님에 대해 말씀드리고자 합니다. 마윤호 주무관님은 목재산업 관련 담당자로서 국산목재 집단공급체계를 구축하여 산주들의 소득을 높이고 원목수급 불안을 해소하는 데 크게 기여하였으며 어린이 이용시설 목조화 사업을 확대하여 국산목재 수요 창출 또한 높였습니다. 이와 같이 자신의 업무에 대한 전문성을 바탕으로 국민들에게 이익을 주는 것은 공직자의 중요한 역량 중 하나라고 생각합니다.

적극성은 업무에 대한 열정을 바탕으로 주도적으로 문제를 해결하는 태도를 말합니다. 산림청에서는 코로나 시대를 맞아 비대면 국민 맞춤형 숲 프로그램이 필요하다고 생각하고, 국민 행복과 건강을 위해 온라인 숲 체험교육을 개발하기로 결정하여 적극적으로 콘텐츠를 직접 개발하였을 뿐만 아니라 메타버스 교육 매뉴얼 개발 및 각종 홍보 등을 진행하여 '가정에서도 함께하는 산림청'으로서 산림청 이미지를 제고하였습니다. 적극행정은 산림청의 국민 맞춤형 정책의 적극적인 실현과 같이 언제나 국민과 함께하는 부처가 되고자 노력하는 것이라 생각합니다.

그럼 제가 적극성을 실천했던 사례를 말씀드리겠습니다. 저는 대학 시절 동네 학원에서 입시 보조 강사 활동을 했던 적이 있습니다. 사실 강사의 강의 준비 및 관련 학생 상담 정도만 진행하면 되는 업무였는데, 학생들과 강의 관련 상담을 하다 보니 진로 관련 고민들도 듣게 되었고, 저도 과거 겪었던 고민이라서 돕고 싶은 마음이 들어 적극적으로 학생들과 진로에 대한 상담까지 진행하며 진지하게 그들의 고민을 같이 듣고 같이 해결하기 위해 노력하였습니다. 이에 학생뿐 아니라 학부모 그리고 학원 측에서까지 감사의 인사를 받았던 경험이 있습니다.

직접작성

산림청은 언제나 국민에게 다가가기 위해 노력하는 부처라고 생각합니다. 만약 제가 산림청 공무원으로 일할 수 있게 된다면 제 직책에 대한 전문성과 자부심을 가지고 적극적으로 국민을 위해 노력하는, 국민과 함께하는 공무원이 될 수 있도록 열심히 일하겠습니다.

직접작성

➕ 발표 내용에 대해 나올 수 있는 질문

- 전문성과 적극성에 대하여 이야기하였는데, 위 사례에서 추가로 더 찾을 수 있는 공직가치에는 어떤 것들이 있는지 말해 보시오.
- 전문성과 적극성 중 어느 가치가 더 중요하다고 생각합니까?
- 전문성, 적극성과 대립되는 가치가 있다면 어떤 게 있는지 설명해 보시오.
- 공직가치 중 가장 중요한 것이 무엇이라고 생각합니까?
- 산림청에서 가장 중요한 공직가치는 무엇이라고 생각합니까? 그 이유를 말해 보시오.
- 적극행정에 대해 이야기하였는데, 적극행정이 어려운 이유를 말해 보시오.
- 만약 응시자가 적극행정을 실행하였는데, 이것이 잘못된다면 어떻게 하겠습니까?
- 공무원 사회가 많이 경직되어 있다는 평을 많이 듣는데, 그 이유가 무엇이라고 생각합니까? 공무원이 된다면 어떤 변화를 주고 싶습니까?
- 산림청 업무에 필요한 전문성에는 어떤 것들이 있다고 생각합니까?
- 산림청에 적합한 전문성을 살리기 위해 어떤 노력을 했습니까? (앞으로 어떤 노력을 할 예정입니까?)
- 적극적으로 학생들의 진로 상담을 하였다고 했는데, 구체적으로 어떤 상담을 어떻게 진행했는지 말해 보시오.

➕ 면접 플러스

'어느 가치가 더 중요하다고 생각합니까?'라는 질문에 정답은 없다. 나의 의견을 얼마나 설득력 있게 잘 전달하느냐가 중요하므로, 개인이 생각하는 가장 중요한 공직가치가 무엇인지, 또 그것이 해당 직렬에 얼마나 부합하는지를 면접 전에 미리 고민해보고 정리하는 것이 좋다.

2. 경험형 문제

근무하고 싶은 부처와 직무를 기술하고, 해당 직무의 수행을 위해 어떤 노력과 경험을 하였는지 서술하시오.

면접관의 의도

응시자가 하고 싶은 업무가 무엇인지, 또 해당 업무에 대하여 얼마나 잘 이해하고 있는지, 해당 업무를 하기 위해 어떠한 노력을 하였는지를 종합적으로 평가하여 해당 직군에 얼마나 적합한 인재인지를 평가한다.

핵심 키워드

희망 직무, 직무 내용, 직무 관련 경험, 공직 가치, 갈등 해결, 성과 등

희망 부처

산림청 산림복지국 산림복지정책과

직접작성

희망 직무

- 산림교육 서비스 품질 강화: 다양한 숲교육 서비스 개발, 숲나들e 서비스 강화
- 산림복지 서비스 지원 확대: 소외계층에 대한 산림복지서비스 기회 확대

직접작성

- 교육 경험: 산림학과 졸업(해당 학과 전공과목 공부)
- 업무 경험: 자연휴양림에서 아르바이트(1년), 음식점 홀 서빙 아르바이트(1년)
- 자격증: 산림기사, 식물보호 산업기사 자격증 취득
- 산림청 정책 숙지: 산림청 홈페이지 탐독(산림전문가 · 임업인 기고문 등), 산림항공본부 다큐멘터리 감상, 숲경영 · 산림경영 관련 독서
- 기타 노력: 매주 등산(전국의 주요 산 다수 등정 경험), 수목원 방문 및 등산을 통해 조림권장 수종 관련 공부

> 직접작성

자기소개서를 바탕으로 한 질문과 답변 예시

산림교육 및 복지 서비스 관련 업무를 하고 싶다고 하였는데, 해당 업무를 지원한 동기는 무엇입니까?

전에 자연휴양림에서 아르바이트를 한 적이 있었는데 그때 숲은 국민의 삶에 휴식을 주고 즐거움을 주는 중요한 존재라는 것을 느꼈습니다. 이로 인해 국민들이 숲을 삶의 일부로 친밀하게 느낄 수 있게 산림휴양시설을 확충하고 서비스 품질을 향상하며 숲에 대해 더 잘 알 수 있게 여러 교육 서비스를 개발하는 것이 곧 국민들을 위한 진정한 복지이며, 이를 산림복지정책과에서 할 수 있을 것이라 생각하였습니다.

> 직접작성

4차 산업혁명과 관련하여 하고 싶거나 바꾸고 싶은 정책이 있습니까?

현재 산림복지국에서는 숲나들e 서비스를 하고 있는데, 이 서비스는 전국의 자연휴양림을 쉽고 빠르게 예약 및 결제할 수 있는 통합 플랫폼입니다. 개인적으로 사용자들의 편의를 위한 훌륭한 서비스라고 생각하지만, 일부 사기업에서 운영하는 휴양림은 등록이 되지 않은 경우들이 있습니다. 현 상태로는 진정한 통합 플랫폼이라고 할 수 없으므로 모든 휴양림이 등록될 수 있도록 유도하면 좋을 것 같습니다.

> 직접작성
>
>

만약 응시자의 집안 문제와 부서의 업무가 겹친다면 둘 중 무엇을 선택하겠습니까?

제가 얼마나 필요한 상황인가에 따라 다를 것 같습니다. 집안 문제에서 제가 없는 것이 절대 안 된다면 어쩔 수 없이 집안 문제를 먼저 처리한 후에 야근이나 추가 업무를 통해 부서 업무를 처리하겠습니다. 반면 부서 업무가 시급하다면 먼저 부서의 일을 처리하도록 하겠습니다.

> 직접작성
>
>

➕ 기타 추가 질문

- 산림청 공무원이 하는 일로는 어떤 일들이 있습니까? 아는 것들을 전부 말해 보시오.
- 임업직 공무원이 되었을 때 추진하고 싶은 일을 말해 보시오.
- 숲나들e 서비스를 강화해야 한다고 하였는데, 어떤 방식으로 강화해야 한다고 생각합니까?
- 숲나들e 서비스와 같이 사기업들의 참여를 유도해야 하는 경우, 사기업에서 협조하지 않겠다고 하면 어떻게 해결하겠습니까?
- 자연휴양림에서 아르바이트를 했다고 하였는데 어떤 일을 하였습니까? 또 무엇을 배웠습니까?
- 자격증이 두 가지 있는데 이 자격증들을 취득한 이유는 무엇입니까? 취득하는 데 어려움이 있었습니까?
- 산림 관련 다큐멘터리를 보았다고 하였는데, 어떤 내용이었습니까? 무엇을 느꼈습니까?
- 숲경영 관련 도서를 읽었다고 하였는데 어떤 책을 읽었으며, 도서를 통해 무엇을 배웠습니까?
- 순환근무를 해야 할 수도 있고, 그 경우 오지로 발령이 날 수도 있는데 이런 경우 어떻게 하겠습니까?
- 살면서 어려운 일이 생겼을 때 다른 사람들의 도움으로 해결했던 경험을 말해보시오.
- 살면서 다른 사람과 갈등이 생긴 적이 있습니까? 이를 어떻게 해결하였는지 말해보시오.

➕ 면접 플러스

추진하고 싶은 정책이나 하고 싶은 업무가 있어 자기소개서에 서술한 경우, 해당 내용에 대한 질문이 자세하게 들어올 가능성이 높다. 미리 해당 정책의 장 · 단점 및 개선점을 잘 정리해 두도록 한다.

3. 상황형 문제

귀하는 A부처 산림병해충 담당 주무관입니다. 최근 C지역 삼림에 B병해충에 대한 피해가 발생하여, A부처에서는 해당 지역에 대한 수목의 반출을 금지한 상황입니다. B병해충은 전염성이 강해 감염에 대한 피해목이 생기면 방재규정상 발생지역 삼림을 파쇄하는 등 전량 폐기 조치를 원칙으로 하며, 전염으로 인한 피해를 방지하기 위하여 땔감 등의 재활용과 반출 자체가 금지되어 있습니다.

하지만 C지역 주민들은 외부 연구기관의 연구 결과를 근거로 파쇄 조치가 필요 없고 피해목은 땔감으로 사용할 수 있다는 이유로 항의하며, 지속적으로 피해목에 대한 반출을 요구하고 있습니다. 심지어 무단으로 반출하는 상황도 발생하고 있는데 이에 대한 단속 인력은 부족한 상태입니다. 귀하는 담당 주무관으로서 이런 상황에서 어떻게 대처하겠습니까?

[면접관의 의도]

실제로 발생할 수 있는 상황을 제시하고, 이에 대한 민원을 어떻게 해결하는지를 보며 공직자로서의 능력 및 자세를 평가하는 문제이다. 새로운 정책에 대한 민원은 실제 얼마든지 일어날 수 있으므로 최대한 현실에서 적용 가능한 방향을 고민해야 한다.

[핵심 키워드]

병해충 피해, 피해목 반출 금지, 피해목 땔감 사용 가능, 주민들의 반출 요구

상황 파악

- 상황: C지역에 전염성이 강한 B병해충 피해가 발생한 상황
- 주무관(나): 방재규정에 따라 피해목 반출을 금지시킴
- 주민: 피해목을 땔감으로 사용하면 된다며 반출 요구
- 추가 상황: 무단 반출 상황 발생, 이에 대한 단속 인력 부족

직접작성

- 사전 조사
  - 적용할 만한 비슷한 사례가 있는지 조사
  - 반출 시 B병해충 전파력에 대한 전문가 조사
  - 땔감 사용 용도로만 반출 시 B병해충 전파력 및 피해가 어느 정도일지 조사
- 나의 결정: 병해충은 초기 방재가 중요하므로 처음에는 강력하게 반출 금지 및 전량 폐기 조치 시행(2019년 발생한 아프리카 돼지열병 사태 참조)
- 대처
  - 피해지역 주민 설득: 전문가 의견 및 B병해충의 전파력에 대한 근거 자료를 들어 피해지역 주민들을 설득, 해당 조치로 인한 주민 피해를 정부에서 보상해 주는 방안 등 을 강구
  - 사전에 검토한 내용을 바탕으로 단계적으로 반출 금지 조치 완화
  - 무단 반출은 엄정하게 대처: 무단 반출 인원에 대한 처벌 규정 및 수위를 파악하여 공고, 무단 반출에 대한 신고 활성화, 불시 단속, 실제 벌금 부과 등 처벌

직접작성

- 추후 참고할 수 있도록 해당 사례+조사한 기타 사례들을 엮은 사례집 제작
- 병해충 피해 및 방재 상황에 대한 지속적인 모니터링

직접작성

- 비슷한 사례에 대해 어떠한 방식으로 조사하겠습니까?
- 주민들의 반대에도 불구하고 반출 금지를 하겠다고 하였는데, 그런 결정을 내린 이유는 무엇인지 말해 보시오.
- 주민들이 크게 반발할 텐데 이를 어떻게 해결할 것인지 설명해 보시오.
- 주민 피해를 정부에서 보상해주는 방안을 강구하겠다고 하였는데, 어떤 방법이 있으며, 필요한 예산은 어떻게 마련할 것인지 설명해 보시오.
- 외부 연구기관에서는 파쇄 조치가 필요 없다고 하는데, 이에 대해서는 어떻게 대응하겠습니까?
- 단계적으로 반출 금지 조치를 완화하겠다고 하였는데, 정확히 어떤 과정으로 진행할 예정인지 말해 보시오.
- 무단반출에 대해 엄정하게 대처하겠다고 하였는데, 부족한 인력으로 제시한 내용들을 다 커버할 수 있다고 생각합니까?
- 상사가 내가 결정한 사항에 대해 반대한다면 어떻게 하겠습니까?
- 지구온난화가 점점 심해지면서 앞으로 병충해 피해도 확산되어 위 같은 상황이 종종 벌어질 수도 있을 텐데 이에 대해 어떻게 사전 대비할 수 있습니까?
- 마지막으로 하고 싶은 말을 해보시오.

➕ **면접 플러스**

상사가 반대하는 상황에 대한 질문이 종종 나온다. 이 경우 무조건 상사의 말에 따르겠다고 대답하는 것은 식상하다. 상사의 의견이 상급부서의 의견과 같은지, 또 상사의 의견이 원칙에 부합하는지 어긋나는지를 확인해 보아야 한다.

■ **더 알아보기**

숲나들e 서비스

2019년 전국 모든 자연휴양림을 한 곳에서 예약하고 결제까지 할 수 있는 통합 플랫폼을 지향하며 산림청에서 개설하였다. 현재는 자연휴양림을 포함하여 전국의 숲길, 산림레포츠까지 예약할 수 있으며, 각종 정보도 얻을 수 있다.

아프리카 돼지열병

바이러스에 의해 발생하는 돼지 전염병으로 치료제나 백신이 없어 급성형의 경우 치사율이 100%에 이른다. 「가축전염병 예방법」상 제1종 전염병으로 지정되어 있으며, 사람은 감염되지 않고 돼지과에 속하는 동물만 감염된다. 아프리카 돼지열병이 발병되는 경우 발생농가의 돼지는 모두 살처분·매몰 처리되며, 반경 3km 이내 위치한 농장 돼지도 모두 살처분된다. 2019년 아프리카 돼지열병이 강화도에서 발생하자 해당 지역 및 인근 김포, 파주, 연천 전 개체를 수매·살처분하는 등 초강력 소거를 하였으며, 이는 강력한 방역으로 전염병 확산을 막은 사례로 꼽는다.

임업직 면접 핵심 자료

01 보도자료와 정책자료

1. 보도자료

(1) 2023년 산림정책은 재난관리에 중점

🏛️ 산림청	보 도 자 료		다시 도약하는 대한민국 함께 잘사는 국민의 나라
보도 일시	배포 즉시 보도 가능합니다.	배포 일시	2023.1.12.(목)

올해의 산림정책은 재난관리에 중점
– 17개 시 · 도와 함께 올해의 핵심 정책과제 논의 –

산림청(청장 남성현)은 12일 전국 시 · 도 산림부서와 국유림관리소 등 최일선에서 산림을 책임지는 110여 명이 참여한 가운데 산림청장 주재로 '2023년 전국 산림관계관회의'를 개최했다. 회의 참석자들은 비상한 시기에는 비상한 대책이 필요하다는 것에 공감하며, 올 한 해는 무엇보다도 산림재난으로부터 국민의 안전을 지키는 것이 중요하다는 데 뜻을 모았다.

특히 지난해 산불피해가 컸던 경상북도와 강원도 지역의 참석자들은 동해안 지역의 산불방지를 위해 특단의 대책이 필요하다며, 올해 예산에 신규로 반영된 "국립동해안산불방지센터"를 조속히 신설하여야 한다고 강조했다. 전국적으로 급증하고 있는 소나무재선충병 확산을 저지하기 위해서는 전국에서 동시에 강력한 방제가 이루어져야 한다며 상반기에 방제 예산을 집중 투입하기로 했다.

이 밖에도 임업인들의 경영 여건 개선을 위한 세제 합리화와 수출 활성화 방안을 토론했으며, 건강한 국토 공간 창출을 위한 다양한 의견도 나누었다.

남성현 산림청장은 "올해는 1973년에 '제1차 치산녹화 10개년 계획'을 수립한 지 50년

이 되는 해"라며, "온 국민이 힘을 합쳐 국토녹화에 성공했듯이 산림공직자들이 숲을 잘 지키고 활용해서 국민에게 희망을 주자."라고 의지를 다졌다.

(2) 2023년 달라지는 산림 제도

산림청	보 도 자 료	다시 도약하는 대한민국 함께 잘사는 국민의 나라	
보도 일시	배포 즉시 보도 가능합니다.	배포 일시	2023.1.5.(목)

국민과 임업인이 알아두면 좋은 달라지는 산림 제도
- 2023년을 '숲으로 잘사는 산림르네상스 시대' 원년으로! -

산림청(청장 남성현)은 국토녹화를 본격 추진한 지 50주년이 되는 2023년을 맞아 국민과 임업인들에게 도움이 되는 다양한 제도를 시행한다고 밝혔다.

먼저, 숲에서 산림휴양, 체험, 관광, 숙박 등 복합적인 산림서비스를 누릴 수 있는 '숲경영체험림' 제도가 6월부터 도입된다. 지금까지는 임업인들이 산림을 경영하면서 숙박 등 수익사업을 하려면 규모가 큰 자연휴양림을 조성해야 했지만, 앞으로는 기존 자연휴양림보다 규모가 작은 체험시설, 숙박시설 설치가 가능해져 임업인들의 소득 창출은 물론 국민의 다양한 숲 이용 수요도 충족될 것으로 기대된다.

국민에게 제공되는 산림복지서비스이용권도 확대된다. 기초생활 수급자 등 산림복지서비스이용권 혜택을 받는 국민이 지난해 5만 명에서 올해 6만 명까지 늘어난다. 발급 대상도 기초생활 수급자, 장애(아동) 수당 수급자, 장애인 연금 수급자, 차상위계층뿐만 아니라 한부모 가정까지로 확대된다.

국민건강보험공단의 '건강생활실천지원금제'를 산림치유와 연계하는 시범사업을 확대한다. 건강생활실천지원금제 대상자가 국공립 산림치유시설에서 치유체험을 통해 건강생활 실천을 인증받으면 지원금이 적립된다. 산림청은 국가 건강 정책과 연계하여 국민 건강 증진에 산림치유를 접목해 나갈 계획이다.

임업인들의 경영활동 지원과 귀산촌 정착 지원도 세심하게 이루어진다. 그동안 전문임업인 지원 자금, 귀산촌을 위한 창업이나 주택 구입 자금을 상하반기 정해진 기간에 2회만 신청받던 것을 연중 수시로 신청할 수 있도록 개선하였으며, 전문임업인이 산림경영을 위해 임야를 매입할 수 있는 지역을 인접 시·도까지 확대하였다.

또, 산을 팔아 연금을 받는 '산지연금형 사유림매수' 제도는 산을 팔려는 산주의 의견을 대폭 수렴하여 계약 초기 우선 지급하는 선금 비율을 총매매대금의 40%까지 확대하고, 매수 기준 상한단가도 없애 참여 기회를 넓혔다.

목재수확에 대한 국민의 우려를 반영해 6월부터 친환경 목재수확 방법을 적용한다. 목재를 수확할 수 있는 최대 면적을 기존 50ha에서 30ha로 축소하는 한편, 10ha 이상의 목재를 수확할 때는 전문기관의 사전 타당성 조사, 20ha 이상일 경우에는 심의위원회를 거치도록 하였으며, 이 제도의 시행으로 발생하는 산주의 손실에 대해서는 보상할 수 있도록 했다.

남성현 산림청장은 "지난 50년간 우리가 잘 가꾼 푸르고 울창하고 아름다운 산림을 임업인과 국민에게 보물산으로, 건강과 치유(힐링)의 공간으로 되돌려 줄 때가 되었다."라며, "산림르네상스 시대를 열어가기 위해 과감한 규제개혁과 제도개선을 추진하겠다."라고 말했다.

※ 본 저작물은 공공누리 제1유형에 따라 산림청(www.forest.go.kr)의 공공저작물을 이용하였습니다.

(3) 산림재난통제관(국장급) 신설

◎ 산림청	보 도 자 료		다시 도약하는 대한민국 함께 잘사는 국민의 나라
보도 일시	배포 즉시 보도 가능합니다.	배포 일시	2022.12.27.(화)
	산림재난을 한 곳에서. 산림재난통제관은? — 산림청, 산림재난통제관(국장급) 신설 —		

산림청(청장 남성현)은 갈수록 심해지는 기후 위기로 인해 연중화·대형화되고 있는 산림재난에 대한 대응 역량을 강화하여 국민의 소중한 생명과 재산을 보호하고자 산림재난통제관을 신설한다고 밝혔다.

산림재난통제관은 종전의 산림보호국장의 산림재난업무를 보좌하는 역할을 하며, 산림재난통제관 직위는 정부의 정원동결 기조를 반영하여 산림청의 자구적인 노력을 통해 만들었다. 이번에 만들어지는 산림재난통제관은 국장급 기구로 2012년에 해외산림자원 확보를 위한 자원외교 강화를 위해 해외자원협력관(현, 국제산림협력관)을 신설한 지 10년 만에 설치되는 기구이다.

이번 산림재난통제관 신설로 국민의 일상을 위협하는 산불, 산사태와 산림생태계에 악영향을 가속화시키는 산림병해충 등 산림재난에 대해 '예방—대비—대응—복구'의 산림재난 대응태세를 더욱 공고히 할 수 있게 되었다. 기존에 산림보호국장이 연중 계속되는 산림재난 관련 업무를 수행하면서, 다른 산림보호국 업무인 산림생물다양성 보전, 산림복원, 수목원 조성 등의 소관 업무에는 역량이 분산되는 측면이 있었다.

신설되는 산림재난통제관은 기존의 산불방지과, 산사태방지과, 산림병해충방제과와 신설 예정인 중앙산림재난상황실을 관장하여 산림재난을 총괄하고, 산림보호국은 종전의 산림환경보호과, 산림생태복원과, 수목원조성사업단과 산림복지국에서 이관하는 도시숲경관과와 정원팀을 관장하여 산림과 도심생태계 및 산림생물다양성 보전에 더욱 집중하게 된다. 특히, 신설되는 중앙산림재난상황실은 기존의 산불방지과에서 분리되는 조직으로 산불뿐만 아니라 산사태, 산림병해충 등 모든 산림재난에 대한 상황관리를 책임성 있게 추진하게 된다.

앞으로 산림재난통제관을 중심으로 산림재난의 전문성과 지휘본부로서의 역량이 최적으로 발휘될 수 있도록 노력하고 조직 운영상 미비점에 대해서는 지속적으로 개선·보완해 나갈 계획이다. 현재 산불, 산사태, 산림병해충 등 산림재난에 대해 보다 체계적인 대응을 하고자 산림재난방지법 제정을 추진 중이다.

남성현 산림청장은 "산림재난 지휘본부인 산림재난통제관의 본격 가동을 통해 기후위기에 발 빠르게 대응함으로써 산림의 경제적, 환경적, 사회문화적 기능이 제대로 발휘될 수 있게 되었다."라고 강조하면서, "이를 바탕으로 선진국형 산림경영관리를 통한 산림르네상스 시대를 열어나가는 데 박차를 가하겠다."라고 말했다.

(4) 산불진화헬기 안전관리대책

⬤ 산림청	보 도 자 료		다시 도약하는 대한민국 함께 잘사는 국민의 나라
보도 일시	배포 즉시 보도 가능합니다.	배포 일시	2022.12.22.(목)

안전한 헬기운용을 위한 운항·정비·진화여건 등 개선
– 산림청, 산불진화헬기 국토부, 지자체 등과 안전대책 마련 –

산림청(청장 남성현)은 기후변화 등으로 최근 산불이 증가함에 따라 산불진화헬기의 잦은 출동으로 인한 사고를 예방하고 철저한 대응태세를 갖추기 위해 21일 산불진화헬기 안전관리대책을 발표하였다. 올해 발생한 산불은 721건(22.1.1.~22.12.15.)으로 최근 10년 평균(468건)보다 50% 이상 증가하는 등 산불이 대형화 및 연중화되고 있다. 우리나라는 국토의 63%가 험준한 산지로, 산불이 발생할 경우 인력을 통한 진화에는 한계가 있어 헬기를 이용한 공중진화가 필수적이다. 또한, 산불에 취약한 침엽수림이 많고, 봄철 강풍 및 건조한 기상 등으로 산불이 대형화·연중화되는 추세를 고려할 때 약 200대 이상의 산불진화헬기가 필요하다.

이와 같은 산불진화헬기의 수요증가로 인해 헬기 사고 발생률 또한 높아지고 있다. 최근 3년 동안 4건의 산불 진화 민간헬기의 추락사고가 발생하였고, 특히, 지난 11월에는 강원도 양양에서 산불감시 활동 중이던 헬기가 야산에 추락하여 5명이 사망하는 사고가 발생함에 따라 헬기 안전대책 마련이 절실하다. 산림청은 헬기의 안전을 위해 국토교통부, 지자체 등과 협력하여 다음과 같이 안전관리 방안을 마련하였다.

- 헬기 운항품질보증(Flight Operation Quality Assurance) 기술 노하우를 공유하고, 실시간 위치정보장치의 민간업체 도입을 유도
- 헬기사고 예방을 위한 고난도 훈련에 필요한 모의비행장치를 산불 진화 민간 조종사들에게까지 대폭 확대 개방
- 정비 위험요소를 사전에 파악하고, 재발 방지 분석체계(Maintenance Error Detection Aid)를 민간헬기 정비사들에게 전파
- 국가헬기와 민간헬기의 산불 진화 통합지휘를 위해 진화역량과 안전관리를 강화
- 노후 헬기는 연차적으로 교체하고 상시적인 관리감독 시스템을 구축하며, 헬기 이·착륙장, 비행 장애물 정보, 비상대기 여건 등을 개선

남성현 산림청장은 "기후변화로 대형화·연중화되는 산불에 대응하기 위해 행정기관 간 산불진화헬기 범정부 안전관리 협업·연계시스템을 구축해 나가겠다."라며, "산불로부터 안전한 대한민국이 되도록 국민 여러분의 적극적인 협조와 관심을 부탁드린다."라고 말했다.

2. 정책자료

(1) 제6차 산림기본계획[2018~2037년(20년)]

① 개요

㉠ 수립 근거: 「산림기본법」 제11조 및 동법시행령 제4~6조

- 산림청장은 산림자원 및 임산물의 수요와 공급에 관한 장기 전망을 기초로 하여 지속 가능한 산림경영이 이루어지도록 전국의 산림을 대상으로 20년마다 산림 기본계획 수립·시행

㉡ 위상과 역할

- 향후 20년간의 산림정책의 비전과 장기전략을 제시하는 법정계획[계획기간: 2018~2037년(20년)]
- 지역산림계획 및 산림경영계획을 수립하는 기준이 되며, 기본원칙과 방향을 제시하는 산림분야 최상위 계획
- 산림자원, 산림산업, 산림복지, 산림보호, 산림생태계, 산지 및 산촌, 국제산림협력, 산림행정 등에 관한 종합계획

② 산림 및 임업부문 10대 핵심이슈

부문	산림 및 임업 핵심이슈
사회(S)	• 환경과 삶의 질을 중시하는 생활양식으로 다양한 산림휴양 수요 증가 • 도시 생활환경 개선을 위한 도시림의 중요성 증대 • 저출산 · 고령화로 인한 농산촌지역의 인구 감소 및 지역사회의 침체 • 삶의 불안정성 증대로 산림치유 수요 증가
과학기술(T)	정보통신기술 및 빅데이터를 활용한 산림재해 관리 시스템 강화
경제(E)	시장개방 확대로 인한 국내 임업 경쟁력 약화
환경(E)	• 물 부족 심화로 인한 산림수자원의 중요성 증대 • 국가 온실가스 감축목표 달성에 산림(온실가스 흡수원)의 기여 확대 • 기후변화로 산림재해(산불 · 산사태) 대형화 및 산림병해충 피해 증대
정치(P)	남북협력으로 인한 북한지역 산림황폐지 복구사업 추진

③ 비전과 전략

㉠ 비전: 일자리가 나오는 경제산림, 모두가 누리는 복지산림, 사람과 자연의 생태산림

㉡ 2037년 목표 및 기대 효과

• 건강하고 가치 있는 산림

　－ 국민 1인당 산림 공익가치: 연 249만 원 → 연 500만 원

　－ 목재 자급률: 16.2% → 30.0%

• 양질의 일자리와 소득 창출

　－ 산림분야 일자리: 연 1.8만 개 → 7만 개

- 임업인 소득: 가구 평균소득의 64% → 100%
- 국민 행복과 안심 국토 구현
  - 산림복지 수혜 인구 비율: 35% → 100%
  - 산림재해로 인한 피해액: 연 2,251억 원 → 270억 이하
- 국제 기여 및 통일 대비
  - 지속가능발전목표(SDGs) 이행률: 산림관련 목표 100%
  - 북한 황폐산림 복구: 황폐산림 284만 ha → 50% 복구(140만 ha)
ⓒ 전략과제 및 지원
  - 산림자원 및 산지 관리체계 고도화
  - 산림산업 육성 및 일자리 창출
  - 임업인 소득안정 및 산촌 활성화
  - 일상 속 산림복지체계 정착
  - 산림생태계 보전 강화
  - 산림재해 예방과 대응을 통한 국민안전 실현
  - 국제산림협력 주도 및 한반도 산림녹화 완성
  - 산림정책 기반 구축—거버넌스·법무·재정·통계·정보화·연구개발
ⓔ 전략별 추진계획

구분	내용
산림자원 및 산지 관리체계 고도화	• 지속가능발전목표(SDGs) 달성을 위한 산림역할 강화 • 기능과 용도별 산림자원 관리체계 확립 • 산지관리체계의 혁신 • 사유림과 함께하는 국유림의 선도 역할 강화 • 국가 온실가스 감축 목표 달성에 기여
산림산업 육성 및 일자리 창출	• 목재산업 육성 및 주류산업으로 도약 • 국산목재 고부가가치화 및 소비 확대 • 지속 가능한 목재생산체계 구축 • 산림기반 융·복합 신산업 육성 • 산림생명자원 산업화 • 사람중심 산림자원 순환경제로 좋은 일자리 창출
임업인 소득 안정 및 산촌 활성화	• 임업인 소득 향상 및 경영 합리화 • 소비자와 함께하는 청정임산물 생산·유통체계 확립 • 임업통상 대응 및 임산물 수출 확대 • 사회적 경제 실현을 통한 산촌 활성화

일상 속 산림복지체계 정착	• 도시를 숲이 있는 생활공간으로 재창조 • 산림복지서비스 저변 확대 • 맞춤형 산림교육 제공 및 교육품질 향상 • 산림문화 · 휴양 인프라 확충 및 서비스 품질 개선 • 산림치유서비스 보편화 및 효과성 향상
산림생태계 건강성 유지 · 증진	• 산림생물다양성의 지속적 관리기반 구축 • 산림생태계서비스 가치 증진 • 백두대간 등 주요 보호지역의 공정한 관리 • 한반도 주요산림 훼손지 복원 • 산림사법경찰 체계 확립
산림재해 예방과 대응으로 국민안전 실현	• 과학적 산불예방과 산불진화 대응역량 강화 • 산림 · 지역 특성을 고려한 산사태 재해 안전망 구축 • 유역단위 산림관리체계 정립 • 선제적 산림병해충 예찰 및 방제
국제산림협력 주도 및 한반도 산림녹화 완성	• SDGs 달성에 기여하는 국제산림협력 강화 • 국익 향상을 위한 해외산림자원 확보 • 개도국 산림전용 방지(REDD+) 등 신기후체제 대응 • 통일시대 대비 통합적 산림협력
산림정책 기반 구축	• 인문 · 사회 · 경제 요소 등 융복합 산림 거버넌스 체계 구축 • 법 · 제도 등 산림정책 지원체계 혁신 • 4차 산업 기술의 산림분야 적용 보편화 • 문제 해결형 산림분야 연구개발 혁신 및 성과 산업화

(2) 산림르네상스 추진 전략

※ [국정]: 윤석열 정부 110대 국정과제 / [지균]: 윤석열 정부 지역균형발전 비전 국정과제

6대 전략	20대 실천과제
돈이 되는 경제 임업	• 탄소흡수능력이 높은 기후대별 맞춤형 우수 수종 조림 [국정] • 임도 등 인프라 확충과 선도산림경영단지 확대로 목재자급률 증대 [국정] • 국산목재와 산림바이오매스 이용 확대 [국정] • 청정임산물 생산 · 유통 · 소비 활성화 및 임산물재해보험 확대 [국정] • 신산업 육성과 사회적기업 발굴로 양질의 일자리 창출
함께 가는 환경 임업	• 산림보전지불제 도입과 산지구분 체계의 합리적 재편 [국정] • 미세먼지 · 열섬현상 저감 등 쾌적한 정주를 위한 도시숲 · 정원 확대 [국정] • 국가 온실가스 감축목표(NDC) 달성 방안 전면 수정 [국정]
삶에 깃든 사회 임업	• 생애주기별 맞춤형 산림복지 서비스 다각화 제공 [국정] • 숲 처방 및 국가건강지원정책과 연계된 산림치유 활성화 • 산림 · 산촌관광 활성화, 산촌향(向) 트렌드를 반영한 산촌진흥 [국정] [지균]

산림재해 대응, 보전 · 복원 강화	• ICT 기반 예방 · 감시 · 예측체계 강화로 산림재난 피해 최소화 [국정] • 산림재해 취약지역의 관리강화 및 피해 조기복구 [국정] • 생물다양성이 우수한 지역의 과학적인 보호 · 복원 [국정]
산림을 국제협력 중추 사업화	• 산림을 대한민국 국제협력의 대표 전략분야화 • 탄소중립을 위한 국내 · 외 산림부문 기업참여 ESG 활성화 [국정] • 산림협력을 통한 남북 그린데탕트 추진 [국정]
산림과학 · 기술연구 촉진	• 산림바이오산업 활성화 및 신소재 연구개발 지원 [국정] • 인공위성과 빅데이터로 산림공간 디지털 플랫폼 구현 [국정] • 실사구시(實事求是) 연구개발, 고객 중심의 산림과학 실현

(3) 2022년도 K-산불방지 종합대책

① 산불 발생 현황 및 여건

  ㉠ 최근 10년간(2011~2020년) 산불발생 현황

   • 그동안 축적된 산불기술 · 정책을 바탕으로 산불발생은 점진적 감소 추세

    – 산림경영 단계부터 산불대응(예방 · 대비 → 진화 · 복구) 등 일련의 산림관
      리 체계에 따라 산불통합관리 추진

    ※ 연평균 건수: 2001~2010년 478건 → 2011~2020년 474건

      면적: 2001~2010년 1,161ha → 2011~2020년 1,119ha

    – 주요 원인인 입산자 실화와 소각산불의 예방 중심 및 첨단 진화 장비 확충,
      과학적인 산불 예측 등 고도화된 대응 체계 운영

    ※ GIS 기반의 산불확산예측시스템, 첨단장비가 탑재된 지휘차 도입, 산림
      드론 운영 등

   • 산불은 봄철에 집중 발생되고 주요 발생 원인은 입산자 실화와 소각산불

    – 최근 10년간 4,737건(평균 474건) 발생, 피해면적 11,195ha(평균 1,119ha):
      봄철에 산불의 67%가 집중 발생하고, 3월이 가장 많음

    > • 봄철(2.1.~5.15.) 311건(1,037ha) / 가을철(11.1.~12.15.) 27건(8ha) / 산불
    >   조심기간 외 136건(74ha)
    > • 월별: 3월 129건(271ha) → 4월 104건(593ha) → 2월 52건(42ha) → 5월
    >   26건(131ha) 순

- 발생 원인: 입산자 실화(34%, 159건), 소각산불(29%, 137건)이 전체의 63%

   입산자 실화 33.6% > 소각산불 28.8% > 건축물화재 전이 5.3% > 담뱃불 실화 5.0%

- 최근에는 연중 고온현상, 낮은 강수량, 건조일수 증가로 인해 산불발생 연중화

   산불조심기간 외 산불: 10년 평균 129건 / 2019년 188건 → 2020년 188건 → 2021년 188건

② 산불방지 중점 추진대책

㉠ 선제적 · 실질적 산불 대비

• 산불방지대책본부 운영 및 사전대비 강화

 - 중앙 · 지역 산불방지대책본부 설치 · 운영 대응태세 확립

 - 지자체 · 유관기관 산불방지 협업체계 구축 및 대응능력 향상

• 산불진화 장비 및 시설의 안정적 사전확보

 - 산불진화장비 점검 및 보강으로 상시 출동태세 유지

 - 산불 초기대응을 위한 주요 거점별 산불대응센터 확충

• 산불재난 국가위기경보 적기 발령 및 대비 강화

 - 산불위험도를 고려한 '산불경보'발령 및 단계별 현장 대응

 - 위기경보 단계별로 긴급재난방송 등을 통한 신속한 상황전파 및 이행

• 산불현장 통합지휘본부 대응역량 강화

 - 산불 초기부터 산불현장 통합지휘본부 설치 · 운영

 - 통합지휘본부 체계화를 위한 지원 및 유관기관 공조 강화

• 실전 중심의 산불재난 통합훈련 활성화로 대응역량 내실화

㉡ 맞춤형 산불예방 인프라 조성 및 원인별 예방 강화

• 생활권 산불예방 인프라 조성 및 안전문화 확산

 - 주택 · 건축물 화재 등 사전예방 및 소화시설 확충

 - 농 · 산촌 자발적 산불예방 참여 및 안전 공동체 문화 조성

• 산불발생 주요 원인별 맞춤형 예방 활동

 - 산불방지 인력의 조기 선발 · 현장 배치로 예방 · 감시활동 강화

 - 입산자 실화예방을 위한 입산통제구역 관리강화 및 취약지 집중감시

 - 유관기관 협업으로 소각산불 없는 건강한 농 · 산촌 조성

- 지역별 특성화된 산불예방 기반조성
  - 동해안 지역의 특화된 산불방지 인프라 구축
  - 군 사격장 산불예방 및 DMZ 일원지역 확산 방지
  - 국립공원 탐방로 및 취약지역 등 선제적 산불위험 관리 강화
  - 인구밀집 지역 및 중요시설물 피해 등 재난성 산불 예방

ⓒ 산불현장의 정확한 상황판단 및 신속한 진화 대응
  - 현장 중심의 지상진화 운용체계 구축
    - 신속하고 정확한 산불현장 보고 및 체계적인 상황전파 운영
    - 전문화된 진화인력 및 지상 진화체계의 차별화된 운영
    - 진화인력의 효율적인 배치 및 코로나19 확산대비 · 안전사고 예방 강화
  - 산불진화헬기의 지휘체계 확립으로 진화역량 극대화
    - 공중지휘체계 확립 및 산불확산을 차단하는 진화전략 추진
    - 계절별 산불양상에 따른 차별화된 산불대응 전략 수립 · 추진
    - 산림관서 및 유관기관 진화헬기 효율적 활용 및 공조 강화
    - 산불현장과 진화헬기 간 원활한 통신유지 및 운영
  - 산불진화헬기 안전운항 강화 및 급수지 관리
    - 항공 안전관리의 선진화로 헬기사고 제로화
    - 산불진화 용수의 안정적 확보 및 계류장 안전관리 철저

ⓓ 과학기술에 기반한 스마트 산불대응
  - ICT 등 정보통신기술을 활용한 산불대응 의사결정
    - 산불관리시스템을 통한 신속 · 정확한 문제해결형 산불상황 관리
    - 산불위험예측의 정확도 향상 및 맞춤대응 강화를 위한 시스템 확충
    - 차세대 통신기술을 활용한 산불재난 현장 커뮤니케이션 강화
    - '스마트산불재해 앱'으로 국민과 함께하는 산불신고 및 대국민 안전서비스 강화
  - 4차 산업 기술을 적용한 미래지향적 산불대응
    - 첨단 산림드론을 활용한 산불 대응체계 강화
    - 신기술 · 장비의 산불분야 저변확대로 효율적인 산불 대응

ⓔ 산불예방 홍보 강화 및 국민의식 제고
  - 맞춤형 전략적 산불예방 홍보 강화: 산불방지 전방위적인 홍보를 통한 국민 참여 확대
  - 산불예방 홍보 민간참여 확대 및 기관협력 홍보: 유관기관 협력 산불방지와 실화산불 자기책임 인식강화 및 민간참여 홍보 추진

(4) 2022년도 전국 산사태예방 종합대책

① 정책목표 및 추진 전략

㉠ 목표: 산사태로 인한 인명 및 재산피해 최소화

㉡ 전략

- 사회·환경여건을 고려한 산사태 재해안전망 구축
- 구조물정책과 비구조물 정책의 균형 유지
- 과학적 산사태 원인조사·통합적 복구관리 추진

② 4대 분야 14개 과제 실천 전략

㉠ 산사태취약지역 관리강화 및 산사태 재난 안전망 구축

- 산사태취약지역 확대 및 안전관리 체계 고도화
- 산사태 재난 주관기관으로서 산사태 재난 안전망 강화
- 산사태 재해 저감을 위한 사방시설 확충
- 국가안전대진단을 통한 산림 분야 안전관리 추진

㉡ 산사태 예측 고도화 및 다양한 원인의 산사태 예방·대응체계 구축

- 산사태정보시스템의 기능개선 및 운영 효율화 추진
- 산악기상관측망 확충으로 산림재해 대응력 강화
- 인위적 훼손지 관리를 위한 현장 점검 실시 및 관리체계 개선
- 땅밀림 등 새로운 유형의 산사태 예방·대응 체계 마련

㉢ 신속·정확한 산사태 원인조사와 견실한 응급복구 실현

- 신속하고 정확한 원인·피해 조사 체계 구축
- 산사태 피해복구 기능 강화
- 산사태 현장 대응 전담조직의 확대 및 운영 강화

㉣ 교육·홍보 강화 및 산사태 재난 대비 법·제도 정비 추진

- 산사태 분야 연구 강화 및 선진화
- 맞춤형 산사태 방지 교육·홍보 및 국제협력 강화
- 산사태 관련 법령 및 제도 등의 정비

(5) 2023년도 산림병해충 예찰·방제 계획

① 수목진료전문가 양성 및 수목진료 실행기반 강화

② 공공분야 수목진료 지원 및 전문적 서비스 제공

③ 소나무재선충병 확산 방지를 위한 총력 대응

④ 솔잎혹파리 피해 안정화

⑤ 솔껍질깍지벌레 피해 안정화 유지

⑥ 참나무시들음병 확산 저지

⑦ 기타(외래 · 돌발 · 혐오 등) 산림병해충 적기 대응

⑧ 산림병해충예찰방제단 운영

(6) 2022년 적극행정 우수 사례

① 2022년 4분기

주제	추진 내용 및 성과
산불피해, 송이 임산물 피해 임가 임업경영 복귀지원 성공	봄철 대형산불 피해 → 송이채취 피해 임업인(재난법상 지원 불가) → (적극행정위원회) 송이 대체작물 조성사업 지원
국산목재유통체계를 개선하여 기업부담 완화 및 국민 만족도 제고	• 국산목재 집단공급체계 구축(개인 산주 원목 매입, 권역별 원목 수집) → 산주소득 ↑, 원목수급 불안 해소 ↑ • 어린이 이용시설 목조화 사업 확대(실내 목질화, 국산목재 수요 창출 ↑)
초정밀 드론 라이다로 산속 구석구석을 살피고 재해로부터 안전하고 이용이 편리한 친환경임도를 만들어요.	초정밀 드론 라이다 활용(임도 설계 · 시공 정밀 측량, 적정임도 노선 선정) → 임도품질 고도화(매뉴얼 제작 · 보급 · 교육, 재해안전&친환경 임도 시공)

② 2022년 3분기

주제	추진 내용 및 성과
칡덩굴 제거해 숲도 가꾸고 한우 농가도 지원해요.	• 우리 마을 칡 잎 먹은 한우, "덩굴제거 부산물 조사료화" • 행복한 숲속한우농장 만들기, "한우농장 주변 나무심기" • 내 농장 주변 산은 내가 지킨다, "공동 산림보호 캠페인"
임지 내 원목 · 부산물 수집을 위한 저비용 고효율의 임내 운반장비 개발(Forest Ski-포레스키)	산림재난의 원인이 되었던 부산물을 제거와 동시에 수집하여 산림발전용 연료 등 바이오매스로 활용할 수 있는 기반마련으로 적극행정 구현(산림발전용 연료, 바이오매스)
국민 누구나 쉽게! 스마트 영림일지 '임업E지'로 임업직불금 받자!	• 모바일 기기로 일지 작성 후 인터넷 PC를 통해 수정 · 검토 할 수 있도록 하고, 일지출력, 임업직불제도로 안내 등 다양한 추가기능 제공 • "편리해진 스마트 영림일지 임업E지로 임업직불금 손쉽게 받으세요!"

③ 2022년 2분기

주제	추진 내용 및 성과
힘내세요 대한민국! 메타버스로 숲을 배달해 드려요.	• 메타버스 숲 교육 프로그램 개발을 위한 국민요구조사 완료 • 게더타운 플랫폼을 활용한 숲 교육프로그램 최초 개발 • 메타버스 숲 교육 프로그램 확대 운영(계획 4회 → 7회 운영)
국유림에만 조성 중인 산불진화임도를 공·사유림에도 도입	산불진화임도의 효과가 입증되었지만 국유림에만 조성 중이었던 임도를 공유림과 사유림에도 설치 가능하도록 적극행정 구현
민·관 협업으로 불바라기 약수터를 활성화하여 지역경제 활성화를 이끌다.	• 호우로 인한 피해 복구 완료, 진입 시 어려움 해소 • 휴양림 방문고객의 증가(트레킹 고객) • 상직폭포, 멍애정(정자) 등의 재정비 완료 • 홍보관(어울림관) 완공으로 체험활동, 볼거리 제공

④ 2022년 1분기

주제	추진 내용 및 성과
봄철 대형산불 발생 증가! ICT를 활용한 적극행정으로 성공적인 산불진화, 그리고 국민 생명과 재산을 보호하다.	기후변화에 따른 봄철 기온 상승 및 강수량 부족으로 대형산불이 증가하였으나 'ICT 기반 선제적 대비·신속한 대응체계 구축'으로 국민생명 보호 및 재산피해 최소화
가상세계에서 나무를 심으면 실제 산불피해지에 나무가 심어져요!	메타버스 플랫폼을 이용하여 5천 명 국민이 가상세계 숲에 나무를 심으면 실제 산불피해지역에 1만 그루의 나무가 심어져 산림복구를 실현하는 국민참여형 캠페인 실시
산불현장통합지휘본부 연화상 드론자료 공유로 산불피해 최소화	일몰 후 3시간 간격으로 촬영한 열화상 드론자료를 관련기관과 공유하여 야간산불 진행방향을 정확히 파악하고, 진화자원을 적지적소에 배치하여 산불피해를 최소화 및 매뉴얼 제작·배부, 교육 실시

1. 전문 자료

(1) 산림 및 임산물 현황

① 산림면적당 임목축적: 산림은 전국토의 62.6%를 차지하며, 국토면적 대비 산림 비율은 높은 편(OECD 4위)이지만 숲의 울창한 정도(ha당 임목축적)는 165.2m³로, 23위 정도에 해당한다.

[2020년 기준]

구분	면적(천ha) / 비율(%)	축적(천m³) / 비율(%)	평균축적(m³/ha)
국유림	1,653 / 26.2	300,846 / 28.9	182.0
공유림	483 / 7.7	83,756 / 8.1	173.4
사유림	4,162 / 66.1	655,845 / 63.0	157.6
계	6,298 / 100	1,040,447 / 100	165.2

② 세계 산림 현황(2020 FAO)

ㄱ 전 세계 국토면적 130억ha 중 산림면적은 40억ha(31%)

ㄴ 대륙별 산림비율(%): 아시아 20, 아프리카 21, 북중미 35, 남미 48, 유럽 46, 오세아니아 22

ㄷ OECD 국가 국토면적 35.6억ha 중 산림은 11.6억ha(33%)

- 산림비율(%): 핀란드73.7, 스웨덴 68.7, 일본 68.4, 한국 64.5(4위)
- ha당 임목축적(m³): 뉴질랜드 419, 스위스 354, 일본 210, 한국 162
  ※ FAO 세계산림자원평가(GFRA) 제공 자료로 우리나라에서 공표하는 산림 면적 및 임목축적과는 차이가 있음

ㄹ 원목생산(m³): 세계 39억(2019년 FAO), 미국 4억, 중국 3억, 브라질 3억, 러시아 2억, 캐나다 1.5억, 한국 457만

③ 나무의 나이별 분포

[2020년 기준]

구분	면적(천ha) / 비율(%)	축적(천m³) / 비율(%)
30년 이하	1,131 / 18.0	83,409
31년 이상	4,865 / 77.2	957,038
죽림 · 무립목지	302 / 4.8	-
계	6,298 / 100	1,040,447 / 100

④ 산림의 공익적 가치

[2018년 기준]

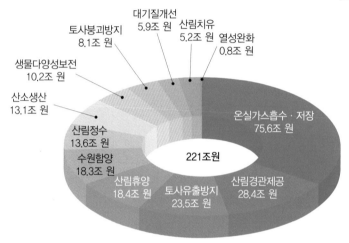

⑤ 임산물 생산액(2021년 기준): 7조 1,982억 원

[단위 : 억 원, %]

구분	계	순임목	조경재	수실류	산나물	토석	약용식물	용재 · 기타
총 생산액	71,982	29,020	3,679	5,919	4,071	13,560	6,237	9,496
비율	100.0	40.3	5.1	8.2	5.7	18.8	8.7	13.2

⑥ 국내 목재 생산량(2021년): 4,502천m³(목재수급량 28,403천m³의 15.9%)

〈국내 목재 수요와 공급 현황〉

구분	용도별, 형태별 현황
수요	펄프용 32.4%, 바이오매스용 21.9%, 제재용 19.5%, 보드용 10.2%, 합·단판용 7.0%, 기타 9.1%
공급	국내재 15.9%(4,502천m³), 수입재 84.1%(23,901천m³)

(2) 소나무재선충병

① 소나무재선충병: 소나무재선충은 크기 1mm 내외의 실 같은 선충으로, 솔수염하늘소, 북방수염하늘소 같은 매개충의 몸 안에 서식하다가 새순을 갉아 먹을 때 상처부위를 통하여 나무에 침입한다. 침입한 재선충은 빠르게 증식하여 수분, 양분의 이동통로를 막아 나무를 죽게 하는 병으로 치료약이 없어 감염되면 100% 고사한다.

② 소나무재선충병에 감염되는 수종(소나무류): 소나무, 해송, 잣나무, 섬잣나무

③ 소나무재선충병 피해현황

　㉠ 2022년 4월 기준, 전국 135개 시·군·구에서 피해고사목 38만 본 발생

　㉡ 피해고사목 발생본수

> 99만 본(2017.4.) → 69만 본(2018.4.) → 49만 본(2019.4.) → 41만 본(2020.4.) → 31만 본(2021.4.) → 38만 본(2022.4.)

④ 소나무재선충병 피해고사목 벌채 및 벌채 산물 처리 방법: 단독벌채, 소구역·소군락 모두베기, 모두베기, 파쇄, 소각, 훈증, 대량훈증, 잔가지줍기, 열처리

⑤ 소나무재선충병 예방 방제 방법: 예방 나무주사, 정밀드론방제, 지상방제, 페로몬유인트랩설치

　㉠ 나무주사

방제대상	품목명	약제사용	처리방법	횟수
소나무재선충	아바멕틴 1.8% 유제	원액	나무주사	2년 1회
	에마멕틴벤조에이트 2.15% 유제			

ⓛ 수관약제살포

대상해충	품목명	희석배수	물20L당 사용약량	작업시기	처리방법	횟수
솔수염하늘소 북방수염하늘소	페니트로티온(메프) 50% 유제	500배액	40ml	매개충 우화시기 (5~8월)	수관살포	연 3~5회
	티아클로프리드 10% 액상수화제	1,000배 액	30ml			

(3) 산림치유

① **산림치유의 정의**: 산림치유는 숲에 존재하는 다양한 환경요소를 활용하여 인체의 면역력을 높이고, 신체적 정신적 건강을 회복시키는 활동이다.

② **산림치유의 효과**: 산림치유는 치료기관에서 치료를 받고 있는 중환자 이외의 심신의 회복과 휴양, 생활습관 개선 등 신체와 정신의 건강을 원하는 모두가 대상이며, 우울증, 고혈압, 아토피 등을 완화하는 데 치유 효과를 얻을 수 있다.

③ **산림치유인자**

경관	산림을 이루고 있는 녹색은 눈의 피로를 풀어주며 마음의 안정을 가져다준다. 시간에 따라 변화하는 산림의 계절감은 또 하나의 매력으로 인간의 주의력을 자연스럽게 집중시켜 주어 피로감을 풀어주는 효과가 있다.
피톤치드	피톤치드는 나무가 해충과 상처로부터 스스로를 지키기 위해 생성하는 물질이다. 피톤치드는 식물의 'Phyton'과 살해자의 'Cide'의 합성어로 염증을 완화시키며, 산림 내 공기에 존재하는 휘발성의 피톤치드는 인간의 후각을 자극하여 마음의 안정과 쾌적감을 가져온다.
음이온	일상생활에서 산성화되기 쉬운 인간의 신체를 중성화시키는 음이온은 산림의 호흡작용, 산림 내 토양의 증산작용, 계곡 또는 폭포주변과 같은 쾌적한 자연환경에 많은 양이 존재한다.
소리	산림에서 발생되는 소리는 인간을 편안하게 하며, 집중력을 향상시키는 비교적 넓은 음폭의 백색(white sound)의 특성을 가지고 있다. 산림의 소리는 계절마다 다른 특성을 가지며, 봄의 산림소리는 가장 안정된 소리의 특징을 보인다.
햇빛	산림에서는 도시보다 피부암, 백내장과 면역학적으로 인체에 해로운 자외선(UVB) 차단 효과가 뛰어나 오랜 시간 야외활동이 가능하다. 햇빛은 세로토닌을 촉진시켜 우울증을 예방하거나 치료하는 방법으로 넓게 활용되고 있으며, 뼈를 튼튼하게 하고 세포의 분화를 돕는 비타민D 합성에 필수적이다.

(4) 스마트산림재해 앱

① 특징: 국민이 참여하여 산림을 보호할 수 있도록 산림재해를 신고할 수 있는 서비스 앱이다. 산불, 산사태, 재선충, 산림훼손 신고를 앱에서 빠르고 간편하게 할 수 있다. 또한, 국민 편의와 안전을 위한 산악기상정보, 산사태예측정보, 재해행동요령, 산림훼손 관련 정보도 함께 제공한다.

② 주요 기능

현위치 날씨 및 재해 정보	• 날씨정보 제공 • 산사태예측정보 제공 • 산불위험단계정보 제공
산불 신고	• 산불 전화신고 • 산불 촬영신고(사진, 동영상) • 신고목록 및 신고결과조회
소나무재선충병 신고	• 재선충병 촬영신고(사진, 동영상) • 신고목록 및 신고결과조회
산림훼손 신고	• 산림훼손 관련 전화신고 • 산림훼손 관련 촬영신고(사진, 동영상) • 신고목록 및 신고결과조회
산악기상 정보	• 산악날씨정보 조회 • 휴양림날씨정보 조회 • 기상특보 조회 • 위성날씨 조회
산사태예측 정보	• 현위치 기준 시 · 군 · 구 단위로 산사태 예측정보 조회 • 산사태 행동요령정보 제공
산사태재해 행동요령	• 경보 시 행동요령 정보 • 주의보 시 행동요령 정보 • 평상시 행동요령 정보
산불 대처요령	• 산불예방 참여요령 정보 • 산행 중 산불을 발견했을 경우 정보 • 주택가로 산불이 확산될 경우 정보 • 산불진화 참여요령 정보
산림훼손관련 정보	• 산림 내 불법행위 신고포상금 지급방안 정보 • 산림범죄수사 절차 개요 정보 • 산림보호 법적근거 및 벌칙조항 정보

2. 관련 이슈

(1) 2022 역대 최대 산불, 산림청 관심 뉴스 1위

2022년 가장 관심을 끈 산림청 뉴스는 국민들의 가슴을 졸였던 '역대 최대 산불'이 차지했다. 이는 연중 대형화되는 산불에 국민들이 위기의식을 느끼고 새로운 대응 전략이 필요하다는 데 공감한 것이라 볼 수 있다.

2022년 한 해 11건의 대형산불이 발생, 2만 4천여ha의 산림 피해를 기록했다. 특히 지난 2022년 3월 4일부터 13일까지 열흘 동안 불탄 울진산불은 213시간이라는 역대 최장 산불로 기록됐고, 5월 31일부터 6월 5일까지 660ha의 산림 피해를 낸 밀양산불은 이례적인 초여름 대형산불로 기록됐다.

〈2022년 '산림청 10대 뉴스' 선정 결과〉

순위	관심뉴스	비고
1	역대 최대 산불, 새로운 진화전략 시급	-
2	역대 최대 규모 제15차 세계산림총회 성공적 개최	5.2.~5.6. 서울
3	동서트레일 조성 착수와 국가숲길 확대 지정	-
4	산불피해지, 합리적인 산림복원 추진	-
5	숲으로 잘 사는 산림르네상스 시대 연다	-
6	임업직불제 10월 첫 시행, 숲의 공익가치 높인다	-
7	산림형 일자리, 지역주민 고용 창출과 산촌경제 활성화	-
8	소나무재선충병 다시 확산 추세, 총력 대응	-
9	두 번째 국립수목장림 '국립 기억의 숲' 개장	11.24. 개장
10	규제에 묶인 산 팔아 10년 연금 받자	-

10대 뉴스는 한해 산림청과 관련된 이슈, 관심 뉴스 등을 가려 뽑아 국민, 언론인, 산림청 직원들의 투표를 거쳐 선정한다. 대상별 관심 뉴스에는 차이가 있었는데, 산림청 직원들은 5월 2일부터 6일까지 서울에서 열린 제15차 세계산림총회의 성공적 개최를 1순위로 꼽았고, 기자단은 동서트레일 조성 등 산림청의 숲길 정책에 높은 점수를 주었다. 이 밖에도 국정과제를 반영해 '숲으로 잘사는 산림르네상스 시대'를 열어나가겠다는 산림청의 비전이 임업계 안팎의 기대가 반영되며 5위를 차지하였고, 임업직불제 첫 시행, 산림일자리 창출, 소나무재선충병 재확산, 두 번째 국립수목장림 개장, 산지연금형 사유림 매수사업 등이 관심을 받았다.

(2) 산불재난 최소화를 위한 산불진화임도 확충 예정

산림청은 올해 공유림과 사유림에 처음으로 산불진화임도를 지원(국비 70%)한 것을 시작으로 현재 332km에 불과한 산불진화임도를 매년 500km 이상씩 늘려 2027년까지 3,207km를 확충한다는 계획이다.

산불진화를 목적으로 설치되는 산불진화임도는 그동안 국유림에만 332km가 설치되었고, 공유림과 사유림은 올해 처음으로 일부 지역에 설치된다. 산불진화임도는 일반임도(도로폭 3m)보다 도로폭(3.5m 이상)이 넓게 설치된다.

임도가 있는 사례

3월 8일 경남 합천에서 발생한 산불은 초기 강한 바람이 불어 급속히 확산되었으나, 야간에 임도를 통해 인력이 들어가 밤샘 진화작업을 벌인 결과 일몰 시 10%에 불과하던 진화율을 다음날 오전 5시에는 92%까지 끌어올려 조기 진화할 수 있었다.

임도가 없는 사례

3월 11일 경남 하동 지리산 국립공원 자락에서 발생한 산불은 임도가 없어 인력 접근이 매우 어려웠고, 밤이 깊어지면서 안전사고의 우려가 있어 오후 10시 30분 진화인력이 모두 철수하여 다음 날 아침까지 산불이 타들어 가는 것을 안타까운 마음으로 지켜볼 수밖에 없었다.

우리나라 산림 629만ha에 설치된 임도는 2022년 말 현재 총 연장거리 24,929km에 이르지만, 임도밀도를 보면 3.97m/ha로 산림선진국인 독일(54m/ha)의 1/14, 일본(23.5m/ha)의 1/6 수준에 불과하다.

이 중 국유림 임도밀도가 4.98m/ha, 공유림과 사유림 임도밀도는 3.6m/ha로, 전체 산림의 74%를 차지하는 공·사유림의 임도는 매우 부족한 실정이다. 또한, 임도 설치에 여러 제약이 따르는 국립공원 지역의 임도밀도는 0.16m/ha로 더 열악하다.

산림청은 관계부처 협의를 통해 임도예산을 대폭 확충하고, 임도시설이 취약한 국립공원 등에 적극적으로 임도를 개설할 예정이다.

(3) 온실가스 배출 감소를 위한 REDD+(레드플러스) 사업과 타당성 논란

REDD+(레드플러스)는 'Reducing Emissions from Deforestation and Forest Degradation Plus'의 약자로, 개발도상국에서 산림전용 및 황폐화로 인해 발생하는 온실가스 배출을 줄이기 위해 시행하는 다양한 사업들을 말한다.

REDD+는 주로 선진국이 개발도상국 산림 관리를 경제적으로 지원하는 형태를 띤다. REDD+에 참여하는 개발도상국은 사업기간 동안 열대우림 보호 지원, 불법 벌채 지역 내에서의 산림감시단 운영, 지역 주민 교육, 나무의 땔감 사용을 방지하기 위한 스토브 보급 등 산림파괴를 막기 위한 다양한 활동을 하게 되며, 이로 인해 발생한 온실가스 감축 결과만큼을 탄소배출권 형태로 할당받게 된다. 탄소배출권은 탄소배출권 시장에서 거래하거나 국가 온실가스 감축 목표(NDC; Nationally Determined Contribution)에서 차감할 수도 있다. 이러한 REDD+ 사업을 통해 개발도상국 정부는 산림 보존과 경영에 대한 경제적 지원을, 선진국과 기업은 온실가스 감축을 통한 탄소배출권 확보라는 이익을 챙긴다.

우리나라 산림청의 경우, 2012년부터 신규 예산을 확보하여 국가 간 REDD+ 시범사업을 착수하였으며, 2013년 인도네시아를 시작으로 캄보디아, 미얀마, 라오스 등을 시범사업국으로 선정해 REDD+ 사업을 시행하고 있다.

그러나 몇몇 전문가들은 REDD+를 수정이 필요한 온실가스 감축 사업이라고 이야기한다. 이들은 지역에 기반하지 않은 기술 전수형 대체소득, 착취에 가까운 주민 사업 참여, 탄소배출권 확보로 인한 선진국의 온실가스 배출 정당화, 산림을 생태적 역할이 아닌 탄소 흡수원으로의 취급, 시장 기반 금전적 보상 가치로 인해 숲과 더불어 살아온 공동체의 전통 가치 훼손 등을 이유로 들고 있다.

따라서 정부에서는 REDD+ 사업의 체계적 추진에 앞서 REDD+ 사업의 타당성 또한 꼼꼼히 살펴봐야 할 것이다.

꿈꿀 수 있다면 실현도 가능하다.

– 월트 디즈니 –

시설직
(일반토목 · 건축 · 시설조경)

CHAPTER 01 국가공무원 시설직(일반토목·건축·시설조경)의 모든 것

01 시설직(일반토목·건축·시설조경) 공무원의 개요

1. 시설직(일반토목·건축·시설조경) 공무원이란?

(1) 일반토목직

국토교통부 · 해양수산부 외의 기타 주요 부처, 국립대학교 등에서 도로, 교량, 철도, 상 · 하수도, 항만, 하천, 댐 등 도시기반시설에 관한 종합적인 건설공사 업무와 농지개량 및 농지확대를 위한 조사, 계획, 설계, 측량, 제도 및 대지, 건축물 등에 관련된 각종 전문적 · 기술적 업무의 기술, 감리, 인허가 등의 업무를 수행한다.

(2) 건축직

국토교통부 · 해양수산부 외의 기타 주요 부처, 국립대학교 등에서 각종 건축사업에 관한 조사 · 기획 · 설계 · 시공 · 준공검사, 건축법규의 정비 · 운용 등에 관한 전문적이고 기술적인 건축 관련 업무를 수행한다.

(3) 시설조경직

산림청 또는 그 산하기관, 국립수목원 등에서 순환근무를 주로 담당하며, 조경에 대한 현장 업무보다는 조경업체 등의 수의계약이나 시공업체 선정, 시공 관리 등의 행정적인 업무를 수행한다.

2. 시설직(일반토목·건축·시설조경) 주요 업무

(1) 일반토목직

① 도로, 철도, 댐, 교량, 항만시설, 폐기물 처리 등 도시 기반시설에 대한 감리업무

② 공사계획, 설계시공 감독, 건설공사, 유지보수와 관련된 업무

③ 도시 기반 각종 시설관리, 대지와 건축물에 대한 감리업무

④ 공사계획에 대한 각종 인허가 업무

(2) 건축직

① 여러 가지 건축사업에 관한 조사, 기획, 설계, 시공, 준공검사 등의 업무 수행

② 실제적인 현장업무보다 건축사업과 관련된 행정처리 업무 수행

③ 건축과 관련된 법규의 정비, 운용 등에 대한 전문적 · 기술적 업무 수행

(3) 시설조경직

① 국가 정원, 도시숲, 가로수, 학교숲 및 시설 조성 관리

② 녹지사업, 수목원, 조경 설계 관리 등의 공모사업 신청 등의 행정관리

③ 국립수목원 등 산림청 운영시설의 민원업무처리, 예산, 연구용역 수행

02 시설직(일반토목·건축·시설조경) 관련 부처의 개요

1. 국토교통부 소개

(1) 주요 기능

① 국토종합계획의 수립 및 조정에 관한 사무

② 국토의 보전 · 이용 · 개발에 관한 사무

③ 도시 · 도로 및 주택의 건설에 관한 사무

④ 해안 및 간척에 관한 사무

⑤ 육운 · 철도 및 항공에 관한 사무

(2) 조직도

```
                              장관
            ┌─────────────────────┴─────────────────────┐
         대변인                                       감사관
         홍보담당관                                    감사담당관
         디지털소통팀
                              1차관
                         운영지원과
     ┌─────────────┬─────────────┼─────────────┬─────────────┐
  기획조정실       국토도시실      주택토지실       건설정책국
  기획담당관       국토정책관       주택정책관       건설정책과
  혁신행정담당관    국토정책과       주택정책과       건설산업과
  규제개혁법무담당관 수도권정책과      주택기금과       해외건설정책과
  청년정책담당관    지역정책과       주택건설공급과     해외건설지원과
  정책기획관       산업입지정책과     주택정비과       공정건설지원팀
  재정담당관       복합도시정책과     주택임차임보호과    기술안전정책관
  미래전략담당관    도시정책관       주택공급기획팀     기술정책과
  국제협력통상담당관  도시정책과       주거복지정책관     기술혁신과
  정보화통계담당관   도시경제과       주거복지정책과     건설안전과
  정보보호담당관    도시활력지원과     주거복지지원과     시설안전과
  국토교통과학기술정책팀 녹색도시과      공공주택정책과
  비상안전기획관    스마트도시팀      민간임대정책과
                 건축정책관       토지정책관
                 건축정책과       토지정책과
                 녹색건축과       부동산투자제도과
                 건축문화경관과     부동산평가과
                 건축안전과       부동산개발산업과
                 국토정보정책관     부동산소비자보호기획단
                 국토정보정책과
                 공간정보제도과
                 공간정보진흥과
                 국가공간정보센터
```

```
                                    2차관
        ┌──────────────┬──────────────┼──────────────┐
   교통물류실        항공정책실      모빌리티자동차국      도로국
  ┌───────────┐   ┌───────────┐   ┌───────────┐   ┌───────────┐
  종합교통정책관     항공정책관       모빌리티총괄과      도로정책과
  교통정책총괄과     항공정책과       자동차정책과      도로건설과
  교통안전정책과     첨단항공과       자율주행정책과      도로투자지원과
  교통서비스정책과    국제항공과       도심항공교통정책과    도로관리과
  생활교통복지과     항공산업과       자동차운영보험과     도로시설안전과
  물류정책관       국제민간항공기구전략기획팀              디지털도로팀
  물류정책과       항공안전정책관
  첨단물류과       항공안전정책과                  철도국
  물류산업과       항공운항과        ┌───────────┐
  생활물류정책팀     항공기술과       철도정책과
                 항공교통과       철도운영과
                 항행위성정책과      철도건설과
                 공항정책관        철도투자개발과
                 공항정책과        광역급행철도추진단
                 공항안전환경과      수도권광역급행철도과
                 항공보안정책과      철도안전정책관
                 공항건설팀        철도안전정책과
                               철도운행안전과
                               철도시설안전과
```

※ 출처: 국토교통부 홈페이지(www.molit.go.kr)

(3) 실국별 주요 업무

기획조정실	• 국토교통부 정책과 계획 수립 및 총괄, 조정 • 법령 심사, 국회입법 총괄, 입법계획 수립, 법령 정비 • 조직진단 및 평가를 통한 조직 관리 • 시민 사회단체와의 상호 협조체계 구축 및 운영 • 국토교통 부문 규제개혁 계획수립 및 총괄 • 예산의 편성 및 집행 조정과 세입 세출 결산 • 국제기구, 국제통상, 국제협력, 투자 등 대외협력 • 국토교통 부문 정보화 업무 총괄 조정 • 국토교통 분야 정보보호 총괄 • 정부 비상훈련 및 통일대비 제반계획 수립 및 조정

국토도시실	• 국토종합계획의 수립 및 운용 • 수도권 정비정책의 수립 및 시행 • 지역개발정책의 수립 및 시행 • 특정지역, 개촉지구, 새만금개발 지원 및 제주센터 지원 • 산업입지 및 개발에 관한 정책 수립 • 기업도시개발, 행정도시, 시화개발 • 국토계획법령, 중토위 운영 • 도시재생, 유비쿼터스 도시(U-City) 도시개발 • 개발제한구역, 도시공원, 녹지 관련 정책 • 건축법령, 건축표준화, 자재 • 토지이용규제 합리화, 국토이용정보체계 구축 • 경관법, 건축기본법, 건축물분양법 수립
주택토지실	• 주택공급 확대 등 수급 균형을 통한 시장안정 기반 구축 • 실수요자의 내집 마련 기회 확대 지원 • 무주택자 서민을 위한 주거복지 강화 • 국민임대 건설계획 조정 및 임대주택 체계개편 • 부동산 시장의 선진화 및 미래 주거 문화 조성 • 개발부담금 토지거래허가제 등 토지 관련 규제 개선 • 국가 공간정보체계 기반 조성 및 산업육성 • 부동산정보 통합 및 대민 서비스 제고
건설정책국	• 지방건설경기 활성화 등 건설경기 관리대책 수립, 시행 • 건설산업기본법 등 건설산업 관련 제도 수립, 운영 • 해외건설 활성화 대책 및 (고위급) 건설외교 총괄 • 건설자재, 건설기계, 건설인력 수급대책 등의 관리 • 건설기술자, 감리, 설계, 엔지니어링 업체 육성, 관리 • 시공, 완공된 각종 시설물의 안전대책 수립 등 담당
교통물류실	• 육상, 항공 종합교통체계(Inter-Modalism) 구축 • 대도시권 교통난 해소 및 광역교통체계 구축 • 대중교통체계 개선 및 저탄소, 친환경 국가교통체계 구축 • 교통약자 이동 편익 증진 및 교통사고 절반 감축 • 자동차 등록, 안전관리, 운행, 소비자보호 등 자동차 정책 수립, 시행 • 물류전문기업 중심으로 물류시장 선진화 • 물류단지, 시설 확충, 화물자동차운수사업 관리 • 통합연계형 물류체계 구축 및 경쟁력 강화 • 해외물류거점 확보를 통한 글로벌 물류네트워크 구축

항공정책실	• 항공 관련 법령 및 제도 개선, 공항운영 및 활성화 • 무인비행장치 관련 안전관리 운영 등 총괄 • 항공협정 체결, 개정 및 운수권 배분, 항공자유화 • 항공사업, 항공물류 및 항공보안 등 • 항공사고예방 정책 수립 및 항공사 안전 지도 • 형식승인, 감항증명 등 항공기 안전성 확보 • 국가공역관리, 항공관제운영 및 항공전문 인력 양성 등 • 공항, 비행장 개발 계획 수립, 시설 확충 및 주변지역 개발 • 공항 소음대책, 환경관리 및 공항인증, 안전관리, 점검 • 항행안전시설의 확충, 현대화 및 해외수출 지원 등
모빌리티자동차국	–
도로국	• 빠르고 편리한 간선도로망 구축으로 국토경쟁력 강화 • 민자 등 도로 투자재원의 다양화와 투자의 효율성 제고 • 안전하고 과학적인 도로관리로 국가 간선기능 유지 • ITS 등 첨단운영체계를 통한 편리한 도로교통서비스 제공
철도국	• 철도산업발전 지원 및 국가철도망 구축 • 일반, 고속, 광역, 도시철도 제도 운용 및 확충, 유지보수 • 철도사업제도 운용 및 철도물류체계 개선 • 철도차량, 시설, 전기, 신호 기준 관리 및 철도산업기술 육성 등

2. 해양수산부 소개

(1) 주요 기능

① 해양 · 수산 정책에 관한 사무

② 어촌개발에 관한 사무

③ 수산물 유통에 관한 사무

④ 해운 · 항만에 관한 사무

⑤ 해양환경에 관한 사무

⑥ 해양조사에 관한 사무

⑦ 해양자원개발에 관한 사무

⑧ 해양과학기술 연구 · 개발에 관한 사무

⑨ 해양안전심판에 관한 사무

(2) 조직도

장관

대변인	감사관
홍보담당관	감사담당관
디지털소통팀	

차관 — 어촌어항재생사업기획단 / 어촌어항재생과

운영지원과

기획조정실	해양정책실	수산정책실	해운물류국
정책기획관	해양정책관	수산정책관	해운정책과
기획재정담당관	해양정책과	수산정책과	연안해운과
장기전략데이터기획팀	해양수산과학기술정책과	유통정책과	선원정책과
혁신행정담당관	해양개발과	수출가공진흥과	항만물류기획과
규제개혁법무담당관	해양레저관광과	소득복지과	항만운영과
정보화담당관	해양수산생명자원과	원양산업과	스마트해운물류팀
비상안전담당관	해양환경정책관	수산직불제팀	
	해양환경정책과	어업자원정책관	
	해양공간정책과	어업정책과	
	해양보전과	수산자원정책과	
	해양생태과	지도교섭과	
	국제협력정책관	어선안전정책과	
	국제협력총괄과	어업기자재관리과	
	해양영토과	어촌양식정책관	
	통상무역협력과	어촌양식정책과	
		양식산업과	
		어촌어항과	
		수산물안전관리과	

해사안전국	항만국	세월호후속대책추진단
해사안전정책과	항만정책과	기획총괄과
해사산업기술과	항만개발과	선체관리지원과
해사안전관리과	항만투자협력과	가족지원과
항로표시과	항만연안재생과	배보상지원과
첨단해양교통관리팀	항만기술안전과	
	부산항북한통합개발추진단	

※ 출처: 해양수산부 홈페이지(www.mof.go.kr)

(3) 실국별 주요 업무

구분	주요 업무
기획 조정실	• 정책기획관: 기획재정담당업무, 혁신행정담당업무, 규제개혁법무담당업무, 정보화담당업무, 비상안전담당업무, 장기전략데이터기획업무 등 • 비상안전담당관: 비상대비계획 수립에 관한 사항, 비상대비훈련(을지연습) 실시에 관한 사항, 국가안전관리 기본계획 및 집행계획 수립, 민방위 및 예비군 교육 및 자원관리에 관한 사항
해양 정책실	• 해양정책관: 해양정책업무, 해양수산과학기술정책업무, 해양개발업무, 해양레저관광업무, 해양수산생명자원업무 • 해양환경정책관: 해양환경정책업무, 해양공간정책업무, 해양보전업무, 해양생태업무 • 국제협력정책관: 국제협력총괄업무, 해양영토업무, 통상무역협력업무
수산 정책실	• 수산정책관: 수산정책업무, 유통정책업무, 수출가공진흥업무, 어업인소득복지업무, 원양산업업무, 수산직불제업무 • 어업자원정책관: 어업정책업부, 수산자원정책업무, 어업지도교섭업무, 어선안전정책업무 • 어촌양식 정책관: 어촌양식정책업무, 양식산업업무, 어촌어항업무, 수산물안전관리업무 등
해운 물류국	해운정책관련업무, 연안해운관련업무, 선원정책관련업무, 항만물류기획업무, 항만운영관련업무, 스마트해운물류업무 등
해사 안전국	해사안전정책업무, 해사산업기술업무, 해사안전관리업무, 항로표지업무, 첨단해양교통관리업무 등
항만국	항만정책업무, 항만개발업무, 항만투자협력업무, 항만연안재생업무, 항만기술안전업무, 부산항북항통합개발추진단업무

3. 산림청 소개

(1) 주요 기능

① 산림자원 및 산지 관리체계 고도화

② 산림산업 육성 및 일자리 창출

③ 임업인 소득안정 및 산촌 활성화

④ 일상속 산림복지체계 정착

⑤ 산림생태계 보전 강화

⑥ 산림재해 예방과 대응을 통한 국민안전 실현

⑦ 국제산림협력 주도 및 한반도 산림녹화 완성

⑧ **산림정책 기반 구축**: 거버넌스 · 법무 · 재정 · 통계 · 정보화 · 연구개발

(2) 조직도

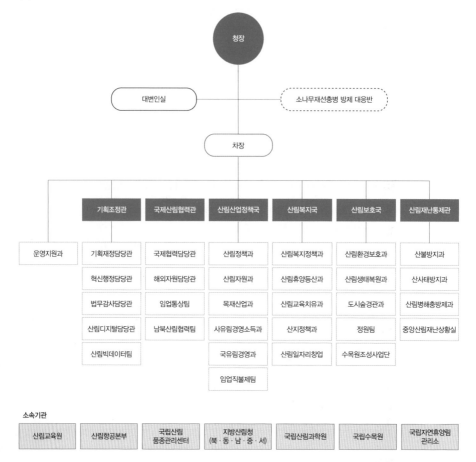

```
                                청장

        대변인실  ─────────────  ┌ 소나무재선충병 방제 대응반 ┐
                                └ ─ ─ ─ ─ ─ ─ ─ ─ ─ ─ ─ ┘
                                 차장
```

기획조정관	국제산림협력관	산림산업정책국	산림복지국	산림보호국	산림재난통제관
기획재정담당관	국제협력담당관	산림정책과	산림복지정책과	산림환경보호과	산불방지과
혁신행정담당관	해외자원담당관	산림자원과	산림휴양등산과	산림생태복원과	산사태방지과
법무감사담당관	임업통상팀	목재산업과	산림교육치유과	도시숲경관과	산림병해충방제과
산림디지털담당관	남북산림협력팀	사유림경영소득과	산지정책과	정원팀	중앙산림재난상황실
산림빅데이터팀		국유림경영과	산림일자리창업	수목원조성사업단	
		임업직불제팀			

운영지원과

소속기관

산림교육원	산림항공본부	국립산림 품종관리센터	지방산림청 (북·동·남·중·서)	국립산림과학원	국립수목원	국립자연휴양림 관리소

※ 출처: 산림청 홈페이지(www.forest.go.kr)

(3) 관국별 주요업무

구분	주요 업무
운영지원과	인사관리, 징계, 근무평정, 채용·시험, 계약업무, 공무원노동조합지원, 맞춤형 복지제도 운영, 재산·급여, 수입·채권, 을지연습 계획수립 및 실시, 4대보험 관리
기획조정관	정책조정회의 운영, 조직 정원관리, 공직자 병역관리, 규제개혁, 법령 제·개정, 재산등록 관련업무, 타 부처 소관 법령안 협의, 퇴직공직자 취업제한, 감사업무, 임업 관련 통계 업무, 산림공간정보(FGIS) 관리 및 유통, 사이버보안 관리 및 개인정보 보호, 정보시스템 운영
국제산림협력관	양자 간 교류협력 협정 체결, FTA/DDA 협상, 다자협력(국제기구), 공무국외여행 허가, 양자회의 개최, 해외자원개발사업 신고, 외국과의 실무회의, 임산물 분야 FTA 협상, 남북산림협력 기획협상·사업지원·연구 분석
산림산업정책국	식목일 행사 계획수립 및 시행, 독림가 등 전문임업인 육성, 신지식임업인 선발 육성 및 지도감독, 산림명문가 선정, 국유임야관리(교환·매각·대부·사용허가 등), 사유림 매수
산림복지국	무궁화 행사계획 수립 및 시행, 도시관리계획 협의, 산지전용허가·신고, 지구·지역·용도지역 등 지정 협의, 산림생태계의 보전·관리
산림보호국	비무장지대의 보전·관리, 산림 내 불법행위 수사, 산림보호 단속, 숲사랑지도원 위촉 및 관리, 산림보호구역 관리, 백두대간 사유토지매수·백두대간 개발행위 사전협의, 백두대간보호지역 지정·해제·변경
산림재난통제관	산불대응, 산불예방, 산불진화 및 조사, 산림재해통합관리체계, 산사태정책, 산사태예방대응, 산사태조사복구, 산림병해충방제, 소나무재선충병 방제, 생활권 수목 진료
산림교육원	교육대상자 학사관리
산림항공본부	산림항공기 사고조사
국립산림품종 관리센터	산림용 종묘 품종보호제도 운영
국립산림과학원	임업시험연구 심의 및 평가, 임업시험연구 수행
국립수목원	희귀특산식물 보전 관리

1. 국토교통부 추진 과제

(1) 실질적 균형 발전

① 과감한 규제혁신과 정부-지방 간 협업을 통해 지방의 자율성 확대

ⓐ 그린벨트 해제 권한 확대 등 지역 자율성을 높이기 위한 규제개선

ⓑ 지역과 함께하는 권역별 지원전략 수립

② 지역주도 혁신성장 공간 조성: 지역 특화산업 육성을 위한 지역 성장거점 조성·고도화

③ 지역 교통망 확충

ⓐ 촘촘한 지역 철도망·도로망 확충: 지방 5대 광역철도 선도사업 예타 추진, 신규 고속도로·국도 적기에 개통

ⓑ 지역 신공항 프로젝트 차질 없이 추진: 가덕도 신공항, 대구경북 신공항 등 거점 공항과 울릉·백령 등 도서공항도 차질 없이 건설

(2) 주택시장 안정

① 시장 변화에 부응하는 부동산 시장 정상화: 주택시장의 과도한 규제 정상화

ⓐ 투기과열지구·조정대상지역 및 민간택지 분양가상한제 적용지역 해제 추진, 전매제한 수도권 완화, 수도권 분양가 상한제 주택 등에 적용되는 실거주 의무 폐지(법 개정 추진)

ⓑ 중도금대출 보증 분양가 상한기준과 특별공급 배정 분양가 상한기준을 폐지하여 분양가와 관계없이 모든 주택에서 중도금 대출 및 특별공급이 가능해지며, 처분조건부로 청약 당첨된 1주택자에 부과되는 기존주택 처분의무도 폐지

② 시장 변화에 부응하는 부동산 시장 정상화

ⓐ 주택건설 사업 전 단계에 걸친 자금조달 지원: 장기대출 전환 보증상품을 신설, 착공 단계 사업장의 PF대출 보증 공급, 준공 전 미분양 사업장의 보증 지원

ⓑ 꾸준하고 속도감 있는 주택공급 기반 확충: 신규 정비구역 지정 추진, 도심 내 주택 공급 확대, 1기 신도시 정비 사업 관련 특별법 제정안 발의 등

③ 심야 택시난 해소를 위한 플랫폼 택시 탄력요금제 도입

④ 두텁고 촘촘한 주거복지 구현

ⓐ 청년·서민 내 집 마련을 위한 공공분양주택 본격 공급

ⓑ 우수한 입지, 넓고 품질 좋은 주택, 공공임대주택의 혁신

ⓒ 약자 보호를 더욱 세심하게, 세입자 및 서민 · 취약차주 보호 강화

ⓔ 임대차 시장 건전성 회복을 위한 등록임대 정상화

⑤ 시장원리에 부합하고 투명한 부동산 시장 조성

ⓐ 투명성 · 효율성 강화를 위한 LH 혁신

ⓑ 공정하고 투명한 부동산 시장질서 확립

(3) 미래 교통 혁신

① 출퇴근 시간의 획기적인 단축

ⓐ 촘촘한 교통 네트워크 구상을 위한 광역교통망 확충

ⓑ 맞춤형 교통서비스 제공을 위한 신도시 광역교통 개선

② 편리하고 저렴한 교통서비스 제공

ⓐ 심야 택시난 해소 등 수요자 중심 교통서비스 확대

ⓑ 서민들의 대중교통 비용 부담 경감

ⓒ 국민 누구나, 언제 어디서나 자유로운 이동 구현

③ 모빌리티 시대 본격 개막

ⓐ 미래 먹거리 창출

ⓑ 완전자율주행(Lv4) 구현: 제도적 기반 선제적으로 구축, 성능인증제도마련, 조기 상용화를 위한 고속도로 시범주행 지원 등 최적의 실증 환경 제공

ⓒ 도심항공교통(UAM) 구현: UAM법 제정 및 실증비행 본격 시작, 드론 · 로봇도 공동주택 물류배송 실증 시작, 스마트 공동물류센터 확충 등

(4) 국토교통산업 활력

① 법과 원칙에 기반한 산업질서 확립: 건설노조 및 화물연대 불법행위 근절 등 산업현장 질서 확립

② 해외건설 4대 강국 등 글로벌 경쟁력 강화: 임기 내 연 500억 불 수주 달성을 위한 원팀 코리아 진출 확대

③ 산업 경쟁력 강화 지원: 국토교통 전통산업 경쟁력 강화 및 신규 국가핵심산업 육성

(5) 안전한 생활환경

① 교통안전 선진국 도약

ⓐ 사고 취약요인 집중 관리로 교통사고 사망자 감축

ⓑ 출퇴근 시간 혼잡 관리 등 일상 속 새로운 위험요인 대응 강화

② 건설현장 안전 강화 및 국토의 재해 대응 역량 강화

ⓐ 건설사고 사망자 10% 이상 감축

ⓑ 건축물 및 도시공간의 재해대응력 강화

2. 해양수산부 핵심 추진 과제

(1) 국제물류산업 글로벌 경쟁력 강화

① 불황기 대비 3조원 규모의 해운 경영 안전판 마련

② 수출 주도 경제구조를 뒷받침하기 위한 해운산업 성장기반 확충

③ 해운산업의 시장기능 활성화

④ 세계 최고 수준의 스마트 메가포트 구축

⑤ 항만배후단지 민간투자 유치, 복합 산업공간으로 조성

⑥ 글로벌 물류 공급망 확보를 통한 수출 경쟁력 제고

(2) 수출형 블루푸드산업 육성

① 대규모 스마트 양식 클러스터 조성

② 신선하고 위생적인 수산물 공급을 위한 콜드체인 체계 구축

③ 최신 소비트렌드를 고려한 가공식품 개발 및 인프라 조성

④ 블루푸드 천만불 수출기업 100개사 육성

⑤ 블루푸드 수출 확대를 위한 집중형·연계형 마케팅 강화

⑥ 스마트·친환경 양식기술 ODA 및 국제협력 확대

(3) 해양모빌리티산업 주도권 확보

① 해양모빌리티 글로벌 초격차 기술 확보

② 디지털 친환경 기술·소재·부품·장비의 국제표준 확보: 국제기구(IMO) 기술협력 및 개도국 ODA 강화

③ 해양모빌리티 신기술 조기 상용화, 산업 육성을 위한 지원 강화

(4) 해양레저관광산업 활성화로 지역경제 활력 제고

① 복합 해양레저관광도시 및 K-마리나 루트 조성

② 기업·지역과 함께 성장하는 해양관광산업 육성

③ 동북아 해양레저관광산업 중심지 구축 및 글로벌 브랜드화

(5) 살기좋은 섬·연안지역 조성

① 소외된 섬 거주민 교통·물류 필수 생활서비스 지원

② 어촌지역 저소득 주민들의 소득안전망 구축

③ 어촌지역 활력 증진과 지속 가능한 성장을 위한 인프라 구축

(6) 기후변화 대응, 재해로부터 안전한 연안 조성

① 연안재해 예 · 경보 시스템 'K-Ocean Watch' 구축

② 항만 · 연안지역 재해 안전시설 완비

③ 미래형 연안재해 대응체계 구축

3. 산림청 추진 과제

(1) 산불, 산사태, 산림병해충의 3대 산림재난에 선제적 대비

① 산불방지 및 피해 최소화: 전국 278개 기관에 '산불방지대책본부' 설치하여 24시간 상황관리, 입산통제 및 등산로 폐쇄, 소각행위 금지, 감시인력 · 드론감시단 운영

② 산사태 대응체계 고도화: 취약지 점검, 다목적 사방댐 신설, 산사태예측정보

③ 산림병해충 피해 예방: 맞춤형 방재, 혐오해충 선재적 관리

(2) 목재이용 증진과 임가소득 향상 등 돈이 되는 경제임업 육성

① 산림 100년 기반 조성: 산림르네상스 시대를 위한 미래 비전 · 전략 수립, 경제림육성단지, 선도 산림경영단지 중심의 임도 신설 및 차별화된 규제개선

② 산림산업의 경쟁력 제고: 산림 · 목재 클러스터 구축, 스마트가공단지, 산림공간 디지털 플랫폼 구현

(3) 산림치유 등 산림복지 활성화로 국민부담을 줄이는 사회임업 확대

① 생애주기별 맞춤형 산림복지 서비스 다각화: 스마트 헬스케어 R&D 추진, 생활권 산림휴양시설 확대

② 지역기반 산림복지 확대: 실내 · 외 정원, 스마트가든 조성, 수목진료 및 찾아가는 반려식물클리닉 시행, 실내형 정원모델 보급, 지역자원과 정원을 접목한 정원도시 도입

(4) 생물다양성과 탄소중립에 기여하는 환경임업 활성화

① 쾌적하고 건강한 국토공간 창출: 1인당 도시숲 13㎡로 확대, 자생식물을 활용한 백두대간, DMZ, 섬 숲 등 핵심생태축 복원

② 산림생물 다양성과 경관의 체계적인 보전 · 보호: 보호수 안전 · 생육진단 및 후계목 육성, 스마트기술을 활용한 산림 위법행위 단속의 실효성 제고

(5) 국토녹화 성공

① 그린ODA 등 국제산림협력 강화: 세계산림총회 성과발전과 글로벌 공조 강화를 위한 ODA개발 확대

② 해외산림진출 확대 및 남북산림협력 준비: 해외산림투자 정책 자금 지원 대상 확대, DMZ와 접경지역 '그린평화지대화'를 위한 산림재난 공동대응 등 추진

CHAPTER 02

시설직(일반토목·건축·시설조경) 면접 기출 가이드

01 기출 빈출 리스트

- 해당 직렬(전 기술직렬 공통)에 지원한 동기는 무엇인지 말해 보시오.
- 지원한 업무에 필요한 공직가치는 무엇이며, 해당 역량을 키우기 위해 무슨 노력을 했는지 말해 보시오. (전 기술직렬 공통)
- 취득한 자격증이 업무에 어떤 도움이 되었는지 말해 보시오. (전 기술직렬 공통)
- 해당 직렬이 하는 업무에 대해 설명해 보시오. (전 기술직렬 공통)
- 해당 직렬 관련 정책에 대해 아는 것을 설명해 보시고, 그 장·단점과 개선점을 말해 보시오. (전 기술직렬 공통)
- 사장교와 현수교에 차이점에 대해 설명해 보시오. (일반토목직)
- 포트홀과 싱크홀의 차이점 및 발생 원인에 대해 설명해 보시오. (일반토목직)
- 하천 관련: 하천의 종류 / 좌안과 우안 / 제내지와 제외지 / 준설과 매립 등 관련 개념을 설명해 보시오. (일반토목직)
- 콘크리트 관련: 콘크리트의 장·단점을 콘크리트 강도와 연계하여 설명해 보시오. / 콘크리트 재령기간이 28일인 이유에 대해 설명해 보시오. / 설계기준강도와 배합강도의 차이에 대해 설명해 보시오. (일반토목직)
- 도로포장의 종류와 장·단점을 말해 보시오. (일반토목직)
- 현장에 가면 구두를 신지 말라며 운동화를 줄 수 있는데 이 경우 어떻게 하겠습니까? (일반토목직/건축직)
- 건설 현장에서 안전사고가 많이 일어나고 있는데, 어떤 점이 개선되어야 하는지 설명해 보시오. (일반토목직/건축직)
- 시설안전성을 점검할 때 어떻게 투명성을 확보해야 하는지 설명해 보시오. (건축직)
- 스마트시티에 대해 설명해 보시오. (건축직)
- 4차 산업과 자신의 전공을 접목시켜 말해 보시오. (건축직)
- 건축법 내용 중 개선하고 싶은 것을 말해 보시오. (건축직)

- '시공'과 '감리' 중 어떤 것을 우선적으로 해결해야 하는지 말해 보시오. (건축직)
- 불공정하도급과 관련된 문제가 많은데 이를 방지할 수 있는 해결책으로는 어떤 것들이 있는지 말해 보시오. (건축직)
- 주변에서 공사현장을 본 경험이 있습니까? 장기간 공사중단으로 방치된 건물을 본 경험이 있습니까? 이런 공사중단 건축물에 대한 민원이 많은데 관련 제도는 미비한 상태입니다. 이에 대해 어떻게 대처하겠습니까? (건축직)
- 재개발부지에 전통 건축물이 있다면 어떻게 대처하겠습니까? (건축직)
- 미세먼지가 심한데, 미세먼지를 줄이는 방안 및 미세먼지를 줄이는 데 적절한 수목을 3개 정도 이야기해 보시오. (시설조경직)
- 공원의 종류에 대해 설명해 보시오. (시설조경직)
- 정부에서 진행 중인 조경 관련 정책에 대해 말해 보시오. (시설조경직)
- 공원일몰제에 대해 설명해 보시오. (시설조경직)
- 가로수의 조건에 대해 말해 보시오. 가로수로 어울리는 종은 무엇이 있는지 말해 보시오. (시설조경직)
- 조경 분야에 어떻게 첨단 기술을 적용할 것인지 아이디어를 말해 보시오. (시설조경직)
- 코로나 시대의 녹지의 역할에 대해 말해 보시오. (시설조경직)
- 목재 펠릿에 대해 설명해 보시오. (시설조경직)

1. 5분 발표

> 한국교통안전공단은 이륜차 교통안전을 위해 교통법규 위반행위를 제보하는 '교통안전 공익제
> 보단'을 운영하고 있다. 교통안전 공익제보단은 한국교통안전공단이 2020년 처음 도입한 제도
> 로, 공개모집을 통해 선발된 제보단이 오토바이와 같은 이륜차 법규 위반 행위를 경찰청 스마트
> 국민제보 앱이나 국민신문고에 신고하는 활동을 한다. 교통안전 공익제보단 도입 활동 조사 결
> 과, 도입 이후 이륜차 교통사고 건수 및 사망자 수가 크게 감소한 것으로 나타나 한국교통안전공
> 단은 앞으로 해당 제도를 지속적으로 활용해 나갈 계획이다.

위 제시문의 내용에서 유추할 수 있는 공직가치와 이를 실천하기 위한 방안을 자유롭게 발표해 주세요.

면접관의 의도

정부 정책을 제시하고 제시된 내용에 부합하는 공직가치를 선택하는 문제이다. 간혹 제시된 제도의 장·단점
이나 문제점을 묻는 경우도 있다.

핵심 키워드

공익성, 민주성, 책임성, 적극성 등

도입

> 제시문의 내용은 교통법규 위반행위를 단속하기 위해 공익제보단을 운영한다는 내용으로, 저는
> 위 내용 중 '공익제보단'을 운영하여 교통안전을 도모한다는 데서 '공익성'을, 제보단의 활동이 국
> 민들의 직접 참여를 통해 활발하게 이루어지고 있다는 데서 '민주성'을 유추하였습니다.

직접작성

공익성은 공직자가 생활 속에서 국민에 대한 봉사자로서의 역할을 다하는 것으로 가장 기본적인 공직가치라고 할 수 있습니다. 제가 대학 시절 동아리 활동 당시 공익성을 발휘하여 동기들의 신뢰를 받은 경험에 대해 말씀드리겠습니다. 저는 당시 동아리 총무였는데, 동아리 지원금으로 나오는 돈이 간혹 남는 경우가 있어 가끔 간부들의 회의 후 회식 비용으로 사용되곤 했습니다. 저는 총무로서 이 돈이 동아리 소속원 전체를 위해 사용되어야 한다고 생각하여 간부들과 논의하여 비용 지불 시 공용 체크카드를 이용하여 동아리 부원 모두가 사용 내역을 확인할 수 있도록 하였습니다. 또 공금을 이용한 회식은 무조건 전체 공지하고, 남는 비용은 부원 전체에게 커피 쿠폰을 돌리는 식으로 사용하여 전체 회원들에게 큰 호응을 얻을 수 있었습니다.

민주성은 공개행정을 실천하여 국민이 정부 행정에 대해 자유롭게 참여하고 의견을 이야기할 수 있도록 하는 것입니다. 최근 정부에서는 국민들과의 소통을 통해 국민들의 의견을 정책에 반영하도록 많이 노력하고 있습니다. 실제 국토교통부에서도 국민들을 대상으로 '도로이용자 만족도 조사'를 시행하여 다차로 하이패스 만족도가 높다는 것을 파악하고 향후 이를 확대하기로 결정하였으며, 졸음 쉼터에 대한 요구사항을 파악하고 음료자판기 · 화장실 등을 설치하기로 하는 등 국민들의 의견을 적극적으로 행정에 반영하고 있습니다. 이와 같이 정부에서 국민과 소통하여 그 의견을 적극 반영하는 것은 민주성을 실천함과 동시에 선진화된 국정 운영으로 한걸음 더 나아가는 원동력이 될 수 있다고 생각합니다.

직접작성

토목직 공무원은 도로, 항만 등 사회간접자본을 유지보수하는 업무를 수행하며 국민들의 편익을 위해 노력하는 직군입니다. 따라서 제가 만약 토목직 공무원이 된다면 제 직업의 역할에 대해 항상 되뇌이며 적극적으로 국민들과 소통하여 민주성을 실천하고, 공익을 우선으로 생각하여 봉사하는 공무원이 될 수 있도록 노력하겠습니다.

직접작성

🟢 발표 내용에 대해 나올 수 있는 질문

- 공익성과 민주성을 제시하였는데 그 외에 적합한 공직가치로 무엇이 있는지 말해 보시오.
- 두 가지 가치 중 더 중요한 것은 무엇인지 말해 보시오.
- 공익성과 관련하여 정부에서 추진한 정책에 대해 알고 있는 것이 있습니까?
- 공직가치 중 공익성과 상충되는 가치로 무엇이 있는지 말해 보시오.
- 언급한 가치를 함양하기 위해 노력한 경험이 있습니까? 어떤 노력을 했으며, 이를 통해 무엇을 배웠습니까?
- 민주성과 관련하여 경험한 것이 있습니까? 있다면, 해당 경험을 통해 무엇을 배웠는지 말해 보시오.
- 말씀하신 공익성과 민주성이 지원한 부처에서는 어떻게 활용될 수 있는지 말해 보시오.
- 공익성과 민주성 외에 위 사례를 통해 유추할 수 있는 다른 공직가치가 있다고 생각합니까?
- 위에서 제시한 '공익제보단' 사례에서 문제점이나 개선할 점을 말해 보시오.
- 지원한 분야에서 '공익제보단'과 같은 제도를 적용할 만한 예를 말해 보시오.
- 공익성이나 민주성을 위해 실행하려는 제도에 많은 예산이 소요된다면 어떻게 해결하겠습니까?

🟢 면접 플러스

제시한 공직가치와 관련하여 정부에서 추진한 정책에 대해 질문할 수 있다. 따라서 사전에 공직가치별 정부 추진정책과 나의 경험에 대해 미리 정리한다. 어떤 제시문이 나오더라도 충분히 답변할 수 있다.

2. 경험형 문제

근무하고 싶은 부처와 직무를 기술하고, 해당 직무의 수행을 위해 어떤 노력과 경험을 하였는지 서술하시오.

면접관의 의도

응시자가 하고 싶은 업무가 무엇인지, 또 해당 업무에 대하여 얼마나 잘 이해하고 있는지, 해당 업무를 하기 위해 어떠한 노력을 하였는지를 종합적으로 평가하여 해당 직군에 얼마나 적합한 인재인지를 평가한다.

핵심 키워드

희망 직무, 직무 내용, 직무 관련 경험, 공직 가치, 갈등 해결, 성과 등

희망 부처

국토교통부 도로국 도로건설과

> 직접작성

희망 직무

국도 · 국지도 건설계획 관련 업무

> 직접작성

해당 직무 관련 노력과 경험

- 교육 경험: 관련 전공과목 수강(토목공학), 미국 어학연수(1년)
- 업무 경험: 도로시설물(지방국도) 수리 보조 아르바이트(6개월), 군 시절 공병대대 배치(공사감독병, 2년), 편의점 야간근무 아르바이트(1년)
- 자격증: 토목기사 자격증 취득, 콘크리트기능사 자격증 취득, 토익 850점 취득
- 국토교통부 관련 정보: 국토발전전시관 견학, 국토교통부 홈페이지 · 블로그 보도자료 탐독, 온통TV(국토교통부 유튜브 채널) 구독
- 봉사활동: 거동이 불편한 할아버지분들을 씻겨 드리는 목욕 봉사 활동(1년)

직접작성

자기소개서를 바탕으로 한 질문과 답변 예시

해당 업무를 지원한 동기는 무엇입니까?

콘크리트기능사 자격증이 있어 도로시설물수리 보조 아르바이트를 하였는데, 당시 도서 지역 등에 낙후도로와 위험성이 높은 구간들이 종종 있었습니다. 우리나라는 전국적으로 도로망이 잘 형성되어 있지만 보다 세심하게 신경쓴다면 좋을 것 같아 낙후 도로 관련 정보를 찾다가 국토부에서 제5차 국도 · 국지도 건설계획을 수립하여 전국의 국도 · 국지도를 정비하고 미래형 도로를 구현할 예정이라는 것을 알게 되었고, 저도 이와 관련된 업무를 하면 보람 있을 것이라 생각하여 지원하였습니다.

직접작성

제5차 국도·국지도 건설계획에 대해 말씀했는데 해당 정책의 장·단점 그리고 개선점에 대해 설명해 보시오.

우선 지역 균형발전을 촉진하기 위해 지역 간 이동성을 강화하기 위한 도로 정비 및 단절구간 연결에 많은 투자를 한 것은 지역 경제 활성화에 큰 도움이 될 것이라 생각합니다. 다만 ITS 교통정보센터와 같은 신기술 인프라는 서울과 광역시, 수도권에 비하면 지방은 보급률이 턱없이 부족합니다. 지역 균형발전 촉진이 5차 건설계획의 주요 목표인 만큼 신기술 적용에 대해서도 좀 더 고려되는 것이 좋을 것 같습니다.

직접작성

본인의 장점은 무엇입니까? 그리고 이를 지원한 부서에서 어떻게 활용할 수 있는지 말해 보시오.

저의 장점은 꼼꼼함과 성실함입니다. 과거 재학 도중 편의점 야간아르바이트를 하면서 밤에 손님이 별로 없는 시간에는 창고 정리를 한다거나 상품 배치를 체크하고, 청소를 하여 청결에 신경 쓰는 등 마치 제가 직접 운영하는 매장인 것처럼 일하여 늘 칭찬을 받았습니다. 토목직의 주 업무는 도로와 같은 기반 시설들을 유지 · 보수하여 국민의 편리함을 증대시키는 것으로, 이런 토목직의 업무에 저의 꼼꼼한 성격과 성실함이 도움이 될 것이라 생각합니다.

> 직접작성

➕ 기타 추가 질문

- 직무 관련 전문성을 기르기 위해 어떤 노력을 하였는지, 그리고 앞으로 어떤 노력을 할 것인지 말해 보시오.
- 토목기사 자격증을 취득했으면 일반 기업에 취업할 수도 있었을 텐데 공무원에 지원한 이유를 말해 보시오.
- 미국 어학연수 경험이 있는데 해당 경험에서 토목직과 관련하여 적용하거나 배울 만한 것은 무엇이라고 생각합니까?
- 군대에서 공병대대에 배치되었다고 했는데 군대 조직의 문제점에 대해 말해 보시오.
- 군대 생활 중 가장 어려웠던 일은 무엇이며, 어떻게 해결하였습니까?
- 도로공사로 도로를 통제하여 시민의 교통 이용에 불편을 주는 행위에 대하여 객관적으로 어떻게 생각하는지 자신의 견해를 말해 보시오.
- 목욕 봉사 활동을 하였다고 했는데 왜 하게 되었는지, 또 해당 경험을 통해 무엇을 배웠는지 말해 보시오.
- 국토교통부 유튜브 채널을 구독하였다고 하였는데 흥미 있는 주제는 무엇이며, 국토교통부 유튜브 채널의 장 · 단점 및 개선사항을 말해 보시오.

➕ 면접 플러스

왜 사기업 취직이 아닌 공직생활을 하려고 하느냐는 질문에 사기업과 다른 공무원의 장점을 나열하는 답변은 좋지 않다. 최대한 공직가치를 잘 살려, 공직관에 투철한 대답을 하는 것이 바람직하다.

▍더 알아보기

제5차 국도 · 국지도 건설계획

2025년까지 지역 간 연결도로와 지역 내 생활밀접형 도로 확충을 목표로 균형발전 촉진, 안전성 강화, 연계성 제고, 혼잡구간 개선의 4대 추진전략에 맞추어 국도 신설 등 116개 사업에 총 10조 원을 투자하는 계획이다. 대표적인 사업으로는 여수시와 남해군을 잇는 해저터널 개통과 고창–변산을 잇는 노을대교 신설 등이 있다.

3. 상황형 문제

귀하는 ○○시 A부처에서 공사용역 입찰업무를 담당하는 주무관입니다. ○○시에서는 지역 센터를 설립하기 위한 업체를 알아보고 있으며, 그 최종 후보로 B업체와 C업체가 물망에 올랐습니다. B업체는 해당 지역 업체로 업체 규모가 크지 않아 수주 실적이 낮으며 공사 일정이 예정보다 늦어질 것으로 예상되나 지역 경제 활성화에 기여할 것으로 예상됩니다. 반면 C업체는 대형 건설사로 수주 경험이 많아 기간 내에 공사를 마칠 수 있을 것으로 예상되지만 타 지역 업체로 지역 연고가 없어 지역 경제 활성화를 바라는 지역주민들과 지역 단체들의 반발이 예상됩니다.
귀하는 해당 사업의 주무관으로서 어떤 업체를 선택하겠습니까?

(면접관의 의도)

대치되는 입장을 제시하고, 그중 하나를 선택하는 문제이다. 둘 중 어떤 것을 선택해도 상관없지만 해당 입장을 왜 선택했는지, 그리고 선택을 통해 발생되는 문제점을 어떻게 해결할지 논리적으로 설명해야 한다.

(핵심 키워드)

업체 선정, 연고지, 공사 일정, 지역 경제 활성화, 지역 단체 반발

상황 파악

- 상황: 입찰을 통해 지역 센터 건설 업체를 선정해야 함
- B업체: 영세한 지역건설사로 지역 경제에 이바지할 수 있으나 공사 일정 지연 예상
- C업체: 타 지역 대형 건설사로 공사 일정 준수는 가능하나 연고가 없어 지역 단체의 반대 예상

직접작성

- 사전 조사
  - 공사 일정이 늦어지는 경우 얼마나 늦어지고, 예산이 얼마나 더 소요되는지 미리 파악
  - 현 상황과 비슷한 선례가 있었는지 조사
- 나의 판단
  - 1안: 일정이 늦어져도 예산 내에서 해결될 수 있고, 향후 운영에 차질이 없다면 B업체와 진행
  - 2안: 일정이 늦어질 때 예산 및 운영에 문제가 생긴다면 C업체와 진행
- 1안 대처: B업체 선택 경우
  - 전체 일정 재조정 및 예산 다시 정리
  - 향후 운영 계획 수정
- 2안 대처: C업체 선택 경우
  - 예산 및 일정에 대하여 조사한 자료를 B업체 및 반대하는 지역 사회에 공유하고 설득
  - 지역 센터 건립 일정이 제때 끝나면 관련 인프라도 더 빨리 구축될 수 있다며 지역 사회에 홍보

직접작성

해당 상황 및 조사했던 비슷한 선례들을 묶어 사례집 제작

직접작성

➕ 제시된 답안을 통해 나올 수 있는 추가 질문

- 조사 후 상황에 따라 업체를 다르게 선택하였는데, 현재 상황에서 둘 중 하나를 바로 선택해야 한다면 어떤 업체를 선택하겠습니까?
- 업체를 선정하기 위해 필요한 서류나 자료로 어떤 것들이 있는지 말해 보시오.
- 만약 C업체를 선택하였는데 B업체에서 크게 반발하는 경우, 위에서 이야기한 부분 외에 어떻게 B업체 및 지역 단체와 주민들을 설득할지 자세히 설명해 보시오.
- '예산' 상황에 따라 업체를 다르게 선택했는데, 만약 선택한 업체가 공사가 한창 진행되는 도중에 예산이 추가로 더 필요하다고 한다면 어떻게 하겠습니까?
- B업체 선택 시 전체 일정과 향후 운영 계획을 재조정한다고 하였는데, 그럴 경우 전체적인 공사 계획을 손을 봐야 할 수도 있는데 괜찮다고 생각합니까?
- 만약 상사가 본인의 결정에 반대하면 어떻게 대처하겠습니까?
- 마지막으로 하고 싶은 말을 해보시오.

➕ 면접 플러스

업체 입찰 시 예산 문제는 중요하므로, 일정 내에 끝내지 못하여 추가 발생하는 예산에 대해 어떻게 처리할 것인지 사전 계약서에 반드시 명시를 하겠다고 대답하는 것이 좋다.

01 **보도자료와 정책자료**

1. 보도자료

(1) 2023년 생활밀착형 도시재생 스마트기술 지원사업 선정

🏛 국토교통부	**보 도 자 료**		다시 도약하는 대한민국 함께 잘사는 국민의 나라
보도 일시	2022.12.29.(목) 11:00 〈 2022.12.30.(금) 〉	배포 일시	2022.12.29.(목)

헬스케어 · 이동약자 모빌리티 · 안전기술 체감할 수 있는
2023년 생활밀착형 도시재생 스마트기술 지원사업 선정
－ 6개 광역지자체 13개 대상지 선정… 총 109억 원 지원 －

국토교통부(장관 원희룡)는 2023년에 추진할 '생활밀착형 도시재생 스마트기술 지원사업' 대상지 13곳[강원(강릉, 원주), 경남(밀양, 산청, 함안), 경북(영주), 광주(동구), 전남(목포, 무안, 순천, 함평), 전북(남원, 무주)]을 최종 선정하였다.

생활밀착형 도시재생 스마트기술 지원사업은 기 선정되어 시행 중인 도시재생사업의 세부기능과 연계한 스마트서비스를 구축하여, 안전 · 소방, 교통, 생활 · 복지 등 주민 생활과 밀접한 분야의 지역문제를 개선하고 재생사업 효과를 제고하기 위한 사업으로, 2020년부터 매년 15곳 내 · 외를 선정하여 사업을 추진하고 있다.

이번 공모에서는 도시재생 · 스마트시티 전문가로 구성된 평가위원회(2022.12.16.)에서 '도시재생사업 연계성'과 '서비스 지속 가능성' 등을 중점으로 평가하여, 최종 선정된 사업지에 총 사업비 109억 원*(국비 62억 원, 지방비 47억 원)을 지원한다.

* (국고보조율) 특별시 40%, 광역시 및 특별자치시 50%, 기타 60%/사업지당 최대 5억

(2) 「재건축 안전진단 합리화 방안」 발표

🌀 국토교통부	보도자료	다시 도약하는 대한민국 함께 잘사는 국민의 나라

| 보도 일시 | 2022.12.8.(목) 11:00
〈 2022.12.8.(목) 〉 | 배포 일시 | 2022.12.8.(목) |

「재건축 안전진단 합리화 방안」 발표
– 주거환경 평가 비중 대폭 강화, 조건부재건축 범위 축소 –

국토교통부(장관 원희룡)는 「국민 주거안정 실현방안(8.16.)」의 후속 조치로 12월 8일
(목) 「재건축 안전진단 합리화 방안」을 발표하였다.

재건축 안전진단은 재건축의 첫 관문에 해당하는 절차로서, 국민의 주거환경에 관한
눈높이에 맞춰서 재건축이 진행될 수 있도록 이미 지난 2015.5월 "주거환경 중심 평가
안전진단(주거환경, 설비 노후도, 구조 안전성, 비용분석을 평가)"을 도입하면서, 주거
환경에 대한 평가를 강화한 바가 있다.

하지만, 개편된 제도 취지에도 불구하고 2018.3월 안전진단 평가 시 구조 안전성 비중
을 크게 상향(20% → 50%)하여 여전히 구조 안전을 중심으로 평가하고, 안전진단 결
과에 대해 공공기관 적정성 검토를 의무화하는 등 안전진단 기준을 재건축 규제수단으
로 운영해 오고 있다.

그 결과 안전진단 통과 건수가 급감하여 도심 내 양질의 주택공급 기반이 크게 위축되
고 있고, 국민의 소득수준 향상, 기술발전 등에 따라 증가하는 주거환경 향상 요구에
대응하는 데에도 한계가 있는 상황이다.

〈안전진단 통과 건수 비교〉

대상 기간	적용 가중치	전국	서울
2015.5.~2018.2.(34개월)	2015.5월 완화기준	139건 (年 49건)	59건 (年 21건)
2018.3.~2022.11.(56개월)	2018.3월 강화기준	21건 (年 5건)	7건 (年 2건)

이러한 문제점을 해소하기 위해 대선 공약, 8.16. 주거안정 실현방안 등에 안전진단 기
준 개선 방향이 제시된 바 있으며, 이후 지자체, 전문가, 관련 단체로부터 광범위하게
의견을 수렴하여 개선방안을 마련하였다.

개선방안은 주거수준 향상에 대응하고자 한 "주거환경 중심 평가 안전 진단" 제도 취지
에 맞는 기준을 마련하고, 안전진단 기준이 인위적인 재건축 규제수단으로 활용되지
않도록 하는 데에 중점을 두었다.

(3) 한국형 스마트시티 기술, 세계 속으로

◎ 국토교통부	**보 도 자 료**		다시 도약하는 대한민국 함께 잘사는 국민의 나라
보도 일시	2022.11.18.(금) 11:00 〈 2022.11.18.(금) 〉	배포 일시	2022.11.18.(금)

한국형 스마트시티 기술, 세계 속으로
– 바르셀로나 스마트시티 엑스포 통합 한국관 조성…
중소기업 해외판로 개척 지원 –

국토교통부(장관 원희룡)는 한국 스마트시티의 글로벌 인지도 제고 및 효율적인 홍보를 위해 지난 15일부터 17일까지 3일간 바르셀로나 스마트시티 엑스포에 통합 한국관을 조성하여, 중소기업의 해외 판로 개척을 지원하고 한국형 스마트시티를 널리 알리는 성과를 거두었다고 밝혔다. 바르셀로나 스마트시티 엑스포는 2011년부터 내년 개최하고 있는 세계 최대 규모의 스마트시티 국제행사로, 3만 명 이상(2021년 기준)의 전 세계 정부, 기업, 학계, 연구원 등 참여하여 스마트시티 해외 협력 네트워크를 확대하고, 정부 및 민간기관과 정책 및 경험을 교류하는 장이 되고 있다.

기존 엑스포에서는 한국의 지자체, 기업들이 개별적으로 전시를 추진하였으나, 이번 엑스포에서는 국토교통부가 480m² 규모의 통합 한국관을 조성하여, 스마트시티 관련 공공기관, 지자체, 기업이 한 곳에서 전시 및 상담을 진행할 수 있도록 지원하였다. LH, K-water의 2개 공공기관과 부산, 인천, 대전, 부천의 4개 지자체, 14개 기업·대학이 참여하였으며 세종·부산 스마트시티 국가시범도시 및 스마트챌린지 사업의 성과, 기업이 보유한 혁신기술 등을 전시하여, 3일간 4,000명 이상의 인원이 한국관을 관람하는 등 국제무대에서 큰 관심을 받았다.

특히, 우리 기업의 해외 진출 가능성을 높이기 위해 대한무역투자진흥공사(KOTRA)와 협력하여 한국관 내에 1 : 1 상담이 가능한 공간을 별도로 구성하고, 참여 기업들의 우수 기술 홍보를 위한 설명회와 글로벌 네트워크 확대 지원을 위한 '코리아 파빌리온 네트워킹 리셉션'(11.16.)을 개최하였다. 이를 통해 국내기업들은 100여 건의 해외 투자자·정부와의 기업상담을 진행하였으며, 무선 스마트 조명 솔루션을 제공하는 국내 새싹기업 '네오스택'은 스페인의 태양광 가로등 기업 '스타리아 테크놀로지(STARIA Technology)'와 10만 달러 규모의 시범사업 MOU를 체결하는 성과를 거두었다.

또한, 한국관에서 한–스페인–네덜란드 스마트시티 협력 세미나와 한–EU 스마트시티 공동세미나를 개최(11.15.)하여 스마트시티 추진전략, 데이터 표준, 연구개발 지원 등 다양한 정책을 교류하고, 스마트시티를 추진 중인 지자체 간(부산–바르셀로나), 관련

기관 간(KOTRA-RECi(스페인 스마트시티 네트워크), KAIA-유럽혁신기술연구소 등) 국제협력을 다지는 기회로 삼았다. 이와 함께 다쏘, 마이크로소프트 등 세계 유수의 디지털트윈 기업들과 함께 한 컨퍼런스에서 인천, 대전, LH, LX 등의 국내 디지털트윈 성과를 소개하여, 한국 디지털트윈의 우수사례를 전 세계에 공유하였다.

(4) 우리 기업 · 기술로 글로벌 스마트항만 만든다

🏛️ 해양수산부	보 도 자 료		다시 도약하는 대한민국 함께 잘사는 국민의 나라
보도 일시	2023.1.19.(목) 12:00	배포 일시	2023.1.18.(수)

우리 기업 · 기술로 글로벌 스마트항만 만든다
2031년 국내 90%, 세계 10% 스마트항만 기술산업시장 점유 목표
- 해수부, 19일 '스마트항만 기술산업 육성 및 시장 확대 전략' 발표 -

해양수산부(장관 조승환)는 우리 항만의 스마트화 촉진과 관련 산업의 육성, 경제안보를 위해 「스마트항만 기술산업 육성 및 시장 확대 전략」을 수립하여 1월 19일(목) 국무총리 주재로 열린 '국정현안관계장관회의'에서 확정하였다고 발표하였다.

스마트항만 기술산업은 선박의 화물을 하역하는 안벽크레인, 야적장까지의 이송장비, 야적장 적재를 위한 야드크레인과 항만운영 시스템 및 분석 소프트웨어, 그리고 유무선 통신망 등을 제작 · 관리하는 시스템 산업으로 기반 공간인 부두, 운영인력과 함께 항만 터미널을 구성하는 핵심 요소이다.

전 세계적으로 4차 산업혁명 기술을 통한 디지털 전환 확대에 따라 항만의 스마트화가 가속되고 있으며, 우리 정부도 해운 · 항만 물류산업의 글로벌 경쟁력 강화를 위해 부산항과 광양항 등에 스마트항만 구축을 추진하고 있다. 하지만 스마트항만 기술산업의 국내 기반은 선진국에 비해 상대적으로 취약한 상황이다.

이에 해양수산부는 ① 세계 수준의 기술기반 확보, ② 국내외 항만기술 시장 확보, ③ 산업 육성체계 고도화 등 세 가지 전략, 19개 추진과제를 담은 「스마트항만 기술산업 육성 및 시장 확대 전략」을 관계부처와 함께 마련하였다.

신성장 4.0 전략에 포함된 이번 전략은 우리 기업이 세계에 만드는 글로벌 스마트항만을 비전으로, 2031년까지 국내 점유율 90%, 세계점유율 10% 달성을 통해 향후 5년간 (2022~2026년) 우리나라 항만기술산업 규모를 2배(1.2조 원)로, 그 이후 5년간 (2027~2031년)은 8배(3.9조 원)로 확대시키는 것을 목표로 하고 있다.

(5) 2023년부터 22개 노후부두 개축에 들어간다

	보 도 자 료		다시 도약하는 대한민국 함께 잘사는 국민의 나라
⚛ 해양수산부			
보도 일시	2022.12.5.(월) 11:00	배포 일시	2022.12.5.(월)

내년부터 22개 노후부두 개축에 들어간다
- 230개 국유부두시설에 대한 사전안전성 검토 완료 -

해양수산부(장관 조승환)는 노후 국유 부두시설 230개소에 대한 사전 안전성 검토를 완료하고, 22개 부두시설에 대한 개축계획과 62개 부두시설에 대한 유지·보강사업 추진계획을 수립하였다고 밝혔다.

해양수산부는 매년 노후화된 부두시설에 대한 안전점검을 실시하고 그 결과를 바탕으로 유지·보강사업을 추진해오고 있다. 또한, 지난해 초부터 약 22개월 동안 230개 노후 부두를 대상으로 최신 설계기준과 구조해석기법을 적용해 사전안전성 검토를 실시하였고, 그 결과 22개 부두는 개축의 필요성이 제기되었고, 62개 부두는 유지·보강작업으로 안전성을 유지할 수 있을 것으로 확인되었다.

이에 따라 해양수산부는 목포항 여객부두 등 22개 부두는 2030년까지 단계적인 정밀 안전진단을 거쳐 개축을 실시하고, 62개 부두는 유지·보강작업을 실시하기로 하였다. 특히, 많은 사람들이 이용하고 있는 목포항 여객부두(87억 원)와 군산항 4·5부두(134억 원)는 221억 원을 투입해 내년부터 사업에 착수하며, 2025년까지는 공사를 완공할 계획이다.

(6) 미세먼지 저감 능력 높은 나무 골라 심을 수 있다

◎ 산림청	보 도 자 료		다시 도약하는 대한민국 함께 잘사는 국민의 나라
보도 일시	2022.12.19.(월) 09:00	배포 일시	2022.12.19.(월) 09:00

미세먼지 저감 능력 높은 나무 골라 심을 수 있다
– 국립산림과학원, 도시숲 주요 수종의 미세먼지 저감능 재평가 결과 발표 –

산림청 국립산림과학원(원장 박현)은 도시숲의 미세먼지 저감 기능을 높이고자 도시숲에 식재하는 나무에 대한 미세먼지 저감능을 재평가하여 개선된 '미세먼지 저감 수종 목록'을 발표했다.

기존(2018년)에 작성된 '미세먼지 저감 수종 목록'은 수목의 생물리학적 특성인 수관구조, 잎의 복잡성, 잎의 크기, 잎의 표면 특성을 기반으로 미세먼지 저감능을 평가하여 우수, 양호, 권장으로 구분해 제시하였으며, 도시숲을 조성하고 관리하는 데 활용된 바 있다. 최근 국립산림과학원에서는 수목의 환경조절기능을 정량적으로 측정할수 있는 기반 시설인 '식물환경조절실험동'을 구축하였고, 이에 미세먼지 흡착능을 재평가할 수 있었다.

개선된 미세먼지 저감 수종 목록은 우수 59수종, 양호 175수종, 권장 80수종으로 총 314수종을 포함하고 있다. '양호'에서 '우수'그룹으로 변동된 수종은 귀룽나무, 꽃댕강나무, 꽝꽝나무, 두충, 보리수나무, 사스레피나무, 쉬나무, 좀작살나무, 참조팝나무, 해당화, 홍가시나무, 회양목이었다. '권장'에서 '양호' 그룹으로 변동된 수종은 개나리, 계수나무, 굴거리나무, 꽃사과(벚잎꽃사과나무), 다정큼나무, 대추나무, 돈나무, 모과나무, 장미, 석류나무, 진달래, 황칠나무, 히어리로 나타났다.

한편, 미세먼지 저감 수종 목록에서 저감능을 3단계로 구분하였으나, 모든 나무는 기본적으로 미세먼지를 저감하는 능력이 있으므로 식재하고자 하는 지역에 적합한 수종을 선정하여 건강하게 살 수 있도록 관리하여 저감능을 충분히 발휘할 수 있도록 할 것을 제안하였다.

(7) 산림자원 생산, 첨단 스마트 기술을 더하다!

⊙ 산림청	보 도 자 료		NIFoS
보도 일시	2022.4.11.(월) 09:00	배포 일시	2022.4.11.(월) 08:30

산림자원 생산, 첨단 스마트 기술을 더하다!
– 국립산림과학원, 첨단 융복합 스마트 온실 발전 연구회 출범 –

산림청 국립산림과학원은 4월 8일, 효율적이고 체계적인 산림자원 스마트 생산 연구를 추진하기 위해 '스마트 온실 운영 및 발전 연구회'를 산림약용자원연구소에서 출범하였다고 밝혔다. 국립산림과학원 스마트 온실과 빅데이터 관련 부서와 강원, 충북, 전남, 경남 산림연구기관의 전문가 40여 명으로 구성되었으며, 매월 정기적인 연구회를 열어 스마트 온실 전문가 세미나와 선진지 견학을 통하여 기술정보를 수집하고 적용 방안을 마련할 계획이다.

'스마트 온실 운영 및 발전 연구회' 출범식에서는 첨단 융복합 디지털 기술 기반의 산림용 스마트 생산기술 시스템을 소개하고, 미래의 협력과 발전 방안에 대해 논의하였다. 특히, 스마트 온실 기반시설, 자동제어 시스템, 생체정보 평가, 생육예측모델 개발, 빅데이터 수집·표준화, 냉방, 시비·관수, 저장·유통, 에너지 저감 등 현시점의 스마트 요소기술 수준을 진단하고 선진형 스마트 기술의 적용 방안에 대한 심도 있는 토의가 진행되었다.

국립산림과학원은 산업 인력 구조 변화와 기후 위기에 대응하여 최근 스마트 온실 관련 연구 시설들을 확충하고 관련 연구를 추진해왔으며, 산림 관련 다양한 전략 수종과 작물에 대한 분야별 전문가들이 협업을 통해 차별성이 있고 특화된 스마트 온실 운영과 연구를 시작했다.

2. 정책자료

(1) 산업안전 분야(2022.2.23.)

정부는 정부세종청사에서 제14차 '국민생명 지키기 3대 프로젝트 점검협의회'를 개최하고 산재 사고 등 사망자 수를 줄이기 위한 각 부처의 이행사항 및 성과를 점검하고 향후 추진 방향을 논의하였다. 정부는 산재 분야에서 사망자 줄이기 목표로 2018년부터 「국민생명 지키기 3대 프로젝트(산업재해 사망사고 감소대책 등)」를 추진하고 있다. 정부의 발표에 의하면 2016년 대비 2021년 산재 사망자 수는 14.6% 감소(969명 → 828명, △141명)하여 산재 사망자 수는 역대 최저치를 기록하였다. 업종별로는 건설업, 유형별로는 추락·끼임 사고가 사망사고의 절반을 차지하고, 대부분 소규모 사업장에서 발생하였다.

그동안 정부는 산업안전보건법 전면 개정(2019년 1월), 중대재해처벌법 제정(2021년 1월) 및 산업안전보건본부 출범(2021년 7월) 등을 통해 제도적 기반을 마련하고 추진체계를 정비하는 한편, 3대 안전수칙 중심(추락·끼임·보호구 착용)의 현장점검과 산업안전문화 확산을 통해 안전주체(사업주·근로자)의 인식개선을 위해 노력하였으나, 산업현장에는 여전히 재래형 산재사고(추락·끼임)가 빈발하고 안전관리체계의 실질적인 정착이 미흡하였다.

이에 정부는 산재 사망사고의 획기적 감소를 위한 정책을 발표하였다.

① **중대재해처벌법 안착**: 중대재해처벌법 취지대로 기업 자율 안전보건관리체계가 구축될 수 있도록 가이드북, 자율점검표 등을 지속적으로 배포·확산하며, 안전보건공단, 민간재해예방기관을 활용하여, 300인 미만 사업장을 대상으로 컨설팅을 지원한다.

② **현장점검 강화**: 소규모 사업장 중심으로 3대 안전수칙(추락·끼임·보호구 착용) 준수 여부를 집중 점검하며, '현장점검의 날', 패트롤 점검 시 적발된 위험요인을 시정하지 않을 경우 감독으로 연계하여 엄중하게 조치한다.

③ **소규모 사업장 지원 강화**: 현장의 위험기계·기구 및 노후·위험 공정으로 인한 사망사고 예방을 위해 안전투자 혁신사업 지원 대상을 확대한다.

④ **산업안전 거버넌스 확대**: 장기적인 산업안전정책 수립을 위해 '산업안전보건정책위원회'(관계부처, 노·사, 전문가 등 참여)를 신설하고, 지방자치단체가 관할 지역 내 소규모 건설현장에 대한 1차적인 안전관리를 수행하도록 제도개선을 추진한다.

(2) 중대재해처벌법

① 중대재해 예방을 위한 주요 의무사항

ⓐ 안전보건관리체계 구축 및 이행에 관한 조치: 필요한 안전인력 확보, 필요한 안전예산 편성·집행, 안전점검 계획수립·수행, 안전계획수립·이행, 재해예방 업무처리절차 마련·이행, 도급·용역·위탁 기준과 절차 마련·이행

ⓑ 재해 발생 시 재발방지 대책의 수립 및 그 이행에 관한 조치법

ⓒ 중앙행정기관·지자체가 관계법령에 따라 개선, 시정 등을 명한 사항의 이행에 관한 조치

ⓓ 관계 법령에 따른 의무이행 필요 조치: 관계 법령 의무 이행 점검, 안전관리자/종사자 교육 이수

② 안전·보건관리체계 구축 및 이행에 관한 조치: 공중이용시설·공중교통수단에 적용되는 것으로서 이용자나 그 밖의 사람의 안전·보건을 확보하는 데 관련된 법령, 필요한 인력 및 예산 확보, 관계 법령에 따른 안전점검 수행, 안전계획의 수립, 중대시민재해 예방 업무처리절차, 도급·용역·위탁 시 조치

③ 안전·보건 관계 법령 상 의무이행에 필요한 조치: 연 1회 이상 이행여부 점검하고 미 이수 시 경영책임자 등이 이행을 위한 추가 조치함

④ 도급인의 안전·보건 확보 의무: 개인사업주나 법인 또는 기관이 제3자에게 책임이 있다면 안전·보건 확보의무를 이행해야 함

(3) 건축물관리 관련 법령 개정 시행

국토교통부는 건축물 해체공사의 '허가-감리-시공' 전 과정에서의 안전 강화를 위해 2022년 2월 개정한 「건축물관리법」의 시행령·규칙 등을 마련하여 2022년 8월 4일부터 시행하였다. 이 개정안은 2021년 6월 광주광역시의 해체공사장 붕괴와 같은 안전사고의 재발을 방지하기 위한 조치이다.

「건축물관리법」의 시행령·규칙 개정안 주요 내용

① 허가를 받아야 하는 해체공사 대상을 확대하고, 허가대상은 의무적으로 건축위원회 심의를 받도록 한다.

② 해체계획서를 제대로 작성하게 하고, 해체공사 감리자의 교육 이수를 의무화하여 해체공사의 안전 수준을 전반적으로 높인다.

③ 허가권자가 해체공사 추진현황을 체계적으로 관리할 수 있도록 점검 권한은 물론, 감리 업무를 감독할 수 있는 수단을 강화하였다.

④ 해체허가(신고) 변경절차가 마련: 허가(신고)를 받은 주요사항 변경 시 허가권자에게 사전에 적정성 검토를 받도록 절차를 마련하였다.

(4) 건축물 화재안전성 강화를 위한 건축물 마감재료의 성능시험방법 개선

국토교통부는 건축물의 화재안전성 강화를 위해 실제 화재 환경과 유사한 시험 방식을 도입하여 샌드위치패널 등 이질적인 재료로 접합된 마감재료의 화재 안전성을 평가하는 등 시험 방법을 대폭 개선하는 건축법 하위규정 개정안을 발표했다.

그간 의정부 도시형생활주택 화재(2015.1.), 제천 스포츠센터 화재(2017.12.), 이천 물류창고 화재(2020.4.19.), 울산 주상복합 화재(2020.10.) 등 여러 차례 대형 화재사고에서 샌드위치패널과 드라이비트 공법을 사용한 외벽 또는 가연성 알루미늄 복합패널 등의 외벽 복합 마감재료는 화재 확산에 영향을 미치는 주요 원인으로 지목되어 왔다. 특히 샌드위치패널, 가연성 알루미늄 복합패널 등과 같이 가연성 재료와 불연성 재료를 접합하여 제작되는 자재에 대해서는 규제 강화의 필요성이 대두되어, 국토부는 강판과 심재가 접합되어 제작되는 샌드위치패널과 같이 두 가지 이상의 이질적인 재료로 이뤄진 건축물 마감재료의 성능 시험 방법 개선을 추진하였다.

건축법 하위규정 개정안

① 강판과 심재로 구성된 샌드위치패널과 드라이비트 공법 사용 또는 두 가지 이상의 재료로 제작된 복합 외벽 마감재료(단열재 포함)는 현행 난연 성능시험 방법에 추가로 실대형 성능시험을 실시하여야 한다.

② 샌드위치패널과 복합 외벽 마감재료는 구성하는 각 단일재료에 대해 시험하고 성능을 평가받아야 한다.

③ 모든 마감재료는 난연 성능 시험방법 중 하나인 열방출률 시험 시 두께가 20%를 초과하여 용융 및 수축하지 않아야 한다.

1. 전문 자료

(1) 공동주택 층간소음 개선 방안

① 층간소음 저감 우수 요인 기술개발 추진

㉠ 층간소음에 우수하다고 알려진 라멘구조의 효과 검증을 위한 R&D를 추진하고, 층간소음에 영향을 주는 요인(바닥두께, 층고 등)을 심층 분석하는 연구용역 추진할 계획이다.

㉡ 효과가 입증되면 라멘구조 확산을 위해 건축기준 완화를 추진하며, 바닥두께·층고 등을 현행 기준보다 강화하여 시공 시 개선 효과가 입증되면 최소기준 상향도 검토할 것이다.

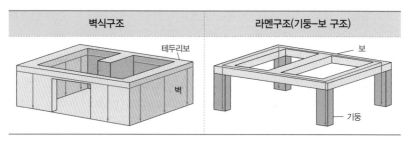

벽식구조	라멘구조(기둥-보 구조)

② 우수기술 선도 적용

㉠ 사후확인 본격 적용 전에 공공주택(LH)에 바닥충격음 차단성능이 우수한 고성능 바닥구조를 적용하는 등 우수기술을 임대주택부터 선도적으로 적용한다.

㉡ 또한, 기술 개발 추이 등을 고려하여 고성능 바닥구조 제품 의무화(4등급 이하 → 2등급 이하)를 검토할 계획이다.

③ 법령 개정 및 예산 확보

저소득층에게 무이자로 소음저감매트 설치 지원, 층간소음관리위원회 설치 의무화, 층간소음우수관리단지 선정, 사후확인결과 공개로 기업의 건전성 경쟁 유도, 공사단계 품질점검 강화, 층간소음 우수기업 인센티브, 사후확인제 시범단지 운영, 우수요인 기술 개발 등 대책을 차질없이 이행하기 위해 법령개정, 예산확보 등 후속조치에 지체 없이 착수할 예정이다.

(2) 스마트시티(Smart City)

① 스마트시티는 국가별 여건에 따라 매우 다양하지만, 공통적으로는 4차 산업혁명 시대의 혁신기술을 활용하여, 시민들의 삶의 질을 높이고, 도시의 지속가능성을 제고하며, 새로운 산업을 육성하기 위한 플랫폼이다.

② 국내 스마트시티는 U-CITY(유비쿼터스 시티)라는 이름으로 2000년대 초반 화성 동탄, 파주 운정, 대전 도안, 인천 송도 등 신도시를 중심으로 공공 주도로 시작되었다.

③ 오늘날의 스마트시티는 공공주도 신도시개발 사업뿐 아니라 기존의 도시도 효율적으로 관리하고 개선하기 위한 핵심 수단이자 모든 도시가 지향하는 공통 목표이다.

(3) 머신가이던스(Machine Guidance)/머신컨트롤(Machine Control) 표준 시공안

머신가이던스(Machine Guidance, MG)는 건설기계의 위치와 자세 정보를 이용하여 설계 목표 대비 현재 작업 정보(작업종류, 작업상황, 목표수치, 지면과의 거리 등)를 건설기계조종사에게 실시간으로 제공하는 기술이고, 머신컨트롤(Machine Control, MC)은 머신가이던스 기술을 활용하여 복잡한 조종이 요구되는 건설 장비 작업(경사면, 비정형면, 수중작업 등)을 반자동화하여 작업 정밀도를 높여 장비 조종을 용이하고 효율적으로 할 수 있게 하는 기술이다.

현재 국내에서 MG/MC 기술은 주로 굴착기 위주로 적용 중이나, 해외에서는 크레인·롤러·무인트럭 등 다양한 건설기계에 적용하고 있고, 건설기계와 정보통신기술(ICT)을 접목한 자동화 기술개발이 활발히 진행되고 있다.

(4) 한국형 도심항공교통(K-UAMUAM, Urban Air Mobility)

도심항공교통(UAM)은 전기동력·저소음 항공기와 수직이착륙장을 기반으로 도심 환경에서 사람과 화물을 안전하고 편리하게 운송하는 차세대 첨단교통체계이다. 2019년 미국의 우버 사(社)가 사업모델을 처음으로 제시한 이후 2021년 세계 300여 개 업체들이 새로운 시장 선점을 위해 경쟁 중이며, 현대차와 한화 등 국내기업도 대열에 합류하였다. 도시 지상교통 혼잡 해결수단으로 부상한 UAM은 기술발전으로 실현 가능성이 증대되며 혁신 교통수단으로 성장이 전망되고 있다.

K-UAM은 UAM을 우리나라 정부의제에 포함시켜 다양한 과제를 제시한 한국형 도심항공교통으로, 새로운 분야인 K-UAM의 성장을 위해서는 세계적으로 경쟁이 치열한 UAM을 미래먹거리로 육성하고 연관산업 기술경쟁력 강화를 유도하는 통합 R&D 전략이 필요하며, 민간의 기술개발 수준에 맞춰 제도적으로 지원해야 하는 정부 차원의 인증·교통관리 등의 기술도 동반향상이 필수적이다.

2023년 새롭게 발표된 K-UAM 로드맵은 2030년경 개발기술 상용화를 목표로, 국내 5대 광역교통권 교통 이용현황을 토대로 UAM 초기부터 성숙기까지 단계별로 ① 수요를 예측하고, 수요예측에서 제시된 운임(수입) 실현을 위한 기술분야별 목표성능 도출하여 ② 필요항목을 설정한 후, UAM 실현을 위한 ③ 목표성능과 공급가격 등을 예측하고 수익성 기준 타당성이 확보될 때까지 ④ 개발수준 · 공급가를 순환 · 검토한다. 충분한 안전도와 사회적 수용성이 확보될 경우 기술개발 등으로 산업이 성숙기(2035년 ~)에 접어들면 대중화가 가능할 것이라 예상하고 있다.

(5) 제로에너지건축물(ZEB, Zero Energy Building)

제로에너지건축물이란, 단열성능을 극대화하여 에너지요구량을 최소화하고 태양광설비 등을 통해 신재생에너지를 생산하여 건물의 에너지 소요량을 최소화하는 녹색건축물을 말한다. 국토교통부는 지난 2017년 1월부터 ZEB 성능 수준을 규정하고, 확산하기 위해 'ZEB 인증제'를 도입하고, ZEB 활성화 정책을 지속 추진하고 있다. 'ZEB 인증제'는 건축물의 5대 에너지(냉방 · 난방 · 급탕 · 조명 · 환기)를 정량적으로 평가하여 건물 에너지성능을 인증하는 제도로, 에너지자립률에 따라 5등급에서 1등급까지 총 5개 등급을 부여한다. 국토교통부는 고성능 녹색건축물인 ZEB 활성화를 위해, 2020년 공공부문을 시작으로 단계적으로 민간부문까지 ZEB을 확산하는 내용을 담은 'ZEB 의무화 로드맵'을 발표한 바 있다. 이에 따라 ZEB 인증 의무화를 2023년 1월부터는 연 면적 500m² 이상 공공건축물과 30세대 이상 공공 분양 · 임대 공동주택으로 확대하며, 공공 공동주택은 ZEB 의무화 일정을 시행한다.

(6) 모듈러주택

대표적인 스마트건설기술의 하나인 모듈러 공법을 적용한 모듈러주택에 대한 관심이 4차 산업혁명 시대와 맞물려 크게 높아지고 있다. 모듈러주택은 기존 현장 중심의 시공에서 탈피하여 주택을 구성하는 주요 부재 및 부품의 70~80% 이상을 표준화 · 규격화된 모듈 유닛으로 공장에서 미리 생산하여 현장으로 운반 후 조립 · 설치하는 주택이다. 이러한 혁신적인 주택생산방식은 공기단축, 건축물 폐기물 감소, 에너지 사용 및 탄소 배출 감소, 소음 · 진동 · 분진 등 환경문제 해결, 품질향상 등 많은 장점을 갖고 있다.

(7) 목재팰릿

목재팰릿은 숲가꾸기 산물 등을 파쇄 · 건조 · 압축하여 만든 목재연료로서, 기후변화협약에서 온실가스 배출이 없는 것으로 인정하였다. 목재팰릿은 다른 목재연료보다 안정성, 친환경성, 운송 · 보관이 쉬워 주택 · 학교 · 병원 · 원예단지 · 열병합발전시설 등에 사용되고 있다. 기후변화협약(UNFCCC)이나 유엔 산하 정부간협의체(IPCC)에서는 목재를 탄소중립 연료임을 인정하고 화석연료 대체에너지로 권고하고 있다. IPCC 산정 방법에 따르면 목재펠릿 1톤을 사용하면 유연탄(석탄) 604.65kg을 대체하여 이산화탄소 1.48톤 감축 가능하고, 환경부의 「대기환경보전법」에 따른 대기오염물질 배출계수에 따라 목재펠릿은 유연탄 대비 대기오염물질 발생량이 1/20 수준이다.

2. 관련 이슈

(1) 수소도시 조성사업 추진

수소도시 조성사업은 수소 에너지원을 공동주택, 건축물, 교통시설 등에 활용할 수 있도록 수소생산시설, 이송시설(파이프라인, 튜브 트레일러 등), 활용시설(연료전지 등) 등 도시 기반시설을 구축하는 사업이다. 수소도시 조성사업은 탄소 중립에 대한 전 세계적인 추세와 관심, 지역의 새로운 일자리 창출, 온실가스 저감과 신재생 에너지 활용, 에너지비용 절감 등 다양한 장점에 힘입어 지자체들의 관심을 받고 있다. 국토교통부는 2019년에 울산, 전주·완주, 안산 3개 도시를 시범도시로 선정하여 수소 인프라를 구축하고 있으며, 2023년에는 평택, 남양주, 당진, 보령, 광양, 포항 6개 지자체를 대상으로 수소를 주거, 교통 등 생활에 활용할 수 있도록 수소 인프라를 구축하는 '수소도시 조성사업'을 본격적으로 추진한다.

(2) 교통류 스마트제어서비스 사업 추진

국토교통부는 ITS 첨단기술을 활용해서 교통안전을 획기적으로 강화할 수 있는 교통류 스마트제어서비스 사업을 새롭게 발굴해 시범사업을 착수한다. 이 사업은 ITS를 기본 기능(교통정보 수집·제공) 외에도 안전에도 접목하여 교통사고 감소 등 국민안전을 강화하기 위해 추진된다. '교통류 스마트제어서비스 사업'은 교통량이 많은 일반국도 구간에 도로전광표지판을 일정 간격으로 연속 설치하고, 전방 정지 차량·낙하물·작업 구간 경고, 전방 통행속도 등 안전서비스 5종을 차선별 운전자에게 선제 제공해주는 서비스이다. 미국·유럽 등 교통 선진국에서 시행하고 있는 서비스로 국내에는 이번에 최초로 도입 된다. 사업구간은 화물차 등 교통량이 많고 사고위험이 상대적으로 높은 것으로 검토된 국도 43호선 평택 오성IC~신대교차로 10.2km 구간에 시범 구축되며, 국토부는 시범운영 및 평가를 통해 사고감소·혼잡완화 등 사업성과를 검증하고 향후 확대 여부 등을 검토한다.

(3) 2023년 노후 기반시설 성능개선 사업으로 8개 선정

국토교통부는 2023년 노후 기반시설(기반시설관리법 상 15종 기반시설로서 도로, 철도, 항만, 공항, 수도, 전기, 가스, 열공급, 통신, 공동구, 송유, 하천, 저수지, 댐, 하수도) 성능개선지원 시범사업으로 충북 괴산군 칠성교 등 8개 사업을 선정했다. 노후 기반시설 성능개선 시범사업은 지자체의 노후된 기반시설 성능개선 비용을 지원하기 위해 2021년부터 추진해왔으며, 그동안 18개 사업에 45억 원을 지원하면서 시설물 안전등급을 향상(1~3단계)시키는 등 국민 생활안전 확보에 크게 기여해 왔다. 국토부는 민간전문가로 구성된 선정위원회를 구성하여 신청 시설의 성능개선 필요성, 기반시설관리 노력, 사업추진의지 등을 평가하고 성능개선이 보다 시급한 시설을 위주로 선정하였다. 해당 시설들은 「시설물안전법」 등에 따른 안전등급이 낮고, 준공된 지 오래되어 위험도가 높아 성능개선이 시급한 노후 시설로 국토교통부는 지자체가 연내 성능개선 사업을 차질 없이 추진할 수 있도록 적극 지원할 계획이며 국토안전관리원에서는 시설점검 컨설팅 등도 시행할 예정이다.

〈 2023년 노후 기반시설 성능개선지원 시범사업 선정 결과 〉

지자체	기반시설명	국비 지원금액
강원도	원주시 지정대교	2.5억 원
강원도	속초시 수협물양장	5억 원
충청북도	괴산군 칠성교	2.5억 원
충청남도	보령시 옥동1저수지	3억 원
전라북도	남원시 월락배수지	5억 원
경상북도	예천군 한천교(하)	2.5억 원
경상남도	창원시 고암저수지	2.5억 원
경상남도	양산시 소노저수지	2억 원

(4) 안전시설물 정비로 항만안전 성능개선

해양수산부는 항만이용자와 종사자의 중대재해 예방과 항만구역 내 유해·위험요소 제거를 위해 2024년까지 총공사비 354억 원을 투입하여 국가관리항에 대한 안전시설을 대폭 정비한다. 해양수산부는 2022년 5월 "전국 항만시설물 안전시설 정비계획"을 수립하여 32개 지방관리항 시설물 관리주체인 지자체에 안전시설을 정비하도록 통보하였고, 국가관리 24개항에 대해서는 2023년부터 해양수산부 지방해양수산청에서 태풍

피해와 노후화 등으로 훼손된 안전시설 정비와 최근 강화된 안전기준이 적용된 "항만시설물 안전시설 정비사업"을 추진할 계획이다. 항만시설물 안전시설 정비사업"은 시민의 안전과 생명을 보호하는데 중점을 두고 낚시와 관광으로 시민들이 많이 찾는 방파제 등에 CCTV, 안전난간, 조명시설, 인명구조함 등을 설치 · 정비하는 사업이다. 2023년에는 150억 원을 투입하여 지난해 힌남노 · 난마돌 태풍피해가 있었던 부산항 등 8개 항만(부산항, 목포항, 여수항, 광양항, 울산항, 마산항, 포항항, 대산항) 의 안전시설을 우선 정비하고 2024년에는 군산항 등 나머지 16개항에 204억 원을 투입하여 국가관리항의 안전성능을 개선할 계획이다.

미래가 어떻게 전개될지는 모르지만
누가 그 미래를 결정할지는 안다.

– 오프라 윈프리 –

방재안전직

국가공무원 방재안전직의 모든 것

---

01 **방재안전직 공무원의 개요**

1. 방재안전직 공무원이란?

(1) 재난 및 안전업무를 담당하는 기술직 공무원으로 자연재해, 사회적·국가적 재난·재해에 신속하게 대응하고 안전관리 계획과 교육, 훈련, 안전점검, 재난대비 업무를 담당

(2) 방재안전직은 부서 순환을 하는 일반행정직과 달리 주로 재난안전 부서에 배치되어 재난 예방부터 수습까지의 방재업무를 장기적인 재직 형태로 수행

(3) 국가직은 행정안전부 내 재난안전관리본부 등의 수요가 있는 부처에서 근무하며, 지방직은 그 지방에 해당하는 도청·시청·군청 등 시·도 재난 전담부서에 소속되어 근무

2. 방재안전직의 주요 업무

(1) 자연재해·재난 대비
  ① 재난 관리·예방·사후 조치 등의 행정적 업무와 대민 지원
  ② 여름에 홍수해 방지를 막기 위해 침수흔적도 등을 기록

(2) 건축 및 시설물 점검 관리
  ① 일정 규모 이상의 교량이나 건축물 등의 시설물을 주기적으로 점검·관리하는 계획을 수립
  ② 각 건축물마다 안전점검과 진단, 보호정밀점검, 등급분류 등의 업무를 처리
  ③ 봄철에 전국적인 관리대상시설물에 대한 국가안전진단을 실시하여 정기적으로 NDMS(국가재난안전관리시스템)에 입력 및 확인

(3) 총괄적 재난 컨트롤 역할

① 안전관리 예방메뉴얼에 맞춰 재난사고에 대응하는 업무를 진행

② 비상시에는 지진 등 자연재해·재난에 대한 총괄적 컨트롤 역할을 수행

③ 인적·사회적 재난 발생에 대비하여 정부, 경찰, 소방서 등의 공공기관의 상호 비상 연락망을 구축, 신속한 대처 방안 계획 및 보고체계로 수립

02 행정안전부의 개요

1. 행정안전부 소개

행정안전부는 국정운영의 중추부처이자 재난안전 총괄부처이다. 중앙과 지방을 연결하여 국정을 통합하고 정부혁신을 이끌어가는 부처이며, 각종 재난으로부터 국민을 안전하게 보호하고 전국을 골고루 함께 잘 살게 만드는 데 앞장서는 부처로 효율적인 재난안전관리 사무를 위해 하급기관으로 재난안전관리본부를 둔다.

(1) 주요 업무

① 국무회의 운영, 법령·조약의 공포, 정부 포상계획의 수립·집행, 정부청사 관리

② 정부조직과 정원 관리에 관한 종합계획 수립, 정부 혁신 종합계획 수립·추진

③ 전자정부 관련 정책의 수립·조정

④ 지방자치 지원행정의 종합, 지방자치단체 간 분쟁 조정, 지방자치제도의 총괄 기획 및 연구·개선

⑤ 공직선거 및 국민투표의 지원, 국가와 지방자치단체 간 지역개발계획의 기획·지원

⑥ 지방재정정책의 총괄·조정, 국가와 지방자치단체 간의 재원 배분에 관한 사항

⑦ 안전관리 및 재난대비·대응·복구에 관한 정책의 기획·총괄·조정

⑧ 비상대비·민방위 관련 정책의 기획 및 제도개선의 총괄·조정

⑨ 국가의 행정사무로서 다른 중앙행정기관의 소관에 속하지 아니하는 사무

(2) 재난안전관리본부 조직도

※ 출처: 행정안전부 홈페이지(www.mois.go.kr)

2. 재난안전관리본부 실국별 주요 업무

(1) 안전정책실

구분	내용
주요 업무	정부 안전관리 정책의 총괄 · 조정, 안전기준의 통합적 관리 및 불합리한 기준 개선, 재난안전예산의 합리적 확충 및 사업 효율성 제고, 재난안전산업 육성 및 기술개발, 긴급신고 통합체계 구축 · 운영, 생활안전 분야 정책의 총괄 · 지원, 현장과 점검 중심의 안전관리, 국민 안전교육 추진 및 안전문화 향상, 승강기 안전관리 강화, 재난안전 예방정책 기획 · 조정, 재난 대비 · 대응 인프라 확충, 재난안전통신망 구축 및 운영
재난안전제품 인증제도	국민안전과 밀접한 제품에 대해 국가가 공식적으로 품질을 인증하는 제도
유 · 도선 사업 및 안전관리제도	• 유선사업: 유선 및 유선장을 갖추고 수상에서 고기잡이, 관광, 그 밖의 유락으로 등을 영업으로 하는 것 • 도선사업: 도선 및 도선장을 갖추고 내수면 또는 대통령령으로 정하는 바다목에서 사람을 운송하거나 사람과 물건을 운송하는 것을 하는 영업 • 유 · 도선 안전관리: 매년 관할관청(지자체, 해양경찰서)이 유 · 도선 안전관리계획을 수립 · 시행하도록 하며, 성수기(4~10월)에는 매월 안전점검 실시
긴급신고 통합서비스	국민이 긴급한 상황에서 쉽게 신고하고 경찰 · 소방 · 해경 등 긴급기관이 빠르게 대응할 수 있도록 각종 신고전화를 긴급신고(112, 119, 110)로 통합
재난안전예산 사전협의제도	정부 부처별로 단편적으로 관리되고 있던 재난 및 안전관리 사업의 투자 방향, 투자 우선순위를 행정안전부에서 총괄적으로 조정하여 검토하고, 기획재정부에서 행정안전부의 의견을 토대로 재난안전예산을 편성하는 제도
안전신문고	국민 누구나 생활 주변의 안전 위험요인을 발견하면 언제 어디서나 손쉽게 신고할 수 있도록 구축한 시스템으로 신고된 내용은 행정안전부에서 해당기관을 지정하여 신속하게 처리
생애주기별 대국민 안전교육	효과적인 안전교육을 위해 '생애주기별 안전교육지도(KASEM)'를 기준으로, 생애주기별 특성에 따라 갖추어야 할 안전역량을 위한 분야별 안전교육
국민안전체험관	재난 · 안전사고 발생에 따른 위험상황을 실제처럼 체험함으로써 재난 · 안전사고에 효과적으로 대처할 수 있도록 안전에 대한 지식이나 기능을 습득하기 위한 시설
국가승강기 정보센터	행정안전부에서 승강기로 인한 위해로부터 국민들을 보호하기 위해 구축한 국가승강기정보시스템으로 전국에 설치된 승강기의 안전과 관련된 제반정보를 기관 또는 국민들에게 제공하는 서비스 센터
생활안전지도	국민이 스스로 안전을 지킬 수 있도록 내 주변의 위험과 사고이력, 안전정보 등을 지도형태로 제공하는 서비스로 누구나 정보에 접근, 활용 가능하도록 관련 데이터를 공유

지역안전지수	「재난 및 안전관리 기본법」 제66조의10(안전지수의 공표)에 따라 매년 지역안전지수 안전등급을 공표하고 있는 제도
재해경감 우수기업 인증제도	「재해경감을 위한 기업의 자율활동 지원에 관한 법률」에 의거하여 기업의 재해경감활동을 촉진하기 위해 우수한 재해경감활동관리체계(BCMS)를 가진 기업을 행정안전부에서 우수기업으로 인증하여 지원하는 제도
안전디딤돌	국민들이 재난안전정보를 신속·정확하게 받을 수 있도록 긴급재난문자, 국민행동요령, 대피소, 무더위쉼터, 병원위치, 재난뉴스 등 다양한 재난안전정보를 제공
국민재난안전 포털	국민들의 재난안전을 도모하기 위하여 다양한 재난안전정보를 종합적으로 제공
재난안전통신망 (PS-LTE)	경찰, 소방, 해경 등 재난 관련 기관들이 재난 대응업무에 활용하기 위해 전용으로 사용하는 전국 단일의 무선 통신망
어린이안전관리 제도	어린이의 생명과 신체에 대한 위험예방 및 안전확보를 위한 법 및 관리제도

(2) 재난관리실

구분	내용
주요 업무	여름철·겨울철 자연재난 선제적 대응체계 추진, 지진재난관리 선진화로 국민안전 실현, 현장에서 작동하는 지진 대응역량 강화, 매뉴얼과 훈련의 일체화로 재난대응역량 제고, 국민불편 최소화를 위한 복구지원체계 운영, 민·관 협력을 통한 구호물자 신속 지원, 재해예방사업 추진, 재해예방제도 운영·지원
재난대비훈련	재난관리책임기관이 재난상황에서 수행해야 할 임무·역할을 사전에 계획·준비하여 대응능력을 제고시켜 나가는 재난대비활동
재난배상책임 보험	「재난 및 안전관리 기본법」에 따라 음식점 등 20개 업종 시설은 화재, 붕괴, 폭발 등으로 인한 타인의 피해 보상을 위한 재난배상책임보험 의무가입 대상에 해당
재난관리자원 공동활용시스템	각종 재난의 수습활동에 필요한 물적·인적 자원을 통합적으로 관리할 수 있게 한 시스템
재해 연보	매년 자연재난 피해상황, 복구비 지원 내역과 최근 10년간의 자연재해 피해상황 및 복구비 통계를 연보로 작성
재해예방사업	태풍과 집중호우 등 자연현상으로 인한 재해를 예방하고 경감하기 위해 「저수지·댐의 안전관리 및 재해예방에 관한 법률」, 「급경사지 재해예방에 관한 법률」, 「소하천정비법」, 「재해위험 개선사업 및 이주대책에 관한 특별법」, 「소규모 공공시설 안전관리에 관한 법률」을 운영·관리하며, 「자연재해대책법」에 따라 자연재해위험개선지구 정비사업을 추진

(3) 재난협력실

구분	내용
주요 업무	사회재난 대응, 현장과 점검 중심의 안전관리, 재난사고 원인조사, 국민생활 밀접 분야 재난 예방, 사회재난 전문성 강화를 통한 조정·지원 역할 강화
국가 핵심기반 보호	에너지, 정보통신, 교통수송, 보건의료 등 국가경제, 국민의 안전·건강 및 정부의 핵심기능에 중대한 영향을 미칠 수 있는 시설, 정보기술시스템 및 자산 등의 국가 핵심기반 마비를 재난으로 분류하여 이를 보호하고 기능연속성을 확보하기 위해 필요사항을 규정하여 관리
다중이용시설 안전관리	민간 다중이용시설에 대한 안전관리를 강화하고 재난에 대비한 선제적 예방조치 활동의 상시화 도모, 민간전문가를 활용한 시설별 매뉴얼 작성 및 훈련 내실화를 위한 컨설팅 진행

(4) 비상대비정책국

구분	내용
주요 업무	안보환경에 대응한 비상대비태세 강화, 민방위제도 운영 및 민방위대 편성·관리, 실전과 같은 비상대비훈련·교육 실시
비상대비계획	전시, 사변 또는 이에 준하는 비상시에 능동적으로 대처하기 위해 평시에 준비하는 범정부적인 대비계획
비상대비훈련	• 을지연습: 전쟁 이전 국지도발 등 국가 위기관리 및 전시전환절차 연습과 전쟁 발발 시 국가총력전 연습을 통한 국가비상대비태세의 확립이 목적 • 충무훈련: 충무훈련은 전시·사변 또는 이에 준하는 비상사태에 대비한 전시대비계획의 실효성 검증과 시행절차를 숙달하기 위하여 주요 자원을 대상으로 실제동원훈련과 중요시설 피해에 대한 복구훈련 등을 실제훈련 위주로 실시하는 비상대비훈련
비상대비 자원관리	전쟁이나 비상시 국가·국민이 평상시와 같은 기능을 유지할 수 있도록 인력자원, 물자, 업체 등의 필요한 자원의 소요 계획서를 작성·수립·관리하는 업무
비상대비 업무담당자	국가 비상사태 발생 시 국가동원 등 신속한 비상대비 전환태세 준비를 위해 정부기관 및 중요 중점관리지정업체(동원업체)에서 비상대비 업무를 전담하는 요원
중점관리대상업체 지원	• 평시 지원사항: 물자소유자 또는 업체 장이 비상대비자원관리법에 의한 필요한 조치를 함에 소요되는 경비, 세금감면 등의 지원 • 전시 지원사항: 세제지원, 자금지원, 인력관리지원
민방위 제도 운영	민방위사태로부터 정부의 지도하에 주민이 수행해야 할 방공, 응급적인 방재·구조·복구 및 군사 작전상 필요한 노력 지원 등의 모든 자위적 활동을 운영하는 제도
비상대비 참고자료실	을지연습 홍보, 비상시 국민행동요령 등 자료 게시

(5) 장 · 차관 직속

① 중앙재난안전상황실

구분	내용
주요 업무	• 재난안전 및 위기상황 종합관리, 재난 상황의 접수 · 파악 · 전파, 상황판단 및 초동보고 등에 관한 사항 • 재난피해 정보의 수집 · 분석 및 전파, 위기징후 분석 · 평가 · 경보발령 • 재난위험상황에 관한 정보수집 · 예측 및 분석 • 재난정보의 수집 · 분석 및 전파 등
상황총괄담당관	• 상황실 상황관리 관련 업무에 관한 계획의 수립 · 종합 및 조정 • 재난안전 및 위기상황 종합관리 • 재난유형별 초기상황관리 절차의 수립 · 조정 및 지도 • 재난유형별 재난상황정보 분석 · 예측시스템의 구축 및 상황관리 지원 • 상시 모니터링 시스템 및 장비의 구축 · 운영 • 재난위기 상황관리 및 상황전파를 위한 정보통신 시스템의 구축 · 운영 • 국가기반체계 보호를 위한 재난관리책임기관과 24시간 연계시스템 가동 • 재난 발생에 대비한 관계 부처 간 위기관리 정보공유 및 종합상황관리 체계의 구축 · 점검 · 지원 • 중앙 및 지방 상황실장회의 주관 • 소산(疏散) 전(충무 3종 사태까지) 정부종합상황실 시설 및 장비의 운영
상황담당관	• 재난 상황의 접수 · 전파, 상황판단 및 초동보고 • 재난위험상황에 관한 정보수집 · 예측 및 분석 • 위기징후 분석 · 평가 · 경보발령 • 재난진행상황의 파악 · 전달 및 처리 • 재난피해 정보의 수집 · 분석 및 전파 • 전시 · 평시 재난발생에 대비한 실시간 모니터링 실시 및 재난 상황 전파 • 국가비상사태와 관련되는 정보 및 첩보 등의 접수 · 기록 · 보고 및 전파 • 국방정보통신망 소통 및 비상대비 상황 파악 · 조치 • 국내 언론 보도 등 재난정보의 수집 · 분석 및 전파 • 해외 재난정보의 수집 · 분석 및 전파
서울상황센터	• 재난 상황의 접수 · 전파, 상황판단 및 초동보고 • 상황실과 상황정보망 실시간 공유 • 재난발생 시 상황실과 영상회의시스템 운영 • 국내 언론보도 등 재난정보의 수집 · 분석 및 전파 • 센터 내 시스템 및 장비의 운영

② 안전감찰담당관: 중앙행정기관, 지방자치단체, 공공기관 등 재난관리책임기관을 대상으로 예방조치, 응급조치, 안전점검, 재난상황관리, 재난복구 등 재난관리 전 단계에 걸쳐 재난관리책임기관 및 그 소속 직원의 위법 · 부당 행위를 적발하고, 기관 경고 · 징계 등을 요구하여 국가재난안전시스템이 제대로 작동하도록 조정 및 지원

1. 확고한 안전시스템 구축

(1) 112신고 연관성 분석 시스템을 통한 반복 신고 위험성 탐지 고도화, 다기능 현장대응 장비 도입 등 인파관리 체계 혁신

(2) 주도적인 위험 방지를 위해 「재난안전법」상 소방·지자체의 대피명령에 준하는 권한을 경찰에 부여하는 것을 112기본법에 반영 검토

(3) 본청·시도청 상황팀장을 경정에서 총경급으로 배치하여 24시간 전종 대응체계 구축

2. 예방 중심의 소방안전관리 강화

(1) 화재에 취약하고 대규모 피해 우려 시설 중심 안전관리, 축제·행사장 내 현장상황실 운영, 안전요원 배치 등 현장 안전관리 제고

(2) 장애인, 독거노인, 산림지역 거주자 등의 안전한 주거환경 지원

(3) 장애인·청소년 안전교육 체계화, 전국민 심폐소생술 교육 확대, 메타버스 활용 온라인 체험과 119체험관 맞춤형 교육 운영

3. 현장 중심의 재난대응시스템 개편

(1) 긴급구조통제단 운영 개선으로 재난유형별 대응력 제고, 신속한 현장보고·지휘체계확립, 소방 ↔ 경찰 공동대응 강화

(2) 체계적·전문적 임시의료소 운영을 위한 구급지휘팀 신설, 다수사상자 재난 대비 119 응급의료시스템 구축, 관계기관 협력체계 강화

(3) 인명소생률 향상을 위해 119구급대원의 응급처치 범위 확대(14종 → 21종), 의사가 함께 탑승하는 특별구급대 운영, 현장지휘역량 강화를 위해 소방지휘관 자격인증제 시행

4. 재난환경 변화에 대비한 선제적 대응기반 구축

(1) 산불·해상사고 고성능 대응장비 도입, 특수소방차량 보강, 신종 재난유형에 대비한 장비 확충

(2) 119신고 폭주 시 자동응대와 긴급성 판단이 가능한 인공지능 기반 '차세대 119시스템' 개발, 재난현장 영상정보를 소방청 상황실로 연계 확대

(3) 재난현장 접근성 향상을 위한 '교차로 우선신호시스템'과 아파트·상가 등 자동통과 가능한 '긴급차량 전용번호판' 교체 확대

(4) 현장대원 '총량목표관리제' 시행으로 상시 교육훈련 강화, 대형·특수재난 유형별 복합재난 훈련장 구축 추진

5. 국민 안전에 전념할 수 있는 조직 구현

(1) 국립소방병원, 심신수련원 등 건강관리 인프라 구축

(2) 현장경험, 업무능력을 갖춘 하위직 출신 소방공무원 승진기회 확대

방재안전직 면접 기출 가이드

01 기출 빈출 리스트

- 방재란 무엇이라고 생각합니까?
- 우리나라 안전 관리에 있어서 가장 큰 문제점은 무엇이라고 생각합니까?
- 자연재난과 사회재난의 종류에 대해 말해 보시오.
- 방재안전직 업무를 수행하는 데 있어 가장 중요한 법규가 무엇이라고 생각합니까?
- 재난과 안전 관련 법령에 대해 아는 대로 이야기하고, 해당 법령의 도입 취지에 대해 설명해 보시오.
- 안전 문제를 기업의 자율에 맡기는 게 옳다고 생각합니까? 아니면 국가에서 법으로 규제하는 게 옳다고 생각합니까?
- 재난, 안전, 사고의 개념과 차이점에 대해 설명해 보시오.
- 재해영향성 검토가 무엇이고, 그 협의기간이 얼마나 되는지 말해 보시오.
- 우리나라에서도 큰 지진이 일어나는 빈도가 늘어나고 있는데 어떻게 대비할 수 있을지 말해 보시오.
- 재해예방 4단계에 대해 설명해 보시오.
- 예방, 대비, 대응, 복구에 대해 설명해 보시오.
- 안전교육이나 무재해 운동 등에 대한 참여도를 높일 수 있는 방안에 대해 설명해 보시오.
- 민방위 훈련에 대한 인식 및 참여도를 높일 수 있는 방안에 대해 설명해 보시오.
- 방재의 날이 언제인지 아십니까?
- 행정 위주의 재해예방업무란 무엇을 의미합니까?
- 4차 산업혁명을 방재안전이나 재난상황에서 활용하는 방법에 대해 말해 보시오.

1. 5분 발표

법무부는 보호관찰위원 및 법무보호위원 제도를 신설하여 전문상담능력을 보유한 민간자원봉사자 8,300명을 위촉하여 본격적인 활동에 들어갔다. 보호관찰위원은 전문적인 상담 및 체계적인 원호활동을 통해 보호관찰자의 건전한 사회복귀를 돕는 민간 자원봉사단체로, 전국 57개 보호관찰소에 소속되어 범죄예방 활동을 지원한다.

법무부는 앞으로도 민간 참여를 확대하여 지역사회와 함께하는 범죄예방 정책이 실현될 수 있도록 적극적으로 지원해 나갈 예정이다.

위 제시문의 내용에서 유추할 수 있는 공직가치와 이를 실현하기 위한 방안을 자유롭게 발표해 주세요.

면접관의 의도

현재 정부에서 시행 중인 각종 제도나 정책에 대한 지문에서 공직가치를 찾는 문제 유형이다. 이런 문제의 경우, 공직가치에 더하여 해당 정책에 대한 장단점, 개선 방안, 부서 적용 방법 등에 대하여 추가로 묻는 질문들이 나올 수 있다.

핵심 키워드

적극성, 민주성, 다양성, 전문성, 책임성, 공익 등

도입

제시문의 내용은 보호치료관리를 위해 민간과 협동하여 전문상담능력을 갖춘 민간자원봉사자를 위촉하여 보호관찰자의 건전한 사회생활 복귀를 돕는 정책을 신설하였으며, 앞으로도 범죄예방을 위해 민간 참여를 확대해 나가겠다는 내용입니다. 저는 위 내용 중 업무에 적합한 인력을 내부뿐 아니라 외부 영역에서도 찾는다는 데서 '적극성'을, 민간 자원봉사단체가 적극적으로 정책에 참여하여 범죄 예방을 실현한다는 데서 '민주성'을 유추하였습니다.

직접작성

적극성은 임무에 대한 열정을 바탕으로 국민이나 사회에서 발생한 문제에 대해 주도적으로 해결해 나가려 노력하는 자세를 말합니다. 사실 방재안전직은 그 어떤 직렬보다도 적극성을 실현할 수밖에 없는 직렬이라고 생각합니다. 언제 어떻게 발생할지 모르는 수많은 재난 상황에 대비해야 할 뿐더러, 재난 상황 발생 시 국민 안전을 위해 누구보다 발빠르게 움직여야 하기 때문입니다. 실제로 방재안전직 공무원들은 열악한 상황에서도 강한 책임감을 가지고 재난 상황에 적극적으로 대처하고 있으며, 저는 이런 방재안전직 공무원들이 사회적으로 크게 인정받고 존경받아야 한다고 생각합니다. 방재안전직 자체가 적극성을 담보로 하는 부서이므로 부서에서 적극성을 실현한 사례에 대해 따로 말씀드릴 필요가 없다고 생각하여, 제가 적극성을 실현한 경험에 대해 말씀드리겠습니다. 저는 대학 재학시절 저소득 아동을 대상으로 학습도우미 봉사를 주 2회 진행한 경험이 있습니다. 아동들 중에서는 이런 기회를 소중히 여기고 하나라도 더 배우려고 열심히 공부하는 아이들도 있던 반면 수업에 전혀 흥미를 보이지 않고 산만하게 행동하는 아이들도 있었습니다. 저는 배움의 기회가 적은 아이들에게 하나라도 더 전달하고 싶은 마음에 아이들이 좋아하는 게임이나 음악 등을 예시로 들어 설명하고, 아이들과 같이 운동을 하는 등 야외 활동도 종종 수행했습니다. 저의 이런 적극적인 노력들이 아이들 모두가 함께하는 분위기를 만들었고, 나중에 몇몇 학부모들로부터 정말 고맙다는 인사를 듣기도 하였습니다.

민주성이란 국민이 자유롭게 참여하고 의견을 이야기할 수 있는 행정을 실현하는 것입니다. 이런 민주성을 실현하기 위한 공직자의 가장 기본적인 자세가 '공유'와 '소통'이라고 생각합니다. 국민들의 적극적인 참여를 이끌어내기 위해서는 먼저 내 상황을 진솔하게 '공유'하고 그들의 의견을 적극적으로 받아들이기 위한 '소통'은 무엇보다도 중요합니다. 이와 관련하여 제 경험을 말씀드리고자 합니다. 저는 대학 시절 공공기관에서 행정업무 보조 아르바이트를 한 적이 있습니다. 그런데 아무래도 업무를 처음 진행하다 보니 사소한 실수들이 종종 발생했는데, 사수에게 자꾸 혼나는 제 자신이 굉장히 부끄러웠습니다. 이에 사수분과 따로 조용히 만나 저의 업무 수준을 터놓고 전하며 열심히 배울 테니 자세하게 알려 달라고 진솔하게 이야기하였더니, 사수분께서 오히려 좋아하며 잘 알려주셔서 빨리 일에 적응할 수 있었습니다. 이후 그분도 업무 진행과 관련하여 제 의견을 물어 반영해주기도 하는 등 공유와 소통을 통해 업무 효율이 더 올라갈 수 있었고, 이를 통해 민주성이 얼마나 중요한 요소인지를 깨닫게 되었습니다.

직접작성

방재안전직은 국민들의 안전한 삶을 책임지는 중요한 직렬이라고 생각합니다. 제가 만약 방재안 전직 공무원으로 입직한다면 조직구성원들과 소통하며, 국민들의 목소리에 귀 기울여 적극적으로 응답하는 공무원이 되도록 노력하겠습니다.

직접작성

➕ 발표 내용에 대해 나올 수 있는 질문

- 적극성을 추구하였을 때의 장점에 대해 말해 보시오.
- 방재안전직에서 실현할 수 있는 적극행정으로 어떤 게 있는지 말해 보시오.
- 민주성을 추구하였을 때 발생할 수 있는 부작용에 대해 설명해 보시오.
- 적극성, 민주성과 충돌되는 가치로는 어떤 것이 있는지 말해 보시오.
- 위 제시문에서 적극성과 민주성 외에 끌어낼 수 있는 공직가치로는 어떤 것이 있는지 말해 보시오.
- 방재안전직에서 가장 중요한 공직가치는 무엇이라고 생각합니까?
- 방재안전직에서 민주성을 실현한 사례에 대해 아는 것이 있다면 이야기해 보시오.
- 만약 방재안전직에서 민간자원봉사자를 선발한다면 어떤 분야에서, 어떤 기준으로 선발하겠습니까?
- 제시문의 보호관찰위원제도와 같이, 방재안전직에서 민간이 함께 진행할 수 있는 업무로 무엇이 있는지 말해 보시오.
- 보호관찰위원 제도에서 예상할 수 있는 단점으로는 어떤 것이 있으며, 그 해결방안에 대해 설명해 보시오.
- 이렇게 다양한 민간인들을 모아 업무를 진행하거나 이야기할 때 공무원은 어떤 역할을 해야한다고 생각합니까?

➕ 면접 플러스

위 대답과 같이 해당 부처의 장점과 이에 대한 존경심을 어필하는 것도 좋고, 가능한 한 해당 부처에서 실시한 적극행정이나 민주성 등 공직가치 예시를 미리 조사하여 같이 언급하는 것이 내가 해당 부처에 대해 자세히 공부했다는 것을 더 드러낼 수 있다.

2. 경험형 문제

근무하고 싶은 부처와 직무를 기술하고, 해당 직무의 수행을 위해 어떤 노력과 경험을 하였
는지 서술하시오.

면접관의 의도

응시자가 하고 싶은 업무가 무엇인지, 또 해당 업무에 대하여 얼마나 잘 이해하고 있는지, 해당 업무를 하기 위
해 어떠한 노력을 하였는지를 종합적으로 평가하여 해당 직군에 얼마나 적합한 인재인지를 평가한다.

핵심 키워드

희망 직무, 직무 내용, 직무 관련 경험, 공직 가치, 갈등 해결, 성과 등

희망 부처

행정안전부 재난안전관리본부 재난관리실 복구지원과

직접작성

희망 직무

재해복구사업 관리, 재난지원 사각지대 해소 업무

직접작성

- 교육 경험: 안전공학과(건설안전공학, 방재안전, 소방실무, 화학사고 예방 실무 등 관련 전공 이수)
- 업무 경험: 소방재난본부에서 대학생 아르바이트 경험(행정업무 보조, 유튜브 콘텐츠 제작 보조, 홍보교육팀 업무 보조 등)
- 자격증: 산업안전기사, 안전관리자 자격증 소지
- 재난안전관리본부 정책 관련: 행정안전부 블로그와 SNS를 구독하며 정책 숙지, 유튜브 구독, 방재 관련 법규 상세 확인
- 기타: 마라톤 대회 출전하여 완주 3차례, 러닝 동아리 활동(사고현장에 방문해야 하는 방재안전직에 걸맞는 신체 단련을 위해)
- 자원봉사: 저소득층 아동 대상 학습 도우미(1년)

직접작성

자기소개서를 바탕으로 한 질문과 답변 예시

해당 업무를 지원한 동기는 무엇입니까?

아버지께서 건설회사 안전팀에서 근무하셔서 어려서부터 국내에서 발생하는 산업재해 관련한 여러 정보를 접하였습니다. 이에 안전 관리에 관심이 생겨 안전공학과에 진학하여 다양한 재난 안전 관리 관련 공부를 하게 되었습니다. 이후 진로를 고민하던 중 안전에 대한 근본적인 인식 변화와 제도 개선을 가장 적극적으로 수행할 수 있는 곳이 바로 국가라는 생각이 들었으며, 일선에서 안전을 관리하고 있는 재난안전본부에서 근무한다면 전공도 살리고 개인적으로도 굉장한 보람을 느낄 것 같았습니다. 더불어 가깝게는 코로나19부터 매해 발생하는 집중호우나 가뭄, 각종 산업재해에 이르기까지 각종 재난·재해가 발생하고 있는데, 이를 복구하는 과정에서 소외받는 대상이나 지원 사각지대가 종종 발생합니다. 이에 모든 국민이 골고루 국가의 지원을 받을 수 있도록 돕는 일이 매우 중요하다 생각되어 해당 업무를 지원하게 되었습니다.

직접작성

방재안전직렬은 업무 강도가 높은 직렬인데 이에 대해 어떻게 생각합니까?

아무래도 재난 관련 전문가로써 재난 상황이 발생하지 않도록 엄중히 관리해야 하며, 재난이 발생하면 피해를 최소화하도록 하는 중요한 역할을 하기 때문에 업무 강도가 당연히 높을 수밖에 없다고 생각합니다. 하지만 사회적으로 안전관리방침이 점점 강화되고 있는 추세이며, 관리방법에 있어서도 신기술이 도입되고 있어 앞으로 전문 인력 수요가 점점 확대되고 인력 수급도 확대될 수 있으리라 생각됩니다. 방재안전직은 제 노력 여하에 따라 다양한 기술을 배우고 이를 실현시킬 수 있는 직렬이라 생각합니다. 때문에 업무 강도 및 처우에 대한 개선이 조금 더 이루어진다면, 방재안전직 공무원들의 국민의 안전을 지키는 전문가로서 업무에 대한 자부심과 만족도도 점점 높아질 것입니다.

> 직접작성

4차 산업혁명을 방재안전이나 재난상황에서 활용하는 방법에 대해 말해 보시오.

최근 스마트 재난안전관리시스템에 대한 관심이 높아지고 있습니다. 이 시스템은 빅데이터, 사물인터넷, 인공지능, 5G통신망 등 4차 산업혁명 관련 다양한 신기술을 활용하여 재난 발생을 선제적으로 예측하고 대비할 수 있습니다. 해당 시스템에 따르면 빅데이터를 이용해 재난전조를 감지 · 예측하고 차세대 통신을 통해 현장 상황을 실시간 감지 · 분석할 수 있습니다. 또한, 가상증강현실을 통해 혹시 발생할 수 있는 재난을 대비하여 교육 및 훈련을 진행하고, 인공지능을 통해 재난관리의 의사결정을 지원하며, 지능형 로봇으로 정찰 · 탐색 · 방재 · 구호를 하는 등 재난 안전 관련 전 과정에서 신기술을 활용하기도 합니다. 이와 같이 4차 산업혁명은 방재안전 전 분야에서 적극적으로 활용될 수 있으며, 적극적인 도입을 통해 국민 안전을 크게 향상시킬 수 있을 것이라고 생각합니다.

> 직접작성

- 방재안전직의 업무에 대해 아는 대로 설명해 보시오.
- 재난관리를 담당하는 공무원이 키워야 할 능력으로 무엇이 있는지 말해 보시오.
- 방재안전직 공무원으로서 요구되는 역량으로 무엇이며, 자신의 장점과 연결하여 설명해 보시오.
- 재난지원 사각지대 해소 업무를 하고 싶다고 하였는데, 구체적으로 어떤 일이 있을 수 있겠습니까?
- 방재안전직 공무원의 장점은 무엇이라고 생각합니까?
- 안전공학과에서 여러 안전 관련 과목을 이수하였는데, 가장 관심이 있고 열심히 했던 과목은 무엇이었습니까?
- 업무 특성상 야근이나 외근, 새벽 출근 등이 종종 있을 수 있는데 잘 적응할 수 있습니까?
- 내가 원하는 부서에서 일하지 못할 가능성도 있는데 그 점에 대해 어떻게 받아들이겠습니까?
- 방재안전직은 CCTV 상황근무가 많은데 이에 대해 어떻게 생각합니까?
- 재난지원 관련 업무를 하면서 민원인이 업무에 대해 불만을 품는다면 어떻게 소통하겠습니까?
- 아르바이트 시 유튜브 콘텐츠 제작 보조 업무를 하였다고 했는데, 어떤 콘텐츠를 제작하였습니까?
- 행정안전부 유튜브 채널의 장 · 단점에 대해 말해 보시오. 또 행안부 유튜브 콘텐츠 중에서 인상 깊었던 것을 말해 보시오.
- 마라톤 대회에 출전했다고 했는데, 마라톤 대회에 나간 이유가 무엇입니까? 힘들었을 텐데 어떻게 극복했습니까?
- 만약 안전점검을 하는 중에 사업주 등이 반발하거나 항의한다면 어떻게 대처하겠습니까?

➕ 면접 플러스

자신의 장점에 대해 어필할 때는 부정적인 단어 사용은 가급적 피해야 하며, 구체적이고 객관적인 사례를 제시하여 믿음을 주는 것이 좋다.

3. 상황형 문제

> 귀하는 도로 안전을 관리하는 A부처 주무관입니다. 국도가 신설되면서 관리하던 기존 도로를 규정상 지자체 업무로 이관해야 합니다. 하지만 지자체는 인력과 예산 문제로 이관 업무를 차일피일 미루고 있습니다. 반면 기존 도로의 안전 문제로 민원이 많이 발생하면서 상관이 이 일을 빨리 처리하라고 재촉하는 상황입니다. 귀하는 담당 주무관으로서 어떻게 처리하겠습니까?

(면접관의 의도)

직무와 관련된 특정 상황을 통해 바람직한 공직가치를 갖추었는지, 직무와 관련된 우선순위를 어디에 두는지 등을 평가하는 문제이다.

(핵심 키워드)

도로 안전, 지자체 이관, 인력 예산 문제로 지체, 민원 발생, 상관의 독촉

상황 파악

- 상황: 기존에 관리하던 도로를 지자체 업무로 이관해야 함
- 지자체: 인력과 예산 문제로 업무 이관 지연
- 기타: 기존 도로 안전 문제로 많은 민원 발생, 이로 인해 상부에서도 업무 재촉

직접작성

- 적용할 만한 사례가 있는지 기존 사례 조사
- 실제로 지자체에서 인력과 예산 문제로 이관 업무를 진행할 수 없는지 조사
  - 조사 결과 핑계일 경우: 도로 안전이 중요하므로 바로 이관받을 수 있게 강하게 푸시(업무 지연으로 발생하는 문제에 대한 책임 문책, 관련 법령 적용 검토 등)
  - 지자체 조사 결과 실제로 인력과 예산이 턱없이 부족할 시: 기한을 정해 한시적으로 A부처 에서 관리
  - 추가 발생 업무이므로 해당 도로 관리에 대해 예산을 지원받을 수 있는지 확인
  - 지자체에서 이관 업무에 부담을 크게 느끼지 않도록 해당 기간 동안 단계를 나누어 순차적 으로 이관 진행

직접작성

향후 대처

- 조사했던 기존 사례 및 현 사례의 진행 과정을 정리하여 매뉴얼로 만들어 배포
- 해당 기간 동안 제대로 이관이 될 수 있는지 지속적인 모니터링
- 이관 과정 중 문제 발생 여부에 대한 지속적인 모니터링

직접작성

- 사례를 조사하겠다고 했는데 해당 조사는 어떠한 방식으로 하겠습니까?

- 상황을 두 가지로 나누어 설명했는데, 이렇게 구분한 이유가 무엇입니까?

- 핑계일 경우 강하게 푸시하겠다고 했는데, 해당 지자체에서 반발하면 어떻게 대응하겠습니까?

- 실제 인력난이 심할 경우 해당 기간 동안 단계를 나누어 업무를 이관하겠다고 했는데, 어떻게 단계를 나눌지 구체적으로 설명해 보시오.

- 단계를 나누어 이관하더라도 결국 해당 지자체의 업무가 늘어나 예산과 인력이 더 필요하게 될 텐데 예산과 인력 문제를 어떻게 해결할 수 있는지 말해 보시오.

- 한시적으로 A부처에서 담당하겠다고 했는데, 만약 이 기간 동안 안전 사고가 일어나 부상자가 발생한다면 어떻게 하겠습니까?

- 응시자가 제시한 방법에 대해 상사나 윗선에서 반대한다면 어떻게 대응하겠습니까?

- 위 문제를 더욱 빠르게 해결할 수 있는 방안을 말해 보시오.

- 매뉴얼로 만들겠다고 했는데, 해당 매뉴얼에는 어떤 내용이 들어가야 한다고 생각합니까?

- 마지막으로 하고 싶은 말을 해보시오.

➕ 면접 플러스

내가 제시한 대응책에 대한 반대 의견이 나올 경우, 이를 어떻게 설득할지에 대한 구상도 미리 해두어야 한다.

01   보도자료와 정책자료

1. 보도자료

(1) 대설 · 강풍 등 자연재해 대비 필수! 풍수해보험에 가입하세요!

 행정안전부	**보 도 자 료** 다시 도약하는 대한민국 함께 잘사는 국민의 나라 내 삶을 바꾸는 규제혁신
보도 일시	2023.1.20.(금) 즉시보도

대설 · 강풍 등 자연재해 대비 필수! 풍수해보험에 가입하세요!
– 22.12월 온실 피해 등 보험금 119건 청구, 10억 8천만 원 지급 예정 –

행정안전부는 올겨울 대설 · 강풍 피해로 지난 12월 한 달 동안 풍수해보험금을 청구한 온실 · 소상공인 상가가 119건으로 약 10억 8천만 원의 보험금이 지급될 예정이라고 밝혔다.

풍수해보험은 행정안전부가 관장하는 정책보험으로 정부가 보험료의 70% 이상(최대 100%)을 지원하고 있으며, 태풍 및 호우 등 9개 유형* 자연재난으로 인한 재산피해 손해를 보상해 주고 있다.

* 태풍, 호우, 홍수, 강풍, 풍랑, 해일, 대설, 지진, 지진해일

가입 대상 시설물은 주택(단독, 공동), 농 · 임업용 온실(비닐하우스 포함), 소상공인이 운영하는 상가 · 공장건물(건물내 설치된 시설 · 기계 · 재고자산 포함)이며, 시설물의 소유자뿐만 아니라, 세입자(임차인)도 가입할 수 있다. 7개 민간보험사로 연락하거나 누리집(홈페이지)을 통해 연중 가입이 가능하며, 개인부담 보험료(총 보험료의 0~30%)만 납부하면 된다. 최근 3년간 풍수해보험 가입률은 꾸준히 증가하고 있으며,

작년 한 해 동안 주택 530,454건(전년대비 8.9% 증가), 온실 3,893ha(27.4% 증가), 소상공인 상가·공장 196,414건(585.4% 증가) 가입하였다.

행정안전부는 올해 내실 있는 사업추진을 위해 「2023년 풍수해보험 사업 추진계획(안)」을 마련하였다. 국가와 지자체는 붕괴위험지역·산사태 취약지역 등 풍수해에 취약한 지역 위주로 「보험가입 촉진계획」을 수립하여 보험 가입을 적극 추진할 예정이다. 재해취약지역 내 주택에 거주하는 경제취약계층(기초생활수급자, 차상위계층 등)은 보험료 전액을 지원(2022년 4월~)하고, 민간기업의 사회환원 활동과 연계하여 소상공인 상가·공장 가입 지원을 확대할 계획이다. 올해부터 주택 세입자 동산(가재도구) 보험금을 1m²당 9만 원에서 15만 원으로 상향하고, 세입자 주택(50m² 기준) 침수피해 보험금도 400만 원에서 600만 원으로 인상하여 더 많은 보상을 받을 수 있도록 개선하였다.

(2) 폭우 시 지하공간 잠기지 않도록 예방 대책 강화

행정안전부	보 도 자 료	다시 도약하는 대한민국 함께 잘사는 국민의 나라 / 내 삶을 바꾸는 규제혁신
보도 일시	2023.1.16.(월) 12:00	

폭우 시 지하공간 잠기지 않도록 예방 대책 강화
− 행안부, 지하주차장 등 지하 시설물 안전관리를 위한 제도개선 −

행정안전부는 지난해 여름철 집중호우로 수도권 등에 인명피해가 발생한 기존 공동주택 지하주차장 등 지하공간에 대해 재발 방지를 위한 제도개선 방안을 마련하였다. 행안부는 지난해 9월 14일부터 국토교통부, 지방자치단체, 관련 분야 전문가 등으로 구성된 '지하공간 침수 방지 제도개선 전담팀(TF)'을 운영하여 현행 제도의 문제점과 개선방안을 논의해왔다.

현행 제도에서는 「자연재해대책법」상 지하공간에 침수 방지시설 설치를 이행하지 않을 경우 처벌 규정이 없는 한계가 있었다.

• 자연재해대책법 및 시행령 개정(안) 마련: 지하공간 수방시설 설치 및 유지·관리를 소홀히 하는 경우에 대한 벌칙(과태료) 조항과 지자체에서 수방기준을 운용할 수 있도록 지자체 조례 위임 조항을 신설하여 법적 실행력을 높이고, 기존 지하건축물에 대한 수방시설 설치지원 근거를 마련하기로 하였다.

• 지하공간 침수 방지를 위한 수방기준(고시) 및 해설집 개정: 수방기준에서 규정한 "침수피해가 우려된다고 인정하는 지역"을 확대하고, 침수고립 방지 출입문, 개방형 방범창, 비상탈출 사다리, 지하 침수 공간 진입차단시설, 침수 안내시설 등 피난시설

기준을 추가하여 2022년 12월 29일 수방기준(고시)을 개정하였다. 또한, 예상 침수 높이에 따른 출입구 방지턱, 난간의 설치규격 및 방법, 물막이판 설치 위치에 따른 종류와 설치 방법 등을 상세 그림으로 설명하는 등 해설집을 개정하였다.

(3) 가뭄 극복을 위해 '먹는 물'을 기부해 주세요

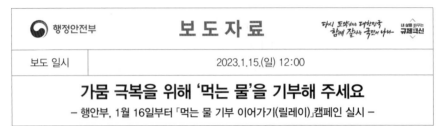

⊙ 행정안전부	**보 도 자 료** 다시 도약하는 대한민국 함께 잘사는 국민의 나라 / 내 삶을 바꾸는 규제혁신
보도 일시	2023.1.15.(일) 12:00

가뭄 극복을 위해 '먹는 물'을 기부해 주세요
– 행안부, 1월 16일부터 「먹는 물 기부 이어가기(릴레이)」캠페인 실시 –

행정안전부는 최근 남부도서 지역의 극심한 가뭄으로 제한 급수 지역이 확대됨에 따라 「먹는 물 기부 이어가기(릴레이)」 행사를 1월 16일(월)부터 실시한다고 밝혔다.

본 행사는 행안부가 지자체 · 공공기관 · 민간기업 등과 협업하여 가뭄의 심각성을 알리고 먹는 물 기부를 통해 어려울 때 서로 돕는 안전문화를 조성하는 등 전 국민 참여 가뭄 극복을 위해 추진하게 되었다. 최근 남부 도서지역은 극심한 가뭄으로 저수지 · 지하수 · 계곡수 등 식수원이 고갈되고, 제한 급수 인원이 작년 10월 기준 5,073명에서 올해 1월 18,814명으로 확대되고 있어 국민 모두의 도움의 손길이 절실한 상황이다.

행안부는 가뭄 극복을 위해 환경부, 농식품부, 산업부 등과 범정부 차원에서 다양한 대책을 추진하고 있다. 행안부는 매주 '관계부처 합동 가뭄대책 전담조직(TF) 점검회의'를 개최하여 선제적인 대응체제를 구축하고 있으며 지난해 12월 광주 · 전남 등에 교부한 가뭄극복 특별교부세(161억 원)가 신속하게 집행될 수 있도록 독려하였다. 환경부가 추진하고 있는 '자율절수 수요조정제도'에 가뭄 지역인 광주 및 전남 13개 지자체 중 8개 지자체가 참여하였으며, 나머지 5개 지자체에 대해서도 신속히 동참할 수 있도록 적극 당부하고 있다. 산업부는 환경부, 한국수자원공사, 한국수력원자력 등과 협력하여 광주 · 전남지역 용수공급에 차질이 없도록 보성강댐 발전용수를 주암댐에 공급하고 있다.

(4) 행안부, 지역 주도 재난안전 문제해결 위해 6개 연구과제 선정

🏛️ 행정안전부	보 도 자 료	다시 도약하는 대한민국 함께 잘사는 국민의 나라　내 삶을 바꾸는 규제혁신
보도 일시	2023.1.10.(화) 12:00	

행안부, 지역 주도 재난안전 문제해결 위해 6개 연구과제 선정
– (충북) 드론 기반 산악사고 대응, (전남) 해경 응급환자 원격 지원 등 총 136억 원 지원 –

행정안전부는 지역별로 특성이 다른 재난안전 문제를 발굴하고 해결하기 위한 지역맞춤형 연구개발사업 6개를 선정하고 올해부터 2년간 136억 원(행안부 109억 원, 지자체 27억 원)을 지원할 계획이라고 밝혔다.

지역맞춤형 연구개발사업은 지자체 주도로 지역 내 산·학·연과 협업하여 발굴한 우수 과제를 지원하는 것으로, 2020년에 시작하여 지난해까지 총 23개 사업을 발굴·지원하였다.

올해 선정된 지역맞춤형 연구개발사업 주요 내용은 다음과 같다.

충청북도는 등산객들의 조난·실족사고 등 이상 유무를 확인하기 위해 드론이 일정 시간마다 정해진 위치를 순찰하는 감지시스템을 개발한다. 전라남도는 해양경찰이 도서지역에서 내륙으로 환자를 이송할 때, 전문 의료인의 자문을 받을 수 있는 원격 의료 지도 시스템을 고도화한다. 이 밖에도 대구광역시는 '수돗물 사고 예방 및 대응 공조를 위한 사용자용 수질관리 플랫폼', 전라북도는 '승용 전기차 화재 진압을 위한 수조 컨테이너 및 크레인을 구비한 전문 진압 장비', 경상북도는 '재난안전 심리회복 서비스 플랫폼', 제주특별자치도는 '화산섬 제주의 지능형 풍수해 감지 및 안전지원 기술'을 개발한다.

※ 본 저작물은 공공누리 제1유형에 따라 행정안전부(www.mois.go.kr)의 공공저작물을 이용하였습니다.

(5) 이태원 사고 관련, 「특별재난지역 선포」

🏛️ 행정안전부	보 도 자 료	다시 도약하는 대한민국 함께 잘사는 국민의 나라　내 삶을 바꾸는 규제혁신
보도 일시	2022.10.30.(토) 즉시배포	

이태원 사고 관련, 「특별재난지역 선포」
– 피해 수습 지원은 피해자의 주소지 관할 지방자치단체에서 담당 –

오늘 이태원 일원에서 발생한 대규모 인명사고와 관련하여 서울시 용산구를 특별재난지역으로 선포하였다.

특별재난지역이 선포되면, 사망자 유족 및 부상자에 대한 구호금 등의 일부를 국비로 지원하게 되며, 피해 수습·지원은 재난피해자 주민등록부의 주소지 관할 지방자치단체에서 담당하게 된다. 정부는 특별재난지역 선포에 따른 보다 구체적인 지원 사항은 「중앙재난안전대책본부회의」를 통해 마련할 방침이다.

이상민 행정안전부 장관은 "사망하신 분들 중 아직까지 신원이 파악되지 않은 분들의 신원을 신속하게 파악하고, 이번 사고로 큰 충격을 받으신 사상자 가족분들이 불편함이 없도록 최선을 다해 지원하는 등 사고 수습에 만전을 기하겠다."라고 밝혔다. 또한, "이번 사고원인을 면밀히 분석하여 동일한 피해가 재발하지 않도록 대책을 수립해 나가겠다."라고 강조하였다.

(6) 괴산군 지진 규모 4.1 발생(2보)

🏛️ 행정안전부	보 도 자 료	다시 도약하는 대한민국 함께 잘사는 국민의 나라 내 삶을 바꾸는 규제혁신
보도 일시	2022.10.29.(토) 즉시배포	

괴산군 지진 규모 4.1 발생(2보)
− 행정안전부장관, 긴급상황점검회의 개최 −

행정안전부(장관 이상민)는 29일(토) 8시 27분 충북 괴산군 북동쪽 11km 지역에서 발생한 규모 4.1의 지진과 관련하여 08시 30분에 지진 위기경보 "경계" 단계를 발령, 중앙재난안전대책본부 1단계를 가동하고, 지진발생 현장상황 확인 및 상황관리를 위하여 괴산군에 현장상황관리관(2명)을 긴급파견했다. 또한, 별도로 피해 미발생 상황과 차분한 대응을 안내하는 대국민 재난문자를 송출하였고, 현장 위험 파악을 위해 위험도 평가단 운영을 지시했다.

29일 11시 기준 인명 및 재산 피해는 없으며 피해상황 등을 지속적으로 점검(모니터링)하고 있다.

중앙재난안전대책본부장(행정안전부장관 이상민) 주재로 산업통상자원부, 국토부, 환경부, 기상청 소방청, 지자체 등 관계기관과 영상으로 긴급상황점검회의를 개최(11:30)하여 피해상황과 기관별 대처상황을 점검하는 한편, 관계부처와 지자체는 인명피해, 이재민 발생, 시설물 피해 등 피해상황을 신속하게 파악하고, 피해발생 시 가용인력·장비를 총동원하여 수습·복구가 신속히 이루어지도록 대비하고, 추가 지진발생의 가능성을 염두에 두고 준비태세에 만전을 기하도록 지시하였다.

2. 정책자료

(1) 지진안전 시설물 인증제

① 제도 개요: 내진성능이 확보된 시설물에 대해 인증기관 검증 후 인증서 및 인증명판 발급

② 인증 등급: 내진특등급, 내진 I 등급, 내진 II 등급

③ 인증 대상: 역사, 학교, 다중이용시설 등으로 지진인증을 희망하는 모든 건축물(공공·민간)

④ 절차·기간·비용

〈지진안전검사〉

⑤ 지진안전 시설물 인증 지원사업

    ㉠ 지진인증에 소요되는 비용의 일부를 국가에서 보조하여, 민간 건축물의 지진안전성 확인, 내진보강 유도 및 자부담 경감

    ㉡ 지원 형태: 지방자치단체에서 국비와 지방비를 매칭하여 보조금 지원

    ㉢ 지원 대상: 지진안전 시설물 인증을 받고자 하는 민간소유 건축물

    ㉣ 추진 절차: 수요 확보 → 사업 추진 → 사업 완료 후 보조금 지급

(2) 재난안전예산 사전협의 제도

① 사전협의제도: 정부 부처별로 단편적으로 관리되고 있던 재난 및 안전관리 사업의 투자 방향, 투자우선순위를 행정안전부에서 총괄적으로 조정하여 검토하고, 기획재정부에서 행정안전부의 의견을 토대로 재난안전예산을 편성하는 제도이다.

② 사전협의 제도 절차: 각 부처에서 작성한 사업계획 및 투자우선순위 등을 검토하여 재난 및 안전관리 기본법에 따라 중앙안전관리위원회의 심의를 받아 기획재정부에 통보하게 된다.

〈사전협의제도 절차〉

| 중기사업계획 및 투자우선순위 검토 (2~3월) | ▶ | 민간전문가 자문·검토 (4~5월) | ▶ | 2019년 재난안전예산 사전협의(안) 수립 (5~6월) | ▶ | 중앙안전관리 위원회 심의 (6월) | ▶ | 기재부 통보 (6월 말) |

예산요구서 제출(부처, 5.30일)   예산 편성·심의(기재부, 6월~)

③ **사전협의 제도의 추진방향**: 다변하는 사회와 환경 속에서 사전협의 제도를 더욱 실효성 있게 운영하기 위해 재난안전사업에 대한 효율성·효과성을 평가하고, 재난 여건 변화에 대한 입체적·종합적 분석과 함께 다양한 재난안전분야 민간전문가의 참여를 확대하여 객관성·전문성을 더욱 강화해야 한다.

④ **사전협의 제도의 관련 법 규정**: 「재난 및 안전관리 기본법」 제10조의2

(3) 안전감찰

재난관리책임기관 및 그 소속 직원의 위법·부당 행위를 적발하고, 기관경고·징계 등을 요구하여 국가재난안전시스템이 제대로 작동하도록 조정·지원하는 역할을 수행하며, 중앙부처, 지방자치단체, 공공기관 등 재난관리책임기관을 대상으로 한다. 안전감찰의 범위는 재난관리책임기관의 예방조치, 응급조치, 안전점검, 재난상황관리, 재난복구 등 재난관리 전(全) 단계이다.

〈안전감찰조직도〉

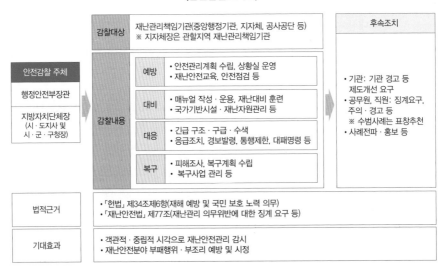

1. 전문 자료

(1) 재난안전제품 인증제도와 절차

① 재난안전제품 인증제도: 국민안전과 밀접한 제품에 대해 국가가 공식적으로 품질을 인증하는 제도이다. 국민은 인증 받은 제품을 믿고 사용해 일상생활 속에서 안전을 확보할 수 있고, 기업은 우수한 기술을 개발하고 제품을 만들어 판매함으로써 관련 분야 산업을 활성화시키고자 도입된 제도이다.

② 재난안전제품의 뜻

    ㉠ 재난관리 체계별로 재난에 대한 예방 · 대비 · 대응 · 복구와 관련된 제품군에 포함되는 제품이다.

    ㉡ 국민의 생명과 재산을 보호하고 안전을 확보할 수 있는 제품이다.

    ㉢ 재난안전을 확보할 수 있는 우수 기술이 적용된 제품으로 인증제도에서 다루고 있는 제품이다.

③ 재난안전제품 인증제도 절차

    ㉠ 기업체의 자율 의사에 따라 신청하는 제도로서 관심있는 사업체에서는 시험성적서, 기술의 우수성이 입증된 서류 등(예 특허)을 첨부하여 신청서를 제출한다.

    ㉡ 신청서가 접수되면 행정안전부는 인증심사위원회의 심사를 거쳐 인증 여부를 결정한다.

④ **검사비용 및 수수료**: 재난안전제품 인증 신청 시 수수료는 없고, 시험 · 검사비용은 신청업체가 부담한다.

⑤ **재난안전제품 인증 혜택**: 행정안전부에서는 재난안전제품 인증제도 활성화를 위하여 지방자치단체 수의계약 및 조달청 우수제품지정 심사 시 가점(1점)이 주어진다.

⑥ 재난안전제품 인증제도 관련 규정: 「재난안전산업 진흥법」, 「재난안전제품 인증제도 운영규정」이 있다.

(2) 재해예방사업

① **법령관리**: 태풍과 집중호우 등 자연현상으로 인한 재해를 예방하고 경감하기 위해 「저수지 · 댐의 안전관리 및 재해예방에 관한 법률」, 「급경사지 재해예방에 관한 법률」, 「소하천정비법」, 「재해위험 개선사업 및 이주대책에 관한 특별법」, 「소규모 공공시설 안전관리에 관한 법률」을 운영 · 관리하고 있으며, 「자연재해대책법」에 따라 자연재해위험개선지구 정비사업을 추진하고 있다.

② 재해예방사업 추진 현황: 사연재해위험개선지구 정비, 풍수해 생활권 종합정비, 급경사지 붕괴위험지역 정비, 재해위험저수지 정비, 조기경보시스템, 우수저류시설 설치, 소하천 정비가 있으며, 2015년 종료된 서민밀집위험 지역정비가 있다.

③ 재해예방사업의 투자효과

  ㉠ 재해예방사업에 따른 잠재복구비용 절감효과는 투자액의 3~4배 효과가 있다는 연구결과가 있다(예 국립재난안전연구원, 미국 FEMA 건물과학연구소).

  ㉡ 자연재해로 인한 우리나라 인명피해는 최근 30년간(1989년~2018년) 연평균 123명(사망 · 실종)에서 최근 10년간(2009~2018년) 연평균 15명으로 108명이 감소되었으며, 재산피해는 최근 30년간 연평균 8,871억 원에서 최근 10년간 연평균 3,610억 원으로 절반 이상 감소한 것으로 나타났다.

(3) 재난대비훈련

① 재난대비훈련의 개요: 재난대비훈련은 재난관리책임기관(중앙행정기관 및 지방자치단체, 지방행정기관 · 공공기관 · 공공단체 및 재난관리의 대상이 되는 중요시설의 관리기관 등)이 재난상황에서 수행해야 할 임무 · 역할을 사전에 계획 · 준비하여 대응능력을 제고시켜 나가는 재난대비활동이다. 「재난 및 안전관리 기본법」 제35조(재난대비훈련 실시)에서 행정안전부장관, 중앙행정기관의 장, 시 · 도지사, 시장 · 군수 · 구청장 등은 매년 정기적 또는 수시로 훈련을 실시하도록 규정하고 있다. 재난대비훈련은 안전한국훈련, 어린이 재난안전훈련, 상시훈련 등이 있다.

② 안전한국훈련(SKX; Safe Korea Exercise): 다양한 유형의 재난에 대비한 관계기관 합동, 민간참여 훈련 실시, 정부와 민간의 역량을 강화하고 재난 시 신속히 대응하려는 목적으로 행정안전부(훈련 기획 · 총괄)가 주관하고 중앙부처, 지방자치단체, 지방행정기관, 공공기관 · 단체 등이 참여한다.

③ 어린이 재난안전훈련: 어린이 재난안전훈련은 평상시 재난에 대한 경각심에 기반을 둔 학교의 착실한 훈련과 반복된 연습으로 아이들이 안전지식을 생활화 · 습관화할 수 있도록 기획한 것이다. 어린이 재난안전훈련은 총 4주차 훈련으로 구성되며, 1주차에는 재난 개념 이해(UNDRR 프로그램), 재난 유형 선정 2주차에는 안전커뮤니티맵핑으로 위험요소 조사 및 대피지도 제작, 3주차에는 훈련 시나리오 작성, 역할체험 모둠, 유관기관 방문(필요시), 4주차에는 모의 · 현장훈련 실시, 결과 보고, 의견 나눔, 설문조사 등으로 진행된다.

④ 상시훈련: 상시훈련의 목적은 초기 대응태세 확립을 통해 재난 발생 초기의 임무와 역할 숙지하고, 재난대응 매뉴얼의 적절성을 점검하고, 개선사항을 발굴 · 보완하기 위함이다. 중앙행정기관, 시 · 도, 시 · 군 · 구, 긴급구조기관이 주관하고 재난관리

책임기관, 긴급구조지원기관 및 군부대 등 관계 기관 등이 참여한다. 2023년 기관 자체훈련은 훈련주관기관이 계절별·유형별 재난 발생 시기를 고려하여 소관 분야별로 훈련참여기관과 연중 실시하며, 상황조치훈련은 재난유형별 중앙사고수습본부의 초기대응역량 강화 훈련(지하 공연장 화재, 대형산불 등 16개 유형)을 실시한다.

(4) 재난안전통신망(PS-LTE)

① 재난안전통신망(PS-LTE)의 개요

  ㉠ 경찰, 소방, 해경 등 재난관련 기관들이 재난 대응업무에 활용하기 위해 전용으로 사용하는 전국 단일의 무선 통신망이다.

  ㉡ 광대역 무선통신기술(LTE) 기반으로, 산불·지진·선박 침몰과 같은 대형 재난 발생 시 재난관련 기관들의 신속한 의사소통과 효과적인 현장대응을 할 수 있다.

② 재난안전통신망의 특징

  ㉠ 세계 최초 자가망 기반 PS-LTE 기술을 적용하였다.

  ㉡ 대한민국 전역에서 여러 재난관련 기관들의 일원화된 통신체계로 구성되어 있다.

  ㉢ 음성·사진·영상 등 멀티미디어를 활용하여 입체적인 소통이 가능하다.

  ㉣ 국내 재난안전산업계의 글로벌 경쟁력 확보를 통한 세계시장 진출을 지원한다.

③ 재난안전통신망이 가져온 변화

  ㉠ 일사불란한 현장대응, 골든타임 확보: 재난안전통신망이 도입으로 국내 재난 관련 기관들이 단일 통신망으로 신속하고 효율적으로 소통할 수 있게 되었다. 그룹 통화는 물론 사진·영상의 멀티미디어 활용으로 현장 정보를 실시간으로 공유하며 골든타임을 확보할 수 있어 현장대응 능력이 한층 강화되었다.

  ㉡ 일상 재난예방업무로의 확장 가능: 각 기관들의 업무와 연계되는 애플리케이션을 개발해 사용함으로써 재난이 발생하지 않을 때에도 재난안전통신망을 활용한 일상 업무수행이 가능해졌다.

  ㉢ 경제적 효율성 증대: 재난안전통신망의 운영으로 각 기관은 통신망을 별도로 구축할 필요가 없어 기관 간 중복 투자를 방지하는 한편, 국가차원의 효율적인 운영 및 유지보수가 가능해졌다.

④ 재난안전통신망의 구성

  ㉠ 기지국: 4가지 솔루션으로 전국서비스

    • 국가기반시설(점), 주요도로(선), 인구밀집지역(면)을 기준으로 고정기지국이 세워졌다.

    • 산간·농어촌 지역은 차량형 및 휴대형 이동기지국을 통해 유사시 통신지원이 가능하다.

- 건물 내부나 지하, 해안에는 타 통합공공망(해상망, 철도망) 및 사용망과의 연동기술(RAN-Sharing)을 활용하여 통신 음영지역을 최소화했다.

ⓒ 단말 및 지령장치: 재난업무 최적의 장비
- 사용자의 업무 유형에 따라 스마트폰형, 무전기형, 복합형 등 전용단말기를 사용한다.
- 안드로이드 기반으로 제작되어 사용이 어렵지 않고, 다양한 애플리케이션을 통해 업무 확장이 가능하다.
- 각 신고센터에 설치된 지령장치는 재난현장에 출동한 단말을 통합 지휘할 수 있다.

ⓒ 운영센터: 365일 24시간 모니터링
- 재난안전통신망 운영센터는 서울, 대구, 제주에서 동시에 운영 중이며, 365일 24시간 시스템을 모니터링 한다.
- 센터 간 전송망을 다중으로 구축하여, 한 센터에서 장애가 발생하더라도 다른 운영센터가 해당 관할 지역까지 총괄함으로써 재난대처 공백을 완벽히 차단할 수 있다.

⑤ 기관별 재난안전통신망 활용 프로세스
ⓐ 재난안전통신망 단말기: 드론 등을 재난안전통신망과 연계하여 꼼꼼한 현장수색 및 재난현장영상 실시간 송출 등을 통해 재난대응 능력을 강화한다.
ⓑ IoT 센서: 하천범람, 화재감시 등 IoT 센서와 재난안전통신망을 연계하여 재난을 사전에 예방할 수 있다.
ⓒ 웨어러블: IoT 센서가 탑재된 손목밴드, 헬멧 등 웨어러블 안전장비로 위치추적 및 건강상태정보 등을 수집하여 재난대응능력을 높일 수 있다.

⑥ 재난안전통신망의 다양한 활용방안
ⓐ 재난안전통신망은 재난현장 대응뿐만 아니라 평상시의 재난예방 대비업무를 위한 서비스 또한 제공한다.
ⓑ 위치기반 서비스, IoT센서, 인공지능(AI) 등의 다양한 장비 및 기술들과 접목하여 활용함으로써 화재전조 감지가 가능해지고, 재난확산을 미연에 방지할 수 있다.
ⓒ 각 사용기관들이 자체 개발한 어플리케이션을 재난안전통신망에 적용시킬 수 있다.

(5) 국가핵심기반 보호

① 국가핵심기반 보호제도: 사회적 위기로부터 국민안전, 정부 핵심기능 보호를 위해 국가핵심기반 마비를 재난으로 분류하여, 체계적으로 관리하기 위한 제도를 말한다.

② 주요 내용

    ㉠ 핵심기반 지정 · 관리: 기능이 마비되는 경우 국가적으로 미치는 영향이 매우 큰 시설을 국가핵심기반으로 지정하여 관리한다.

    ㉡ 보호계획 수립 · 시행: 핵심기반 보호 및 기능연속성 확보를 위해 보호 목표 설정, 위험관리전략 수립 등 필요사항을 규정하여 시행한다.

    ㉢ 관리실태 점검 · 평가 등: 보호 계획에 따른 재난 예방 · 대비 · 대응 · 복구 대책 이행 여부 점검 · 평가 및 우수기관 포상 등을 실시한다.

③ 업무 체계도

    ㉠ 행정안전부(제도 운영): 국가 핵심기반 신규지정 등을 위해 안전정책조정위원회 상정, 국가 핵심기반 보호 계획 수립지침 통보, 관리실태 점검, 재난관리 평가 등, 계획수립 · 통보(확인점검 · 평가실시)

    ㉡ 주관기관(지정분야별 운영): 국가 핵심기반 신규지정 협의, 지정 분야별 관리기관 보호 계획 관리, 관리기관 관리실태 점검 및 평가실시

    ㉢ 관리기관(지정시설별 운영): 안전점검 및 정밀안전진단, 자체방호, 정보통신보호, 위기관리매뉴얼, 상황관리, 교육 · 훈련, 보호자원관리 등

▌ 더 알아보기

국가핵심기반

에너지, 정보통신, 교통수송, 보건의료 등 국가경제, 국민의 안전 · 건강 및 정부의 핵심기능에 중대한 영향을 미칠 수 있는 시설, 정보기술시스템 및 자산 등을 의미(「재난안전법」 제3조 제12호)한다.

(6) 지역안전지수

① 지역안전지수는 「재난 및 안전관리 기본법」 제66조의10(안전지수의 공표)에 따라 매년 지역안전지수 안전등급을 공표하고 있는 제도이다.

② 자치단체의 안전관리 책임성을 강화하고 취약분야에 대한 자율적 개선을 통하여 주민은 더 안전해지고, 안전사고 및 안전사고 사망자는 체계적으로 감축될 수 있도록 유도하고 있다.

③ 우리 지역 안전나침반으로 안전 관련 각종 통계를 활용하여 자치단체별 6개 분야(예 교통사고, 화재, 범죄, 생활안전, 자살, 감염병) 안전역량을 5개 등급으로 객관적으로 계량화한 정보이다.

④ 해당연도 안전등급은 전년도 통계자료를 활용했으며, 1등급일수록 동일 단위 행정 구역(광역 시·도, 기초 시·군·구 5개 행정단위) 내에서 상대적으로 안전하다.

(7) 재해경감 우수기업 인증제도

① 「재해경감을 위한 기업의 자율활동 지원에 관한 법률」에 의거하여 기업의 재해경감 활동을 촉진하기 위해 우수한 재해경감활동관리체계(BCMS)를 가진 기업을 행정안 전부에서 우수기업으로 인증하여 지원하는 제도이다.

② 재해경감활동관리체계(BCMS; Business Continuity Management System)는 재 난 발생 시에도 기업의 핵심 업무를 지속할 수 있도록 전략·경감·대응·사업연속 성·복구체계를 수립하고, 이를 실행·운영·감시·검토·유지관리 및 개선하는 경영시스템이다.

2. 관련 이슈

(1) 2023년 국가안전시스템의 개편

정부는 이태원 참사 직후 국가안전시스템 점검회의를 열어 「범정부 안전시스템 개편 TF」 발족 및 활동을 통해 초기대응·선제적 재난관리, 지역 역량 강화, 과학 기반 재 난안전, 제도개선·안전문화의 4개 분과로 구성하고, 국민, 민간전문가, 국회(국정조 사), 지자체 등 다양한 의견을 반영한 「국가안전시스템개편 종합대책」을 발표하였다. 정부는 '함께 만드는 모두의 일상이 안전한 대한민국'이라는 비전하에 새로운 위험에 상시 대비하고, 현장에서 작동하는 국가재난안전관리체계 확립하여 2027년 10만 명 당 재난·안전사고 사망자 20명 내 감축'이라는 목표를 세우고, '관점'·'방식'·'행동 및 실천' 전환이라는 3대 기본방향을 설정하였다. '관점' 전환은 예측과 회복을 포함하 는 상시적인 재난관리이고, '방식' 전환은 디지털플랫폼·과학 기반, 전 사회 구성원의 참여이며, '행동 및 실천' 전환은 온 국민이 실천하고 행동하는 안전문화를 확산하는 것이다.

〈「국가안전시스템개편 종합대책」의 5대 전략〉

전략	내용	
	대표과제	대책
새로운 위험 예측 및 상시 대비체계 강화	• 신종재난 위험요소 발굴센터 • 현장인파 관리시스템	• 새로운 위험요소의 발굴·예측을 통한 대비 강화 • 범정부적인 위험분석·관리체계 구축 • 기후위기, 디지털 재난 등 신종재난 대비
현장에서 작동하는 재난안전 관리체계 전환	• 상시 재난안전 상황관리체계 구축 • 재난관리 권한·역할 강화	• 지방자치단체의 재난관리 권한과 역할 확대 • 지방자치단체−경찰−소방 공동대응력 제고 • 신종·복합재난 대비 합동훈련, 매뉴얼 개선
디지털 플랫폼 기반의 과학적 재난안전관리	• 예측 중심 안전관리시스템 고도화 • 대국민 통합서비스(국민안전 24시)	• 디지털플랫폼 기반 재난관리 도입 • 예측·예방 단계 등 재난관리 전(全) 단계에 과학적 재난관리 도입 • 재난데이터 통합관리 및 대국민 정보 제공
실질적인 피해지원으로 회복력 강화	• 공동체 회복을 위한 종합복구 지원 • 안전취약계층 맞춤형 안전관리	• 종합적인 복구지원 및 피해지원 내실화 • 재난 심리지원 대상 확대 및 피해자 소통 강화 • 안전취약계층 대상별 맞춤형 대책 강화
민간 참여와 협업중심 안전관리 활성화	• 생애주기별 체험중심 안전교육 • 국민 참여와 협업 기반 안전관리	• 전 생애주기별 체험 중심 필수안전교육 • 국민참여 안전신고·제안 등 안전문화 확산 • 민간 주도 자율적 안전관리, 민관협력 강화

한편 범정부 특별팀(TF)에서는 제도 및 안전문화 개설을 위해 생애주기별 대국민 체험형 안전교육 방안을 중점 논의했다. 현재 의무적으로 안전교육을 받은 대상을 초·중·고등학생에서 나이에 상관없이 전 국민으로 확대한다는 계획이다. 생애주기별 안전교육이란 효과적인 안전교육을 위해 '생애주기별 안전교육지도(KASEM)'를 기준으로, 생애주기별 특성에 따라 갖추어야 할 안전역량을 위한 분야별 안전교육을 의미한다. 그러나 KASEM 실시를 위한 제도 운영상의 예산, 인프라, 전문인력의 운용 등의 문제점들에 대한 구체적이고 현실적인 해결방안이 요구되고 있다.

▌ 더 알아보기

생애주기별 안전교육지도(KASEM: Korean Age-specific Safety Education Map)
영유아기부터 노년기에 이르기까지 시기별로 어떠한 안전교육이 필요한지를 한 눈에 볼 수 있게 맞춤형으로 제시하는 가이드라인이다. 적용대상자는 일반 국민으로 장애인, 다문화가족, 교통약자 등을 모두 포함한다.

(2) 국가 재난대비훈련 기본계획

행정안전부는 국가 재난대비훈련의 최상위 계획인 '2023년 국가 재난대비훈련 기본계획' 수립해 중앙부처, 지자체, 공공기관 등 재난관리책임기관에 통보했다.

올해 기본계획은 범정부 종합훈련인 안전한국훈련, 상시훈련, 중점훈련으로 구성되었는데, 새로운 재난 유형에 대응하기 위해 신종재난 선제훈련을 처음으로 포함시켰다.

안전한국훈련은 기관의 재난대응역량을 극대화하기 위해 현장·실전 중심으로 개편했다. 훈련 시기가 특정시기에 집중되었던 예전과 달리 1회(6월 5~16일), 2회(8월 28일~9월 8일), 3회(10월 23일~11월 3일)로 3차례 나누어 실시되는데, 이는 재난환경과 훈련기관의 여건을 반영하지 못하는 한계를 극복하기 위함이다. 올해부터 각 기관은 해당 지역의 재난사고를 분석해 재난 유형과 발생 시기에 맞춰 선제적으로 대비해 자체적으로 재난 대응역량을 확인·점검한다. 또한, 최근 재난 대응 시 미흡했던 소방, 경찰, 기초 지자체, 재난의료지원팀 등 1차 대응기관 간 협력을 강화하고 기관 유형별 표준훈련모델을 개발·보급해 실전에 맞는 훈련을 실시할 계획이다.

상시훈련은 안전한국훈련에 대한 보완적 훈련으로, 높은 수준의 대응·수습 역량이 필요한 부분이나 재난 미대응 분야를 선정해 집중 숙달 훈련을 실시한다. 기관별로 소관 재난훈련개선지침서를 반영하여 대응 단계별 취약한 부분을 분석·발굴하는 해결형 자체훈련을 실시하며, 최근 재난 대응 실제 사례를 반영한 토의식 상황조치훈련도 실시할 예정이다.

중점훈련은 기존 어린이 재난안전훈련과 더해 지난해에 반지하주택 침수사고, 데이터 센터와 도로터널 화재 등 새로운 유형의 재난 발생에 대비하기 위해 '(가칭) 신종재난 선제훈련'을 도입한다.

신종재난훈련은 안전한국훈련과 상시훈련으로 대비하기 어렵기 때문에 이번 중점훈련 때 상황 인지부터 보고·전파, 총력 대응까지 현장 중심의 합동훈련을 연 3회 정도 실시할 계획이다. 특히, 어린이 재난안전훈련은 취학 시기부터 재난 대응·회피 역량을 강화하고 안전의식을 함양하기 위해 심폐소생술·소화기 직접 체험과 가상·증강현실 기술 활용 확대 등 흥미 위주의 훈련 방식으로 다양화한다.

2023년 국가 재난대비훈련 주요내용은 재난 훈련별 역할·내용을 강화하고 기존 훈련 내실화와 안전 사각지대 해소를 위한 신규 훈련 도입 등의 실전 중심의 현장훈련에 중점을 두고 있다. 그러나 재난·안전사고 처리에 치중하여 어린이, 청소년, 여성, 다문화가정, 장애인, 노인 등 사회적 약자를 위한 재난 발생 후 안전조치 문제와 재난 발생에 대한 국민 예방적 계도 등 의 사회·제도적 문제점은 여전히 남아 있는 실정이다.

(3) 안전신문고

안전신문고는 국민 누구나 생활 주변의 안전 위험요인을 발견하면 언제 어디서나 손쉽게 신고할 수 있도록 구축한 시스템으로, 신고된 내용은 행정안전부에서 해당기관을 지정하여 신속히 처리토록 하고 있다. 안전위험요인을 발견 시 신고방법은 안전신문고 홈페이지(www.safetyreport.go.kr)와 스마트폰 "앱"으로 할 수 있으며, 사진이나 동영상 촬영 후, 간단한 신고내용과 지도상에 위치를 지정하여 제출하면 된다. 안전신문고 제도를 이용하면 신고가 쉽고 간편하며, 홈페이지 등에서 전국적인 신고 처리 현황, 신고 전후 사진, 국민안전행동요령, 안전 뉴스, 신고 · 진행 · 처리에 대한 답변 현황을 직접 확인할 수 있는 반면, 홈페이지나 스마트폰 앱 등을 이용하여 신고해야 하기 때문에 어린이, 노인, 장애인, 정보이용이 어려운 저소득층 등이 이용하기 불편하고, 본인 이외에는 신고내용 취하가 불가능하다는 단점이 있다.

얼마나 많은 사람들이
책 한 권을 읽음으로써
인생에 새로운 전기를 맞이했던가.

– 헨리 데이비드 소로 –

전산직
(전산개발 · 정보보호)

국가공무원 전산직(전산개발·정보보호)의 모든 것

01 전산직(전산개발·정보보호) 공무원의 개요

1. 전산직 공무원이란?

전산개발, 서버나 전산 운영프로그램 관리 등 컴퓨터에 관한 전반적인 업무를 수행하며 전 부처의 전산실에서 근무한다.

2. 전산직의 주요 업무

전산개발 직렬	• 행정업무의 전산화를 위한 계획의 수립 및 조정 • 전자계산 자료의 처리보관 및 운용 • 프로그램 유지보수 및 용역업체 관리 • 전산요원의 교육 및 훈련 등에 관한 업무 • 전산기기 관리
정보보호 직렬	• 정보보호 정책 수립 및 시행 • 관련 법령 지침 및 제 · 개정 • 정보보호 실태점검 • 정보시스템 보안성 검토 • 보안위험 동향 분석 및 대응방안 마련 • 보안관제센터 구축 및 운영 • 교육 계획 수립 등의 업무 • 개인정보보호를 위한 정책 및 계획 수립 • 개인정보 안전성 확보에 필요한 관리적 · 기술적 보호 조치 업무

1. 행정안전부

(1) 주요 업무

① 국무회의 운영, 법령 · 조약의 공포, 정부포상계획의 수립 · 집행, 정부청사 관리

② 정부조직과 정원 관리에 관한 종합계획 수립, 정부혁신 종합계획 수립 · 추진

③ 전자정부 관련 정책의 수립 · 조정

④ 지방자치 지원행정의 종합, 지방자치단체 간 분쟁 조정, 지방자치제도의 총괄 기획 및 연구 · 개선

⑤ 공직선거 및 국민투표의 지원, 국가와 지방자치단체 간 지역개발계획의 기획 · 지원

⑥ 지방재정정책의 총괄 · 조정, 국가와 지방자치단체 간의 재원 배분에 관한 사항

⑦ 안전관리 및 재난대비 · 대응 · 복구에 관한 정책의 기획 · 총괄 · 조정

⑧ 비상대비 · 민방위 관련 정책의 기획 및 제도개선의 총괄 · 조정

⑨ 국가의 행정사무로서 다른 중앙행정기관의 소관에 속하지 아니하는 사무

(2) 조직도

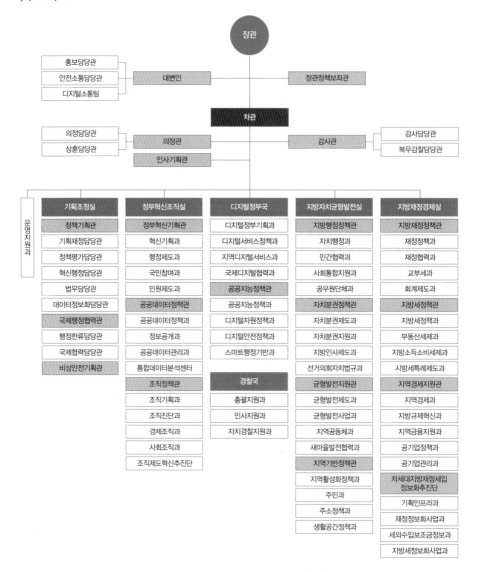

```
                                    장관
  홍보담당관
  안전소통담당관    ─  대변인              장관정책보좌관
  디지털소통팀

                                    차관

  의정담당관       ─  의정관              감사관  ─  감사담당관
  상훈담당관          인사기획관                      복무감찰담당관
```

기획조정실	정부혁신조직실	디지털정부국	지방자치균형발전실	지방재정경제실
정책기획관	정부혁신기획관	디지털정부기획과	지방행정정책관	지방재정정책관
기획재정담당관	혁신기획과	디지털서비스정책과	자치행정과	재정정책과
정책평가담당관	행정제도과	지역디지털서비스과	민간협력과	재정협력과
혁신행정담당관	국민참여과	국제디지털협력과	사회통합지원과	교부세과
법무담당관	민원제도과	공공지능정책관	공무원단체과	회계제도과
데이터정보화담당관	공공데이터정책관	공공지능정책과	자치분권정책관	지방세정책관
국제행정협력관	공공데이터정책과	디지털자원정책과	자치분권제도과	지방세정책과
행정한류담당관	정보공개과	디지털안전정책과	자치분권지원과	부동산세제과
국제협력담당관	공공데이터관리과	스마트행정기반과	지방인사제도과	지방소득소비세제과
비상안전기획관	통합데이터분석센터		선거의회자치법규과	시방세특례제도과
	조직정책관	경찰국	균형발전지원관	지역경제지원관
	조직기획과	총괄지원과	균형발전제도과	지역경제과
	조직진단과	인사지원과	균형발전사업과	지방규제혁신과
	경제조직과	자치경찰지원과	지역공동체과	지역금융지원과
	사회조직과		새마을발전협력과	공기업정책과
	조직제도혁신추진단		지역기반정책관	공기업관리과
			지역활성화정책과	차세대지방재정세입정보화추진단
			주민과	기획인프라과
			주소정책과	재정정보화사업과
			생활공간정책과	세외수입보조금정보과
				지방세정보화사업과

운영지원과

※ 출처: 행정안전부 홈페이지(www.mois.go.kr)

2. 개인정보보호위원회

(1) 주요 업무(「개인정보 보호법」 제7조의8 참조)

① 개인정보 보호와 관련된 법령 개선

② 개인정보 보호와 관련된 정책 · 제도 · 계획 수립 · 집행

③ 정보 주체의 권리침해에 대한 조사 · 처분

④ 개인정보의 처리와 관련한 고충 처리 · 권리구제 및 분쟁조정

⑤ 개인정보 보호를 위한 국제기구 및 외국의 개인정보 보호 기구와의 교류 · 협력

⑥ 개인정보 보호에 관한 법령 · 정책 · 제도 · 실태 등의 조사 · 연구, 교육 및 홍보에 관한 사항

⑦ 개인정보 보호에 관한 기술개발의 지원 · 보급 및 전문인력의 양성 등에 대한 업무

⑧ 개인정보보호위원회의 조직도

(2) 조직도

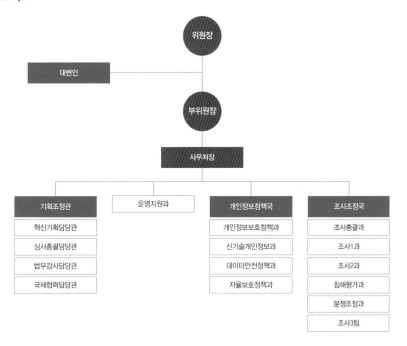

※ 출처: 개인정보보호위원회 홈페이지(https://www.pipc.go.kr)

3. 고용노동부

(1) 주요 업무

① 노사관계: 아름다운 상생의 노사관계 정립

② 근로 기준: 근로자와 사업주가 함께 지켜야 할 근로 기준 감독

③ 산업 안전보건: 무사고, 쾌적한 일터 정비

④ 고용정책: 일자리 희망, 내일의 희망 만들기

⑤ 고용서비스: 근로자에게는 안정된 취업을, 사업주에게는 빠른 채용 서비스 제공

⑥ 직업 능력정책: 직업능력 증진 정책 제정

⑦ 고용 평등: 함께 일하는 행복한 일터 만들기

⑧ 국제협력: 세계 노동 정보를 한눈에 제공

(2) 조직 현황

기획조정실	정책기획관	기획재정담당관, 혁신행정담당관, 규제개혁법무담당관, 양성평등정책담당관, 비상안전담당관, 정보화기획팀
	국제협력관	국제협력담당관, 외국인인력담당관, 개발협력지원팀
고용정책실	노동시장정책관	고용정책총괄과, 지역산업고용정책과, 기업일자리지원과
	고용서비스정책관	고용서비스정책과, 고용보험기획과, 고용지원실업급여과, 자산운용팀, 국민취업지원기획팀
	고용지원정책관	고용서비스기반과, 고용문화개선정책과, 미래고용분석과, 노동시장조사과
노동정책실	노사협력정책관	노사협력정책과, 노사관계법제과, 노사관계지원과
	근로기준정책관	근로기준정책과, 근로감독기획과, 퇴직연금복지과, 고용차별개선과
	공공노사정책관	공무원노사관계과, 공공기관노사관계과
산업안전보건본부	산업안전보건정책관	산업안전보건정책과, 산재보상정책과, 산업안전기준과, 산업보건기준과, 직업건강증진팀
	산재예방감독정책관	안전보건감독기획과, 산재예방지원과, 건설산재예방정책과, 중대산업재해감독과, 화학사고예방과
통합고용정책국	고령사회인력정책과, 장애인고용과, 여성고용정책과, 사회적기업과	
	청년고용정책관	청년고용기획과, 청년취업지원과, 공정채용기반과

직업능력정책국	직업능력정책과, 직업능력평가과, 인적자원개발과, 기업훈련지원과
임금근로시간정책단	임금근로시간과
노동현안추진단	노동현안추진반
공무직기획단	기획총괄과, 지원기반과
운영지원과	–

03 2023년 관련 부처 주요 과제

1. 행정안전부 핵심 추진 과제

(1) 일상이 안전한 나라

① **국가안전 시스템 전면 개편**: 새로운 위험을 예측하고 상시적으로 대비, 현장에서 작동하는 재난안전관리 체계 전환, 디지털플랫폼 기반의 과학적 재난안전관리 구현, 재난피해 지원 현실화 및 국민의 안전 역량 강화

② **일상화된 안보위협으로부터 국민 보호**: 신종 안보위협에 대한 완벽한 대비태세 확립, 국지도발 대비 주민 보호 만전

③ **촘촘한 생활안전망 구축**: 어린이 등 취약계층 안전환경 조성, 보행자 안전관리 강화를 위한 시책 확대, 국민 참여 안전 신고 · 제안 · 점검 활성화

(2) 활력 넘치는 지방시대

① **지역 주도 경제 활력 회복**: 기업의 지방 이전 환경 조성 및 지방소재 기업 지원 강화, 과감한 규제혁신으로 지자체 및 민간 자율성 강화, 주민참여 로컬브랜딩 사업 본격 추진

② **기회균등을 위한 지역균형발전 추진**: 지방시대위원회 출범으로 지방분권–균형발전의 통합적 추진체계 구축, 인구감소 위기 극복+생활인구 활성화, 지역 주도 발전을 위한 정책 환경 · 제도 개선

③ **핵심역량을 강화하는 자치 개혁 촉진**: 특별지방행정기관 지방자치단체 이관 검토, 일반자치–교육자치 관계 재정립 추진, 지방공공기관 혁신 본격 추진

(3) 일 잘하는 정부

① **정부혁신과 현안 해결의 플랫폼 역할 강화**: 투명하게 공개하고, 국민 의견을 소중히 여기는 열린 정부 구현, 데이터 기반 상황 대응 및 현안 해결 능력 제고

② **디지털플랫폼 기반 공공서비스 혁신**: 국민 기대에 부합하도록 보다 편리한 서비스 구현, 나에게 꼭 필요한 선제적·맞춤형 서비스 확대

③ **군살 없고 효율적인 정부 구현**: 유연하고 효율적인 정부 체계 구축, 책임행정 구현을 위한 조직 운영 자율성 확대, 일하는 방식 혁신으로 업무 효율성 제고

(4) 함께하는 위기 극복

① **새로운 성장동력 육성으로 일자리 창출**: 안전산업의 스케일업(Scale-up) 견인, 주소정보를 미래 신(新)산업 발전의 핵심 인프라로 자리매김, 디지털플랫폼 정부 성과를 통해 산업 진흥 도모, 옥외광고산업 발전의 변곡점 창출

② **어려운 민생 살리기 총력 지원**: 지방재정 신속 집행으로 민생 회복의 마중물 마련, 부동산 침체 등을 고려, 과도한 국민 세 부담 등 경감, 지방 공공요금 인상 최소화 등 생활물가 안정

③ **지방 행정·재정의 건전성 확보**: 법과 원칙에 기반한 지방행정 구현, 지속 가능한 지방 재정 운영을 위한 관리 강화, 지방보조금 책임성·투명성 제고

(5) 성숙한 공동체

① **민간단체 지원 투명성 제고**: 국민이 신뢰할 수 있는 비영리 민간단체 지원, 체계적 기부금 관리로 투명성 확보

② **미래지향적 과거사 문제 해결**

③ **자원봉사 활성화 촉진**

(6) 민생치안 확립 및 준법질서 구현(경찰)

① **든든한 민생치안 확보**: 민생범죄 근절, 사회적 약자 보호

② **엄정한 법질서 확립**: 고질적 불법행위 엄정 대응, 채용 비리와 산업기술 유출 범죄에 따른 사회질서 확보, 음주운전 방지장치 도입과 보행 안전 인프라 확대 등 교통질서 확립

③ **확고한 안전시스템 구축**: 112신고 연관성 분석 시스템을 통한 반복 신고 위험성 탐지 고도화, 다기능 현장대응 장비 도입으로 인파 관리, 24시간 전종 대응체계 구축으로 상황관리

④ **선도적 미래치안 전개**: 신설된 미래치안정책국을 통해 인프라 구축, 족보행 순찰 로봇 도입과 재난·범죄현장 자동 탐지체계 개발로 과학기술 기반 치안 활동 강화

(7) 선진 소방안전체계 구출(소방)

① **예방 중심의 소방안전관리 강화:** 화재에 취약한 피해 우려 시설 안전관리, 축제나 행사장 안전요원 배치 및 현장상황실 운영, 안전교육 체계화 강화와 심폐소생술 교육 확대

② **현장 중심의 재난대응시스템 개편:** 긴급구조통제단 운영 개선, 신속한 현장보고·지휘체계 확립, 소방↔경찰 공동대응 강화, 구급 지휘팀 신설, 119 응급의료시스템 구축

③ **재난환경 변화에 대비한 선제적 대응기반 구축:** 특수장비 확충, 인공지능(AI) 기반 '차세대 119시스템' 개발, 재난현장 영상정보(CCTV)를 소방청 상황실로 연계 확대, 교차로 우선신호시스템과 긴급차량 전용 번호판' 교체 확대

④ **국민 안전에 전념할 수 있는 조직 구현:** 국립소방병원(2020~2025년), 심신 수련원(2023~2026년) 등 건강관리 인프라 구축

2. 개인정보보호위원회 핵심 추진 과제

(1) 전 국민 마이데이터 시대 본격 개막

① 마이데이터 제도화를 통해 국민 데이터 주권을 보장

② 막힘없는 데이터 이동을 위한 인프라를 마련

(2) 신기술·신산업 지원 개인정보 활용 기반 강화

① 민간의 자율적 개인정보 활용 역량을 강화

② 데이터 기업의 가명 정보 활용을 확산

③ 창의적 데이터 혁신을 선도할 '개인정보 안심 구역'을 도입

(3) 데이터 기반 글로벌 질서 재편성에 대응한 리더십 확보

① 디지털 개인정보 국제규범 형성

② 디지털 시대 선도국으로서 프라이버시 논의를 주도

③ 국외이전 민감 개인정보에 대한 안전관리를 강화

(4) 예방부터 피해구제까지 신속 대응체계 구축

① 투명하고 안전한 공공부문 개인정보 관리

② 신뢰할 수 있는 온라인 서비스 환경을 조성

③ 2차 피해방지 및 신속한 피해구제

(5) 사각지대 없는 디지털 개인정보 보호 체계 구축

   ① 알파 세대(Gen-Alpha) 맞춤형 잊힐 권리 등 보호를 강화

   ② 국민 일상생활에서 프라이버시 불안을 해소

   ③ 정보 주체의 디지털 권리를 강화하고 인식을 제고

3. 고용노동부 핵심 추진 과제

(1) 노동 개혁의 완수

   ① 노사 법치주의 확립

     ㉠ 노조 회계 투명성 제고

     ㉡ 불법·부당한 관행 개선: 노사 부조리 온라인 신고센터 운영 및 시정조치 → 불법·부당행위 규율 신설 법 개정안 발의

     ㉢ 공정채용 문화 확산: 「채용절차법」을 「공정채용법」으로 개정 → 실질적 공정성 확보, 채용과정 투명성 제고, 법 이행력 강화

     ㉣ 5대 불법·부조리 근절: 근로감독 강화 및 제도개선 추진

   ② 노동규범 현대화

     ㉠ 근로시간: 노사 자율적 선택권 확대 등 제도개선안 마련 → 입법예고 후 상반기 국회 제출

     ㉡ 추가과제: 노동 규범 현대화를 위한 제도개선 추진

   ③ 중대재해의 획기적 감축

     ㉠ 취약분야 집중 지원

     ㉡ 위험성 평가를 보편적 예방 수단으로 확립

     ㉢ 참여와 협력으로 안전문화 확산

     ㉣ 안전보건산업 육성 방안 마련

     ㉤ 산업 안전보건 관계 법령 정비

(2) 노동시장 이중구조 개선

   ① 상생형 임금체계 개편

     ㉠ 임금격차 실태조사 및 결과 공표, 정책 권고 등 임금체계 개편을 지원하는 「상생임금위원회」 설치

     ㉡ 임금체계 개편 컨설팅 확대 등 '임금체계 구축 패키지' 신설

     ㉢ 임금-직무 세부정보를 결합한 「통합형 임금정보시스템」 구축

② 상생과 연대의 산업 · 노동 생태계 조성

  ㉠ 조선업 상생 협력 실천협약 체결 · 이행 및 정부 패키지 지원 → 상생 모델 구축
  (1분기)

  ㉡ 이중구조 실태조사 추진(1분기) 및 타겟 업종 선정, 자율확산 기반 조성 → 중층
  적 사회적 대화 활성화

③ 법적 보호의 사각지대 해소

  ㉠ 다양한 고용형태 보호를 위해 서면계약 의무화, 분쟁조정 절차 마련 등 노무 제
  공자의 권리보장을 위한 입법 추진(하반기)

  ㉡ 근로자의 인격권 보호를 중심으로 사업장 부담을 고려하면서 5인 미만 사업장에
  근로기준법을 단계적으로 적용

  ㉢ 차별시정제도 실효성 강화(비교 대상 근로자 범위 확대, 신청 기간 연장 등)

(3) 일자리 불확실성에 선제 대응

① 기업 구인난 해소

  ㉠ 업종 · 지역 · 기업 맞춤형 취업 지원

업종	지역을 넘어 산업벨트를 형성하고 있는 업종에 대한 체계적인 대응을 위해 「업종별 취업지원허브」 신설(반도체 · 조선 2개소)
지역	지방정부가 지역 상황 · 필요에 따라 중앙정부 일자리 사업에 추가(PLUS)하여 지원할 수 있는 상향식 사업 도입
기업	채용 · 취업 애로 해소를 위해 진단 · 컨설팅 · 맞춤형 서비스를 제공하는 「기업 · 구직자 도약 보장 패키지」 시행

  ㉡ 산업현장에 바로 투입할 수 있는 핵심인력 신속 양성

  ㉢ 외국인력의 유연한 활용

② 취약계층 일자리 장벽 제거

청년	「재학 → 구직」 단계별 맞춤형 지원, 프로그램의 양과 질 제고
여성	출산-육아-돌봄의 전(全) 과정에서 일 · 가정 양립을 지원
고령자	오래 일할 수 있는 환경 조성 및 중장년 이 · 전직 지원강화
장애인	양질의 일자리 창출 및 직접지원 확대

③ 노동시장 참여 촉진형 고용안전망으로 개편

실업급여 수급자	반복 수급자 단계적 감액 등 재취업 기능 강화
국민취업지원제도	지자체 협업을 강화, 서비스 대상자를 선제적 발굴 · 지원하여 비경제활동인구의 노동시장 진입 촉진
전달체계 고도화	급여지원에서 취업 · 채용 서비스 전문기관으로 도약
제도 기반 구축	고용보험 관리체계의 소득기반 전환(2023.下, 개정안 제출) 및 고용서비스 기본법으로 「직업안정법」 전면 개정(환노위 계류중)
퇴직연금	다층 연금체계를 통해 노후소득 보장이 강화될 수 있도록 단계적 의무화, 연금성 확대, 취약계층 재정 · 세제지원 등 추진

④ 고용상황 대응

단기	노동시장 모니터링 → 경기 불확실성 및 고용둔화 대응
중장기	정부 일자리 대책을 담은 「고용정책기본계획」 수립

전산직(전산개발·정보보호) 면접 기출 가이드

기출 빈출 리스트

- 해외에 자랑할 만한 우리나라의 기술을 말해 보시오. (전 기술직렬 공통)
- 정보 취약계층과 관련하여 디지털 리터러시 문제가 심각합니다. 디지털 리터러시가 무엇인지 설명하고, 정보 취약계층에 도움을 줄 방안을 말해 보시오. (전산직 공통)
- 4차 산업혁명의 문제점이나 단점에 대해 말해 보시오. (전산직 공통)
- 노후화된 시스템의 경우, 유지보수를 해주는 기업도 없고 코드도 어려운데 이런 시스템을 다룰 때 가장 중요한 것은 무엇이라고 생각합니까? (전산직 공통)
- AI(인공지능)의 기술적 문제점과 그 해결 방안에 대해 말해 보시오. (전산직 공통)
- 개인정보를 보호하기 위해 (정부에서/개인이) 어떤 노력을 해야 하는지 말해 보시오. (전산직 공통)
- 만약 당신이 네트워크 담당자인데 네트워크가 고장 났다면 어떻게 대처하겠습니까? (전산개발)
- 만약 새로운 시스템을 도입했는데, 내부 구성원뿐 아니라 민원인들도 시스템 교체로 인한 불편함을 호소한다면 어떻게 대응하겠습니까? (전산개발)
- 공개 소프트웨어란 무엇인지 설명하고 그 장·단점에 대해 말해 보시오. (전산개발)
- 사용해본 공개 소프트웨어(오픈소스 프로그램)와 개선점을 말해 보시오. (전산개발)
- 본인이 보안 업무자라면 어떤 부분을 가장 중요하게 생각하겠습니까? (정보보호)
- 공공데이터와 관련하여 시스템의 보안성을 높일 방안을 말해 보시오. (정보보호)
- http와 https의 차이점에 대해 설명해 보시오. (정보보호)
- 공공 클라우드와 사기업 클라우드의 차이점에 대해 말해 보시오. (정보보호)
- 바이러스 등에 대한 기술적 조치를 했음에도 시스템 보안이 뚫리는 경우, 대처법을 말해 보시오. (정보보호)

1. 5분 발표

> 2020년의 통계 자료에 따르면 공무원 조직에 '공정세대'인 30대 이하가 40% 정도로 늘어나면서 조직 내 세대 간 갈등이 심화되고 있으며, 이에 세대 간 통합을 이루는 것이 공무원 조직에 있어 중점 과제로 떠오르고 있다. 이런 상황에서 A부처에서는 해당 부처 직원들이 직접 출연하고 제작한 '6급 계장 VS 9급 막내'라는 영상 시리즈를 유튜브 채널에 선보이며 세대 간 공감을 얻었다.

위 제시문의 내용에서 유추할 수 있는 공직가치와 이를 실천하기 위한 방안을 자유롭게 발표해 보세요.

[면접관의 의도]

적극행정 사례를 보여주고 이에 합당한 공직가치를 찾는 문제 유형이다. 해당 문제의 경우, 적극행정 사례에 대한 질문뿐 아니라 '세대 갈등'이라는, 현 공직 사회에서 이슈가 되고 있는 주제에 대해서도 질문이 나올 수 있음을 유념한다.

[핵심 키워드]

적극성, 창의성, 다양성, 전문성, 책임성 등

도입

제시문의 내용은 세대 간 갈등이 심화되면서 통합을 이루는 것이 중점 과제로 떠올랐고, 이런 상황에서 A부처에서 제작한 영상 시리즈가 세대 간 공감을 얻었다는 내용입니다. 저는 위 내용 중 세대 차이를 줄여나가기 위해 직접 동영상을 제작했다는 점에서 '적극성'을, 6급 계장과 9급 막내를 대비하여 전 세대에게 호응을 얻은 창작물을 만들었다는 점에서 '창의성'을 유추하였습니다.

직접작성

적극성은 임무에 대한 열정을 바탕으로 발생한 문제를 주도적으로 해결하기 위해 노력하는 자세를 말합니다. 제 생각에 공감과 소통의 자세가 바로 적극행정의 시작이라고 봅니다. 공직 내에서의 세대 통합 또한 이런 관점에서 양 세대가 자신의 입장만 관철하려 하지 말고, 적극적인 태도로 상대의 입장을 이해하고 의사소통하는 과정에서 이루어질 수 있다고 생각합니다. 과거 제가 적극성을 발휘한 사례에 대해 말씀드리겠습니다. 대학 재학 중 베트남 유학생 친구와 조를 이루어 과제를 진행한 적이 있습니다. 해당 친구는 한국어가 서툴고 저도 베트남어를 전혀 하지 못하는 데다가 둘 다 영어 수준이 자유로운 의사소통을 하기에는 많이 미비하였기 때문에 조별 과제를 진행하면서 위기가 있었습니다. 하지만 그 와중에도 어떻게든 의사소통을 하고 친해져야 한다는 생각에 적극적으로 베트남 친구와 같이 할 수 있는 일을 찾아보고 친해지려고 노력하여 결국 돈독한 관계가 되었으며, 사이가 좀 더 가까워지니 의사소통도 전보다 좀 더 원활하게 이루어져 여러 가지 방법을 찾아 결국 조별 과제를 무사히 진행할 수 있었습니다.

다음은 창의성에 대해 말씀드리겠습니다. 공직 사회에서의 창의성은 기존의 해결방식을 고집하지 않고, 더욱 새롭고 개선된 의견을 제시하여 이를 정책화하기 위해 노력하는 것입니다. 제시문과 같이 현대 사회에서는 서로 다른 입장 관계가 얽힌 여러 가지 문제 상황이 발생하는데 창의성은 이런 문제를 해결할 때 참신한 문제 해결 방안을 도출해내는 데 큰 역할을 한다고 생각합니다. 공공기관의 창의성 발휘에 대한 예로서, 코로나19 확산이 심화되었을 때 보건복지부와 질병관리청에서 민간과 협력하여 코로나맵을 개발·확산시켜 코로나 방역에 이용함으로써 외신들로부터 K-방역이라며 찬사를 받았던 것을 들 수 있습니다.

직접작성

제가 만약 합격하여 전산직 공무원이 된다면 적극적으로 창의성을 발휘하여 적극행정을 펼칠 수 있도록 노력하는 공무원이 되도록 하겠습니다.

직접작성

➕ 발표 내용에 대해 나올 수 있는 질문

- 발표한 공직가치를 실현하기 위해 평소에 어떤 노력을 했습니까? 해당 경험에 대해 말해 보시오.
- 발표한 공직가치와 상충되는 공직가치로는 어떤 것들이 있는지 말해 보시오.
- 창의성을 발휘한 경험이 있습니까?
- 다양성과 창의성을 발휘하는 데 있어 어려움을 겪은 경우가 있습니까?
- 전산직에서 가장 중요한 공직가치는 무엇이라고 생각합니까?
- 4차 산업혁명 시대에 전산직(정보보호직)에서 필요한 공직가치는 무엇이라고 생각합니까?
- 언급한 적극성과 창의성을 발휘한 행정이나 정책에 대해 아는 것이 있습니까?
- 기존 세대와 MZ세대의 갈등 원인이 무엇이라고 생각합니까?
- 세대 간 갈등을 해결하기 위한 방법에 대해 말해 보시오.
- 세대 간 갈등 때문에 문제가 발생할 시 어떤 방식으로 의견들을 수렴하겠습니까?
- 공무원 조직이 경직되어 있다는 평가를 많이 받는데 이를 어떻게 해결해야 할지 말해 보시오.
- 만약 입직 후 상관과 의견이 다르다면 어떻게 하겠습니까?

➕ 면접 플러스

세대 간 갈등에 관한 질문은 면접에 종종 등장하므로 그 원인과 현실적인 해결 방안에 대해 미리 정리해보는 것이 좋다.

2. 경험형 문제

근무하고 싶은 부처와 직무를 기술하고, 해당 직무의 수행을 위해 어떤 노력과 경험을 하였는지 서술하시오.

응시자가 하고 싶은 업무가 무엇인지, 또 해당 업무에 대하여 얼마나 잘 이해하고 있는지, 해당 업무를 하기 위해 어떠한 노력을 하였는지를 종합적으로 평가하여 해당 직군에 얼마나 적합한 인재인지를 평가한다.

희망 직무, 직무 내용, 직무 관련 경험, 공직 가치, 갈등 해결, 성과 등

희망 부처

보건복지부 건강정책과

직접작성

희망 직무

지역 보건의료기관 정보화 계획 수립 및 지역 보건의료정보 시스템 · 포털 구축과 운영 등

직접작성

- 교육 경험: 컴퓨터학부 전공, 대학 시절 다양한 프로그래밍 언어 습득(C, C++, JAVA, DB), 알고리즘, 데이터베이스 및 웹 개발 수강, 일러스트 및 포토샵 사용 가능
- 업무 경험: 지방 병원에서 EMR 시스템 운영(2년), 스타트업 개발팀 인턴으로 건강 관련 앱 제작(1년)
- 자격증 취득: 컴퓨터활용능력, 정보처리기사
- 보건복지부 관련 자료 탐독: 보건복지부 유튜브, 블로그 구독
- 보건복지부 정책 숙지: 마이헬스웨이 플랫폼 제작, 보건의료데이터 · 인공지능 혁신전략 및 핵심과제, 미래형 암 치료(개인 맞춤형 암 치료) 등

직접작성

자기소개서를 바탕으로 한 질문과 답변 예시

해당 업무를 지원한 동기는 무엇입니까?

지방 병원에서 근무한 경험이 있는데, 아무래도 대도심보다 정보화나 의료시스템 부분이 미흡한 부분이 많았습니다. 의료는 공적인 영역이므로 시스템적인 부분에서 정부의 역할이 중요하다고 생각했고, 실제로 지방 병원에서 근무했던 저의 이력이 의료 시스템 구축에 도움이 되겠다고 생각하여 지원했습니다.

직접작성

병원업무를 했다고 하였는데, 어려웠던 점과 극복했던 점으로 어떤 것이 있다고 생각합니까?

제가 담당한 업무는 시스템 관리였지만, 해당 시스템에 전문적인 의학용어들이 사용되다 보니 종종 어려움이 있었습니다. 이에 제 사수와 간호사 선생님들에게 물어보기도 하고, 또 도서나 각종 자료를 추천받아 공부하였습니다. 2년 동안 꾸준히 공부하여 이제는 시스템뿐 아니라 진료 시 사용하는 의학 용어나 신체 용어에 대해서도 어느 정도 이해할 수 있는 수준이 되었습니다.

직접작성

정부에서 만든 웹사이트나 프로그램들을 사용해본 적이 있습니까?

저는 국가 및 지자체에서 개발한 제로페이를 사용하고 있습니다. 제로페이는 수수료 인하를 통한 지역 상생을 위해 개발한 앱으로, 제로페이를 통해 온누리 상품권이나 해당 지역의 상점에서 사용 가능한 포인트를 보다 저렴하게 구입할 수 있어 판매자와 구입자 모두가 윈윈할 수 있는 시스템이라고 생각합니다. 그런데 이후 서울시에서 만든 '서울페이'가 새로 나오면서 제로페이에서 가능했던 부분이 서울페이를 새로 다운받아야 사용이 가능하게 되었고, 두 가지 앱이 어떻게 다르게 쓰이는지 명확하게 구분되지 않아 혼란이 가중되었습니다. 앞으로는 이처럼 어떻게 보면 비슷하게 보일 수 있는 시스템이 추가로 도입될 때는 그 사용처를 명확히 구분하고, 이와 관련하여 앱 인터페이스라든가 목록 등에서 확실히 차별화를 주어야 할 것 같습니다.

직접작성

- 해당 업무에 적합하다고 생각하는 본인의 장점에 대해 말해 보시오.
- 전산직 업무에서 가장 중요한 것이 무엇이라고 생각합니까?
- 해당 업무를 위해 필요한 전문성을 기르기 위해 어떤 노력을 하였습니까?
- 지역보건의료기관 관련 업무를 하고 싶다고 했는데 지역보건의료기관을 위한 시스템에서 필요한 것으로는 어떤 것들이 있습니까?
- EMR 시스템을 사용해보았다고 했는데, 해당 시스템의 장점과 문제점에 대해 설명해 보시오.
- 병원에서 일했다면 월급도 높았을 텐데 왜 굳이 공무원이 되고자 결심하였습니까?
- 공무원이 된다면 공무원들을 위해 개발하고 싶은 프로그램이 있습니까?
- 정부 24와 같은 정부 관련 웹사이트에 대한 경험 및 의견을 말해 보시오.
- 건강 관련 앱을 제작하였다고 했는데 어떤 앱을 제작했습니까? 제작하면서 어려웠던 점을 말해 보시오.
- 공직자 입장에서 앱을 개발한다면 어떤 앱을 개발하고 싶습니까?
- 보건복지부 유튜브를 구독했다고 했는데 흥미 있는 내용이 있었습니까? 혹은 문제점이나 고쳐야 할 부분은 무엇이라고 생각합니까?
- 보건의료데이터 · 인공지능 혁신전략에 대해 얘기해 보시오.
- 업무를 수행하는 중 본인 역량의 한계를 느꼈다면 어떻게 대처하겠습니까?

➕ **면접 플러스**

사기업에서 진로를 변경하여 해당 직렬에 지원하였다는 동기를 말할 때에는 사기업에 대해 폄하하는 말은 해서는 안 되며 해당직렬에 대해 사기업에서 전반적으로 파악한 업무를 간략하게 말하고, 직렬 내 특정 업무와 연결 지어 더욱 일을 잘 할 수 있음을 부각하는 것이 좋다. 전산직의 경우, 정부나 관련 부처에서 제공하는 웹이나 앱 서비스를 이용해본 경험에 대해 묻는 경우가 많다. 이 경우 해당 서비스의 장 · 단점과 더불어, 아쉬운 점, 개선사항 등을 미리 체크해보고 내가 해당 서비스 담당자가 된다면 어떻게 개선할 수 있을지에 대한 내용도 준비하면 좋다.

3. 상황형 문제

귀하는 A부처의 정보처리팀 담당 주무관입니다. 해당 팀은 현재 고질적인 인력난에 시달리고 있으며, 업무수행 인원 부족으로 사기가 많이 저하되어 업무의욕이 많이 떨어진 상태입니다. 귀하의 상사는 귀하에게 이런 팀 사기를 끌어 올리고 업무수행을 원활하게 진행할 방안을 강구하라고 지시하였습니다.

이에 당신은 팀의 업무 강도를 줄이고 효율성을 높이기 위해 B부서에서 사용하여 적은 인원으로 더 많은 정보를 처리할 수 있다는 사실이 검증된 정보처리 시스템인 Y시스템을 도입하려고 합니다. 하지만 A부처 팀원들은 오히려 새로운 시스템에 적응하는 것이 더욱 힘들다고 반발하며, 기존에 사용하고 있는 Z시스템을 유지해야 한다고 주장하고 있습니다.

이런 상황에서 귀하는 담당 주무관으로서 어떻게 대처하겠습니까?

(면접관의 의도)

새로 시도하려는 정책에 대한 반대 의견을 어떻게 설득하는지를 보고 상황 판단 능력 및 공직자로서의 자세를 평가하는 문제이다. 제시문의 경우, 대상이 같은 공무원이라는 것을 고려하는 것이 좋다.

(핵심 키워드)

인력난, 사기 저하, 효율성, 시스템 교체, 시스템 유지

상황 파악

- 상황: A부처 정보처리팀이 고질적인 인력난으로 사기 저하된 상태
- 주무관(나): 인력난 해결을 위해 새로운 시스템 도입 시도
- 정보처리팀 팀원: 새로운 시스템 적응이 더 어려우므로 기존 시스템 유지 주장

직접작성

- 사전 조사
  - 현재 A부처의 인당 추가 업무가 어느 정도인지 조사
  - B부서에서 Y시스템에 익숙해지는 데 어느 정도 기간이 걸렸는지, Y시스템 작업 난이도가 어느 정도인지, Y시스템으로 얼마나 업무 효율성이 올라갔는지 등 정확히 조사
  - 조사 자료를 토대로 현재 사용하고 있는 Z시스템과의 비교 및 보고서 작성
- 나의 결정: 타 팀에서 확실히 검증된 시스템이므로 도입하는 방향으로 결정
- 대처
  - 팀원 설득: 팀원들에게 인력 충원이 현실적으로 불가능하다는 것과, 새로운 방법을 도입하지 않는 이상 업무 강도가 줄지 않으리라는 것을 강력하게 인식시킴(특히 IT 업계에서는 변화를 두려워하면 안 된다는 것을 주지시킴), 기존 시스템과의 비교 데이터를 근거로, Y시스템이 훨씬 효율적이며 시스템 적응에도 시간이 오래 걸리지 않는다는 것을 설명, Y시스템 적용 후 업무 시간이 기존보다 얼마나 줄어드는지 수치로 제시
  - 기타: 사기 진작을 위해 워크숍, 친목 모임 등을 통해 친목 도모

직접작성

- 실제 적용 단계에서 최대한 적응 기간을 단축할 수 있도록 관리
- 추후 Y시스템을 새로 도입하려는 다른 팀들을 위해 Y시스템의 도입 방법 및 도입 과정 전체 매뉴얼화

직접작성

- 시스템을 도입하기로 결정하였는데, 그 이유에 대해 좀 더 자세히 설명해 보시오.
- 팀원들의 반대는 어떻게 설득하겠습니까? 위에 말한 사항 외에 더 설득할 수 있는 방법을 말해 보시오.
- 보고서에 들어갈 내용으로는 어떠한 것이 있는지 말해 보시오.
- Y시스템을 개발하고 사용할 소프트웨어 방법론에 대해 말해 보시오.
- Y시스템으로 교체할 때 신경 써야 할 문제는 무엇이 있다고 생각합니까?
- 사기가 많이 떨어진 상태인데 강제로 도입할 경우 오히려 사기에 부정적일 것 같은데 어떻게 생각합니까?
- 시스템을 도입하였는데 추후 문제가 발생하면 어떻게 대처하겠습니까?
- 인력난이 심각한데 인사처에 이를 설득해보는 방안에 대해서 어떻게 생각합니까?
- 근무 과다에 시달리는 직원들을 위한 해결책으로 새로운 시스템을 제시하였는데, 근무 과다를 해결하기 위한 다른 해결책을 말해 보시오.
- 시스템 도입 후 초기 적응 기간을 단축하기 위한 방법으로 어떤 것이 있다고 생각합니까?
- 사기 진작을 위해 친목 도모를 하겠다고 하였는데, 친목 도모에는 어떤 것들이 있습니까?
- 워크숍이나 다과, 술자리 등은 업무시간 외에 이루어질 텐데 근무시간 외에 친목 도모가 적절하다고 생각합니까?
- 마지막으로 하고 싶은 말을 해보시오.

➕ 면접 플러스

주어진 상황이나 정책, 동료들에 대해 비판해서는 안 된다. 또한 본인의 부족한 점이나 겸양의 자세를 언급하기보다는 본인의 의견에 대해 적극적이고 자신 있게 제시하도록 한다.

▌ 더 알아보기

EMR 시스템(Electronic Medical Record)
전자의무기록시스템 혹은 전자 차트라고도 하며, 병원과 같은 의료기관에서 환자의 의료 관련 정보를 컴퓨터와 같은 전자적 형태로 기록하여 효율적이고 안전하게 관리하고 활용하기 위한 시스템이다. 진료과목별, 용도별, 비용별 등 다양한 종류가 있다.

---

01 **보도자료와 정책자료**

1. 보도자료

(1) 행안부, 올해부터 지방의회 맞춤형 디지털 역량교육 본격 실시

⊙ 행정안전부	**보 도 자 료**	다시 도약하는 대한민국 함께 잘사는 국민의 나라	내 삶을 바꾸는 규제혁신
보도 일시		2023.1.16.(월) 09:00	

행안부, 올해부터 지방의회 맞춤형 디지털 역량교육 본격 실시
– 1월 16일(월), 지방의정연수센터에서 정책지원관 대상 첫 과정 운영 –

행정안전부 지방자치인재개발원(원장 류임철)은 한국지역정보개발원(원장 이재영)과 공동으로 지방의회 의원과 정책지원관을 위한 맞춤형 디지털 역량교육을 연간 총 12회에 걸쳐 운영할 예정이며, 1월 16일(월) 첫 교육을 시작한다고 밝혔다. 지방자치인재개발원 지방의정연수센터가 교육을 총괄 기획하고, 한국지역정보개발원 디지털교육부가 전문적으로 운영함으로써 지방의회의 대국민 소통능력 향상과 데이터 기반의 의정활동 역량 강화를 지원할 계획이다.

올해 정규과정으로 마련된 디지털 역량교육은 가까운 곳에서 필요한 교육 분야를 수강할 수 있도록 3개 권역별로 총 9개 교과가 운영된다. 교육은 1박 2일 동안 진행되며, 전문강사와 보조강사를 투입하여 현장 실습도 강화하였다.

지방의정연수센터는 세부 교과과정 편성을 위해 지방의회 현장 수요를 바탕으로 전담기관과 함께 전문가 자문 등을 거쳐 교육 계획을 마련하였다. 지난해 12월 19일 전국 243개 지방의회에 연간 교육 일정을 통보하였으며, 시도의회 의장협의회와 시군자치구의회 의장협의회 정례회에 참석하여 디지털 역량교육을 포함하여 지방의정연수센터의 연간 교육계획을 직접 설명할 계획이다.

1월 16일 시작되는 첫 번째 교육에는 지방의회 역량 강화를 뒷받침할 정책지원관 등 18명이 참가한다. 정책지원관 대상 교육은 데이터 분석, 보고서 작성 등 실무에 도움이 되는 교과목으로 구성됐으며, 매 홀수 달에 연간 총 6회에 걸쳐 운영될 예정이다.

또한 2월 23일부터 시작되는 지방의원 대상 교육은 모바일을 활용한 유튜브 채널 운영, 디지털콘텐츠 제작, 스마트폰 자료관리 등으로 진행되며 디지털 기반의 의정활동을 지원한다. 지방의원 대상 교육은 지방의회 의사일정에 차질이 없도록 짝수 달마다 격월로 연 6회 운영되며, 학습 부담을 줄이고 현장에서 곧바로 활용할 수 있도록 의정활동과 연계한 다양한 사례를 실습할 예정이다.

류임철 지방자치인재개발원 원장은 "디지털 역량교육으로 지방의회의 전문성을 높이고, 지역민과 적극적으로 소통하는 의회가 되기를 바란다."며, "앞으로도 지방의회를 위한 다양한 교육 콘텐츠와 질 높은 프로그램을 맞춤형으로 개발할 예정"이라고 말했다.

(2) 공공데이터 전면개방, 실시간 제공 등으로 디지털플랫폼 정부 구현

🏛️ 행정안전부	보 도 자 료	다시 도약하는 대한민국 함께 잘사는 국민의 나라 내 삶을 바꾸는 규제혁신
보도 일시	2022.12.29.(목) 15:30	

공공데이터 전면개방, 실시간 제공 등으로 디지털플랫폼 정부 구현
- 12월 29일, 제5기 공공데이터전략위원회 출범 -
- 공공데이터 혁신전략 및 1조 1,925억 원 규모 제4차 공공데이터 기본계획 공개 -

공공데이터 혁신전략

- 국민의 데이터 이용권 강화: 비공개데이터 공개 전환, 현장데이터 제공 확대 등 네거티브(전면 개방) 방식의 공공데이터 개방 체계 구축을 통한 주요 데이터 개방 가속화 → 더 많은 데이터에 접근, 국민들의 데이터이용권 및 알 권리를 충족
- 데이터를 통한 디지털 서비스 활성화: 서비스 창출에 도움이 되는 실시간 데이터 제공, 모든 서비스에 연계·활용될 수 있는 체계 마련, 범정부 데이터 표준관리 시스템 구축 등 → 정밀예측 서비스 등 한 차원 더 높은 서비스가 창출될 수 있게 지원
- 데이터 기반의 일하는 방식 혁신: 온라인종합상황실 등 국민이 데이터를 활용·대안을 찾는 능동적 협치, 데이터 기반 행정을 위한 민간기술·데이터 확보, 공공데이터 윤리기준 마련 → 행정·공공기관 상호 간의 데이터를 효과적으로 공유·분석하여 의사결정에 활용

정부는 공공데이터의 개방을 전면 개방(네거티브 방식)으로 전환하고 실시간 데이터 제공 확대, 데이터 표준화 등을 통해 디지털플랫폼 정부 구현에 속도를 낼 전망이다.

행정안전부(장관 이상민)는 12월 29일(목), '제5기 공공데이터전략위원회'(공동위원장 한덕수 국무총리, 이준기 연세대 교수)를 출범하고, 디지털플랫폼 정부를 구체화하는 공공데이터 혁신전략과 제4차 공공데이터 기본계획 등을 논의했다.

① 공공데이터 정책 혁신전략

이번 1차 회의에서는 디지털플랫폼 정부 구현을 가속하기 위한 공공데이터 혁신전략이 공개됐다. 초정밀 예측 활동이 가능한 실시간 데이터(초~일 단위) 제공을 확대함으로써 데이터를 통한 기업의 새로운 기회 창출을 지원한다. 공공데이터를 다양한 서비스로 연계 · 활용 가능한 체계로 강화하고 공공데이터 품질 인증제, 비정형 데이터 표준화 등을 통해 기업의 새로운 기회 창출을 적극 뒷받침할 계획이다. 정부의 정책 효과성 · 투명성 강화를 위해, 데이터 기반으로 일하는 방식을 개선하고 공공데이터 혁신 기반도 강화한다. 데이터 공유 · 분석 기반 확대, 데이터 활용 강화, 민간의 최첨단 기술 · 데이터 확보, 공공부문 종사자를 위한 데이터 윤리기준 등도 마련한다.

② 제4차 공공데이터의 제공 및 이용 활성화에 관한 기본계획

한편, 이번 1차 회의에서는 「공공데이터의 제공 및 이용 활성화에 관한 법률」 제7조에 따라 수립된 3개년 공공데이터 계획인 '제4차 공공데이터 기본계획'도 논의됐다. 제4차 공공데이터 기본계획은 1조 1,925억 원 규모로 진행될 예정이며, 49개 중앙 행정기관, 17개 지방자치단체, 법원행정처 등 67개 기관별 기본계획을 종합하고, 4,100여 명의 국민 의견 등을 반영하여 마련됐다.

제4차 공공데이터 기본계획의 주요 내용

첫째, 공공데이터를 비공개하는 경우에는 그 사유를 기관이 증빙하도록 하는 전면 개방 체계를 마련한다.

둘째, 공공데이터 품질관리 시스템을 구축하고 공공데이터를 연결해주는 공통표준용어를 현재 1,686개에서 1만 3천 개까지 확대할 계획이다.

셋째, 국가재정이 투입되어 범국가 차원에서 생성 · 가공된 공공과 민간데이터를 한 곳에서 찾고, 활용까지 할 수 있도록 '데이터 융합 · 분석 대국민 플랫폼'을 구현한다.

마지막으로, 디지털플랫폼 정부 구현과 공공데이터 핵심 정책을 뒷받침하기 위해 공공데이터 관계 법제도 개선과 공공데이터 민관협의체(거버넌스)도 개편한다.

「공공데이터의 제공 및 이용에 관한 법률」은 공공데이터 제공 · 이용 중심의 현행 법령 체계를 데이터의 생성부터 폐기까지 공공데이터 생애 전반까지 확장함으로써 공공영역의 데이

터 기본법으로서 입법목적을 확대하고, 공공과 민간의 데이터 공유·연계·활용을 촉진한다. 또, 공공데이터 개방을 저해하는 법제도 평가 제도를 도입하고 공공데이터 제공을 고려한 정보시스템 구축 등 공공기관의 책임과 의무를 확대한다. 「데이터기반행정 활성화에 관한 법률」은 공공기관 간 데이터 공유와 활용 활성화를 위해 공공기관의 공유 데이터베이스(DB) 구축 의무를 부과하고, 개인정보가 포함된 데이터의 가명처리에 관한 특례 규정 신설, 법 적용 대상 공공기관 범위 확대 등을 추진할 계획이다. 행정안전부는 법률 개정안 마련을 위해 전문가 의견 등을 적극 수렴했으며, 디지털플랫폼 정부 구현 가속화를 위해서 관련 법률 개정 절차를 조속히 추진할 계획이다. 아울러, 공공데이터 정책의 최고 의사결정 기구인 공공데이터전략위원회를 중심으로 유사 위원회를 일원화하여 위원회의 총괄 조정·관리 기능을 강화할 예정이다.

이상민 행정안전부 장관은 "정부는 그동안 다양한 공공데이터 개방과 민간의 활용도 제고를 통해 경제협력개발기구(OECD) 주관 공공데이터 정책평가에서 3회 연속 1위를 달성하는 등 국내 데이터산업 성장을 지원해 왔다."라며, "공공데이터 혁신전략과 제4차 공공데이터 기본계획을 토대로 공공데이터를 더욱 개방하고, 국민과 기업의 데이터 활용을 지원해 새로운 부가가치와 서비스가 창출되는 혁신적인 생태계를 조성해 나가겠다."라고 밝혔다. 한편, 지난 2013년 처음 출범해 5기째인 이번 공공데이터전략위원회는 공공데이터에 관한 정부의 주요 정책과 계획을 심의·조정하고, 추진상황을 점검·평가하는 민·관 협력 지휘본부(컨트롤타워) 역할을 맡는다. 신규로 위촉된 민간위원들은 학계, 산업계, 시민단체 등 분야별 전문성을 갖춘 민간전문가로서 다양한 시각에서 공공데이터 개방 및 이용을 활성화고, 이를 통해 디지털플랫폼 정부 구현에 선도적인 역할을 할 것으로 기대된다.

(3) 핵심연구기반을 넘어 또 하나의 필수 전략기술 자산, 국가 초고성능컴퓨팅 육성을 위한 국민 의견 수렴

![과학기술정보통신부] 과학기술정보통신부	**보 도 자 료**		*다시 도약하는 대한민국 함께 잘사는 국민의 나라*
보도 일시	2023.1.11.(수) 13:00 〈 2023.1.12.(목) 〉	배포 일시	2023.1.11.(수) 09:00

핵심연구기반을 넘어 또 하나의 필수 전략기술 자산, 국가 초고성능컴퓨팅 육성을 위한 국민 의견 수렴
- 「제3차 국가초고성능컴퓨팅 육성 기본계획」대국민 공청회 개최 -

과학기술정보통신부(장관 이종호, 이하 '과기정통부')는 1월 11일(수) 서울 중구에 위치한 한국프레스센터에서 「제3차 국가초고성능컴퓨팅 육성 기본계획(2023~2027년)(안)」(이하 '제3차 기본계획') 수립을 위한 대국민 공청회를 개최하였다.

국가초고성능컴퓨팅 육성 기본계획은 2011년에 제정·시행된 「국가초고성능컴퓨터 활용 및 육성에 관한 법률」 제5조에 따라 5년마다 수립하는 법정계획으로, 국가초고성능컴퓨팅 분야 연구개발 및 인력양성, 초고성능컴퓨팅 자원의 효율적 구축과 활용 등을 포함하는 초고성능컴퓨팅 분야 중장기 종합계획이다. 과기정통부는 지난 5월부터 제2차 기본계획의 성과와 한계점을 분석하고 국제 체계 분석 등 국내외 동향을 조사하여 제3차 기본계획의 수립 방향을 설정하였으며, 초고성능컴퓨팅 분야 산·학·연 민간 전문가와 초고성능컴퓨팅 활용 분야 연구자 69명이 참여하는 총괄위원회와 분과위원회를 구성하여 현장 목소리에 기반한 국가초고성능컴퓨팅 육성 정책과 이행과제를 도출(초고성능컴퓨팅 기술개발, 활용 확대, 자원 확충, 생태계 조성의 4개 분야 10개 전략 제시)하였다. 특히 최근 주요국의 기술 보호 강화 조치에 따라 초고성능컴퓨터가 국가전략기술 확보를 위한 핵심 연구 기반으로서의 가치를 넘어 또 하나의 전략기술 자산으로 인식되고 있는 상황을 고려하여, 이번 제3차 기본계획 수립 과정에서는 초고성능컴퓨팅 자원 도입과 서비스 제공의 해외의존도를 낮추고 선도국과의 기술격차를 줄이기 위한 자체 기술력 확보 및 산업 성장기반 조성 방안을 마련하는 데 중점을 두었다.

과기정통부는 이번 공청회에서 제시된 의견을 반영하여 제3차 기본계획을 수정·보완한 후 2023년 초 국가초고성능컴퓨팅위원회(「초고성능컴퓨터 활용 및 육성에 관한 법률」 제7조에 따라 초고성능컴퓨팅 육성 기본계획 수립 및 육성시책 강구, 국가초고성능컴퓨팅자원 도입·배분·공동활용 등을 심의하는 행정기관위원회)의 심의를 거쳐 확정할 예정이라고 밝혔다.

과기정통부 구혁채 기초원천연구정책관은 "이번 제3차 기본계획을 통해 국가초고성능

컴퓨팅 분야의 원천기술 확보와 타 분야의 초고성능컴퓨팅 활용 활성화를 통해 국가전략기술 확보를 위한 기반을 마련하겠다."라고 밝혔다.

(4) 과기정통부, 데이터 품질관리 및 인증제도 기반 마련

과학기술정보통신부	보 도 자 료		다시 도약하는 대한민국 함께 잘사는 국민의 나라
보도 일시	배포시점	배포 일시	2022.12.27.(화) 12:00

과기정통부, 데이터 품질관리 및 인증제도 기반 마련
– 「데이터산업법 시행령」개정안 국무회의 의결(2022.12.27.) –

과학기술정보통신부(장관 이종호, 이하 '과기정통부')는 데이터 품질관리 및 인증에 관한 내용을 담은 「데이터 산업진흥 및 이용촉진에 관한 기본법(이하 '데이터산업법') 시행령」 개정안이 12월 27일(화) 국무회의를 통과해 내년 1월 3일(화)부터 시행될 예정이라고 밝혔다. 이번 시행령 개정은 올해 4월 시행된 「데이터산업법」의 하위 법령을 개정한 것으로 데이터 품질인증을 실시하는 인증기관의 지정, 인증 운영 절차 및 데이터 품질기준 등을 정함에 따라 향후 데이터 시장에서 양질의 데이터가 유통·활용될 수 있도록 하는 제도적 기반을 마련했다는 데 의미가 있다.

「데이터산업법 시행령」 개정안의 주요 내용

1. 데이터 품질관리에 필요한 정부 지원 사업의 추진 근거 마련: 데이터 품질관리 절차 및 방법의 개발, 품질관리 교육 및 컨설팅, 품질기준의 개발 및 배포, 품질진단, 품질개선 지원 등의 사업을 정부가 지원할 수 있는 근거를 마련하였다.

2. 데이터 품질인증기관의 지정요건 및 지정 절차 마련: 과학기술정보통신부 장관이 정하는 전문 인력과 전담조직을 갖추고, 품질인증에 필요한 운영절차와 품질인증에 필요한 정보통신망을 갖추어야 데이터 품질인증기관으로 지정을 받을 수 있도록 지정요건을 마련하였으며, 품질인증기관은 품질인증을 신청하려는 자가 제출한 품질인증 대상 설명 자료를 기준으로 심사하되 필요한 경우에는 현장조사 또는 추가 서류 제출을 요청할 수 있도록 하는 등의 지정 절차를 마련하였다.

3. 데이터 품질인증기관이 품질인증하는 경우 따라야 하는 품질기준: 품질인증기관이 데이터 품질인증을 하는 경우, 데이터 내용의 완전성, 유효성 및 정확성과 데이터 구조의 일관성 및 데이터 관리체계의 유용성 및 접근성 등을 검토하도록 하는 품질기준을 마련하였다.

4. 데이터 품질인증 표시를 위반한 경우 과태료 부과 기준: 데이터 품질인증을 받지 아니하고 품질인증 표시를 하거나 이와 유사한 표시를 한 자에 대해서는 위반행위의 횟수에 따라 최저 500만 원에서 최고 1,000만 원까지의 과태료를 부과하는 기준을 마련하였다.

엄열 과학기술정보통신부 인공지능기반정책관은 "이번 개정된 「데이터산업법 시행령」
을 통해 데이터 기업의 품질관리 역량과 데이터 품질에 대한 시장의 인식이 제고됨은
물론 데이터 산출물에 대한 품질점검 등을 통해 데이터 유통 · 활용 생태계 조성에도
기여할 것으로 본다."라고 밝혔다.

2. 정책자료

(1) 정보공개제도

① 정의: 국가기관이나 지방자치단체 등 공공기관이 업무 수행 중 생산 · 접수하여 보
유 · 관리하는 정보를 국민에게 공개함으로써, 국민의 알권리를 보장하고 더 많은
정보를 바탕으로 국정(國政) 운영에 대한 참여와 국정 운영의 투명성을 확보하기 위
한 제도이다.

② 주요 내용

　㉠ 정보공개 청구: 공공기관이 보유한 정보를 청구인의 청구에 의해 공개하는 제도

구분	주요 내용
청구인	모든 국민, 법인 · 단체, 외국인
대상기관	• 국가기관 － 국회, 법원, 헌법재판소, 중앙선거관리위원회 － 중앙행정기관(대통령 소속 기관과 국무총리 소속 기관 포함) 및 그 소속 기관 － 「행정기관 소속 위원회의 설치 · 운영에 관한 법률」에 따른 위원회 • 지방자치단체 • 「공공기관의 운영에 관한 법률」 제2조에 따른 공공기관 • 그 밖에 대통령령으로 정하는 기관
청구가능정보	• 공공기관이 직무상 작성 또는 취득하여 관리하는 문서(전자문서 포함) 및 전자매체를 비롯한 모든 형태의 매체 등에 기록된 사항 • 공공기관이 업무와 관련하여 생산 또는 접수한 기록물(문서 · 도서 · 대장 · 카드 · 도면 · 시청각물 · 전자문서 등)

ⓛ 사전 정보 공표: 국민들이 정보공개를 청구하기 전에 국민에게 필요한 정보를 선제적·능동적으로 공개하는 제도

구분	주요 내용
사전 정보 대상	비공개 대상 정보 외에 국민이 알아야 할 필요가 있는 모든 정보(「공공기관의 정보공개에 관한 법률」 제7조 제1항·제2항) • 국민 생활에 매우 큰 영향을 미치는 정책에 관한 정보 • 공사(工事) 등 대규모 예산이 투입되는 사업에 관한 정보 • 예산집행의 내용과 사업평가 결과 등 행정감시를 위하여 필요한 정보 • 그 밖에 공공기관의 장이 정하는 정보
공표 방법	• 각 기관 홈페이지를 통해 최신정보 공개 • 정보공개시스템(www.open.go.kr)에서 각 기관의 사전 정보 목록 제공

ⓒ 원문정보 공개: 국민의 청구가 없더라도 공무원이 업무 중 생산한 정보를 공개 문서에 대해 정보공개시스템에 공개하는 제도

(2) 공공데이터 제공 분쟁조정 제도

① 의의: 국민이 공공기관을 상대로 복잡한 행정소송을 하지 않고, 조정절차를 통해 해결할 수 있도록 하는 제도로 분쟁조정을 통해 제공 결정된 공공데이터는 신청인에게뿐만 아니라 공공데이터포털에도 등록되어 개방된다.

② 조정 대상

ⓞ 국민이 원하는 데이터 제공을 신청하였으나 공공기관이 비공개 대상 정보 등의 이유로 제공을 거부한 경우

ⓛ 이용 중인 데이터를 공공기관이 제공을 중단하는 경우

1. 전문 자료

(1) 범정부 EA

① 정보기술 아키텍처(EA; Enterprise Architecture): 시스템 주요 속성(처리업무, 제품 HW/SW, 데이터, 적용된 기술 등)을 체계적으로 정리한 종합구조도로 「전자정부법」 제45~47조에 따라 정보화 사업·자원관리를 바탕으로 전자정부 성과관리 플랫폼으로 활용되고 있다.

② 목적: 정보자원의 관리를 통해 정책적 의사결정을 위한 정보생산, 정보화 투자 효율화 및 성과제고를 위함이다.

③ 적용기관: 중앙행정기관(입법·사법·헌법/독립기관 포함) 및 지방자치단체, 공공기관

④ 범정부 EA 활용: 정보화 사업·자원관리를 바탕으로 전자정부 성과관리 플랫폼으로 활용한다.

　㉠ 사전협의: 정보화사업 계획수립 및 발주 시점에 사업계획의 사전검토를 통해 타 시스템과의 중복 투자 방지

　㉡ 운영성과: 정보시스템 활용도 등 운영성과를 측정하여 재개발, 폐기·통폐합을 권고하는 등 정보자원 투자 효율성 제고

　㉢ 추진역량: 행정관리 역량평가의 일환으로 자원관리 및 정보화 관리체계 등에 EA 활용 정도를 측정

(2) 가명 정보

① 정의: 가명처리(개인정보의 일부를 삭제하거나 일부 또는 전부를 대체하는 등의 방법으로 추가 정보가 없이는 특정 개인을 알아볼 수 없도록)함으로써 원래의 상태로 복원하기 위한 추가 정보의 사용·결합 없이는 특정 개인을 알아볼 수 없는 정보이다(「개인정보 보호법」 제2조).

② 특징

　㉠ 통계작성이나 과학적 연구, 공익적 기록보존 등을 위하여 정보 주체의 동의 없이 가명정보를 처리 가능(「개인정보 보호법」 제28조의2 참조)

　㉡ 서로 다른 기업이 보유하고 있는 가명정보를 보안시설을 갖춘 전문기관에서 결합 가능

데이터 3법

1. 목적: 개인정보 보호에 관한 법이 소관 부처별로 나뉘어 있어 생기는 중복 규제를 없애고 개인과 기업이 정보를 활용할 수 있는 폭을 넓히기 위해 마련되었다.

2. 종류

  (1) 「개인정보 보호법」

    ① 개인정보의 오남용과 유출 등을 감독할 감독기구로 개인정보보호위원회로 일원화

    ② 수집 목적과 합리적으로 관련된 범위에서 대통령령이 정하는 바에 따라 개인정보의 추가적인 이용과 제공을 허용

  (2) 「정보통신망 이용촉진 및 정보보호 등에 관한 법률」(약칭: 「정보통신망법」)

    ① 「정보통신망법」에 규정된 개인정보 보호 관련 사항을 「개인정보 보호법」으로 이관

    ② 온라인상 개인정보 보호 관련 규제 및 감독 주체를 방송통신위원회에서 개인정보보호위원회로 변경

  (3) 「신용정보의 이용 및 보호에 관한 법률」(약칭: 「신용정보법」)

    ① 금융 분야에서 빅데이터 분석과 이용의 법적 근거를 명확히 하고 개인정보보호위원회의 법 집행 기능을 강화하며 금융 분야 마이데이터(MyData) 산업 도입

    ② 본인 정보를 다른 금융회사 등으로 제공토록 요구 가능한 '개인신용정보 이동권(전송요구권)' 도입

3. 논란 사항

  (1) 불명확한 가명 정보에 대한 정의로 법 위반 논란 발생 우려

  (2) 비식별정보의 식별정보로의 전환 가능 우려

  (3) 개인권리의 침해나 개인정보의 악용 가능성 존재

(3) 마이데이터(MyData)

① 마이데이터의 제도적 기반은 개인신용정보 전송요구권이다(「신용정보법」 제33조의2).

고객이	금융회사로부터	마이데이터사업자에게
본인에 관한 개인신용정보를	• 신용정보 제공 · 이용자 (금융회사 등) • 공공기관 • 본인신용정보관리회사 (마이데이터사업자)	• 신용정보주체 본인(고객) • 본인신용정보관리회사 • 신용정보 제공 · 이용자 • 개인(사업자) • 신용평가회사 등
'전송하도록 요구할 수 있는 권리'		

② 마이데이디사입자는 개인의 데이터 주권 확립을 강화하는 권리인 개인신용정보 전송요구권 행사에 기반하여 고객에게 보다 편리한 금융서비스를 제공한다.

③ 마이데이터서비스는 금융소비자 개인의 금융정보(신용정보)를 통합 및 관리하여 주는 서비스를 말한다.

(4) ICT 규제 샌드박스(Sandbox): 「정보통신융합법」 제36조 제1항에 따라 다양한 신기술ㆍ서비스의 시장출시 및 테스트가 가능하도록 일정 조건하에 기존 규제를 면제하거나 유예하는 제도이다.

> **「정보통신융합법」 제36조 제1항**
> 신규 정보통신융합 등 기술ㆍ서비스를 활용하여 사업을 하려는 자는 과학기술정보통신부 장관에게 해당 사업에 대한 신규 정보통신융합 등 기술ㆍ서비스와 관련된 법령에 따른 허가ㆍ승인ㆍ등록ㆍ인가ㆍ검증 등(이하 "허가 등"이라 한다)의 필요 여부 등을 확인하여 줄 것을 신청할 수 있다.

① **신속처리:** 신기술ㆍ서비스 관련 규제와 필요한 인허가 사항을 확인하는 제도이다.
   ㉠ 관계부처에 신청서를 보내 30일 이내에 답변(결과 통지서, 답변서)을 회신
   ㉡ 기한 내 미회신 시, 규제 없음으로 간주
   ㉢ 규제가 있다면 임시허가 또는 실증특례 신청 가능

② **임시허가:** 신기술ㆍ서비스의 신속한 시장 출시를 위해 임시로 허가를 부여하는 제도이다.
   ㉠ 국민의 생명ㆍ건강ㆍ안전, 이용자 보호방안, 개인정보 이슈, 균형발전 등 다양한 중점 사항을 고려
   ㉡ 신기술ㆍ서비스 심의위원회를 통해 임시허가 여부 결정

③ **실증특례:** 신기술ㆍ서비스의 안전성 등을 시험 및 검증하기 위해 제한된 범위(규모, 지역 등)에서 규제를 완화하는 제도이다.
   ㉠ 국민의 생명ㆍ건강ㆍ안전, 이용자 보호방안, 개인정보 이슈, 균형발전 등 다양한 중점 사항을 고려
   ㉡ 신기술ㆍ서비스 심의위원회를 통해 실증특례 여부 결정

(5) 초고성능컴퓨팅

① 정의: 초고성능컴퓨터나 초고성능컴퓨터 기술을 이용한 고용량·고속의 전산망의 활용, 특수 목적의 실험 시스템의 구축, 응용 및 시스템 소프트웨어, 대용량 데이터 관리 등을 포함하는 컴퓨팅, 통신 및 정보기술을 말한다(「초고성능컴퓨터법」 제2조 제2호).

② 유사용어

　㉠ 국가초고성능컴퓨팅: 공공 및 산업적 목적으로 활용되는 과학기술·국방·교육·사회·문화·경제 등 국가 차원에서 이루어지는 초고성능컴퓨팅 시스템의 개발·구축·운영 및 활용을 말한다(「초고성능컴퓨터법」 제2조 제3호).

　㉡ 초고성능컴퓨팅자원: 초고성능컴퓨팅 및 이와 관련된 설비·기술·소프트웨어(응용 및 시스템 소프트웨어)·네트워크 기반·인력 및 정보 등 국가초고성능컴퓨팅 육성에 필요한 자원으로서 과학기술정보통신부령으로 정하는 것을 말한다(「초고성능컴퓨터법」 제2조 제4호).

(6) 인공지능(AI; Artificial Intelligence)

① 정의: 제어, 연산력뿐만 아니라 인간의 인지·추론·판단·감성·창의 등의 능력을 컴퓨터로 구현하기 위한 기술 혹은 그 연구 분야 등을 총칭하는 용어이다.

② 개발 프로세스

　㉠ 데이터 준비: 모델을 교육하기 위한 입력으로 강력하고 정확한 데이터가 없으면 프로젝트가 실패할 가능성이 크다.

　㉡ 모델링: 데이터가 입력으로 사용되고 모델이 해당 데이터에서 학습하는 단계로, 효과적인 결정에 도달하도록 강력하고 정확한 모델을 만드는 것을 목표로 한다.

　㉢ 시뮬레이션 및 테스트: 배포 전 인공지능 모델이 제대로 작동하는지 확인하는 단계이다.

　㉣ 배포: 배포하고자 하는 장치에 적합한지를 판단하고 코드를 자동으로 생성하여 해당 플랫폼에서 코드를 효율적으로 실행할 수 있는지를 확인한다.

③ 문제점

　㉠ 품질향상을 위해서 정확한 빅데이터가 필요하나, 초기에는 비정형의 소량 데이터만 주어지는 경우가 많아서 실무자가 직접 어려운 변수 가공(Feature Engineering)을 수행해야 하고 성능 확보를 위해서는 긴 시간과 시행착오가 필요하다.

　㉡ 통제되지 못하는 불확실한 현실에서는 오류를 범할 확률이 높아서 일반화(Artificial General Intelligence)하기 어렵다.

ⓒ 데이터 편향과 조작, 통제 불능으로 인한 피싱(Phishing)이나 딥페이크(Deepfake), 알고리즘 차별, 오남용 등 보안이나 신뢰, 적대적 공격, 지식재산권 침해 문제 등이 발생한다. 이러한 인공지능의 기술적·윤리적 문제에 대한 대안으로 2017년 1월 미국 캘리포니아 아실로마에서 인공지능 가이드라인인 아실로마 AI 원칙('연구 이슈' 5개 항, '윤리와 가치' 13개 항, '장기적 이슈' 5개 항 등 23개 원칙)이 제정되었다.

ⓓ 인공지능의 발전으로 인한 양질의 일자리 감소 및 실업률은 빈부격차 문제를 야기한다.

④ 사람이 중심이 되는 인공지능 윤리원칙(범정부)

구분	주요 내용
인간 존엄성 원칙	인공지능은 인간의 생명은 물론 정신적·신체적으로 무해한 범위내에서 개발 및 활용해야 한다.
사회의 공공선 원칙	공익을 증진하기 위해 인공지능을 개발 및 활용해야 하고 인류의 보편적 복지를 제고해야 한다.
기술의 합목적성 원칙	인공지능은 궁극적으로 인간에게 도움이 되어야 한다는 목적에 맞도록 개발 및 활용되어야 한다.

⑤ 교육 분야에서의 인공지능 윤리원칙

㉠ 교육 분야 인공지능은 인간 존엄성에 대한 존중을 바탕으로 인간성장의 잠재 가능성을 끌어낼 수 있도록 제공되어야 한다.

㉡ 데이터의 수집·정제·선택 등의 과정이 투명해야 하고, 알고리즘과 데이터의 처리 과정이 교육당사자가 이해할 수 있는 언어로 설명되어야 한다.

㉢ 인공지능의 개발 및 활용을 위해 수집되는 데이터는 활용 목적에 적합한 정도로 수집되고 본래 목적에 부합하도록 활용돼야 하며, 데이터의 처리 과정에서 교육당사자의 프라이버시를 보호해야 한다.

⑥ 응용 분야

분야	주요 내용
데이터 마이닝 (Data Mining)	데이터 가운데 숨겨져 있는 유용한 상관관계를 발견하여, 미래에 실행 가능한 정보를 추출하고 경우의 수를 예측하여 신속한 의사 결정에 이용하는 과정이다.
자율주행차 (Self-driving Car)	운전자의 컨트롤 없이 자동차가 스스로 운전하게 하는 기술로, 위험 상황 발생 시 '인지와 예측-대응-행동 계획-제어'까지 가능한 고도화된 인공지능 시스템이 내재되어 있다.

지능로봇 (Intelligent Robots)	인공지능 기술을 활용한 로봇을 통칭하며, 외부환경을 인식하여 스스로 상황을 판단하고 자율적으로 움직이는 기계이다.
자연어 처리 (Natural Language Processing)	인간의 언어와 맥락을 컴퓨터가 이해할 수 있도록 돕는 인공지능의 한 영역으로, 기계 번역, 챗봇 등이 자연어 처리 기술을 활용하는 분야이다.
전문가 시스템 (Expert System)	인공지능 기술 응용 분야 중에서 가장 활발한 영역으로, 특정 문제에 대한 전문적인 지식을 컴퓨터에 기억시키고, 시스템화하여 비전문가도 전문지식을 활용할 수 있도록 하는 시스템이다. 대표적인 활용 분야로는 의료 진단이나 설계 시스템 등이 있다.
컴퓨터 비전 (Computer Vision)	컴퓨터의 시각적인 부분을 연구하여 디지털 이미지나 비디오 등에서 의미 있는 정보를 추출하는 기술로, 안면 인식 등에 활용되고 있다.
사물인터넷 (IoT; Internet of Things)	사람의 개입 없이 사물에 센서를 부착해 실시간으로 데이터를 인터넷으로 주고받는 기술이나 환경을 일컬으며 넓은 의미로는 도메인 융합을 통한 산업의 지능화를 뜻한다.

(7) HTTP/HTTPS

① HTTP(HyperText Transfer Protocol): 하이퍼텍스트 문서를 교환하기 위하여 사용되는 통신규약이다.

② HTTPS(HyperText Transfer Protocol over Secure Socket Layer): HTTP 데이터의 적절한 보호를 보장하며 보안이 강화된 버전으로 통신의 인증과 암호화를 위해 개발된 넷스케이프 웹 프로토콜이며, 전자 상거래에서 널리 쓰인다.

(8) 표준프레임워크

① 등장배경 및 목적

㉠ 개발프레임워크: 정보시스템 개발을 위해 필요한 기능 및 아키텍처를 미리 만들어 제공함으로써 효율적인 애플리케이션 구축을 지원

㉡ 전자정부 표준프레임워크

• 정의: 공공사업에 적용되는 개발 프레임워크의 표준 정립으로 java 기반의 정보시스템 구축에 활용할 수 있는 개발·운영 표준 환경을 제공하기 위한 것이다.

• 목표: 응용 SW 표준화, 품질 및 재사용성 향상을 토대로 전자정부 서비스의 품질향상 및 정보화 투자 효율성 향상을 달성하고, 대·중소기업이 동일한 개발기반 위에서 공정 경쟁이 가능하도록 하는 데 있다.

② 특징

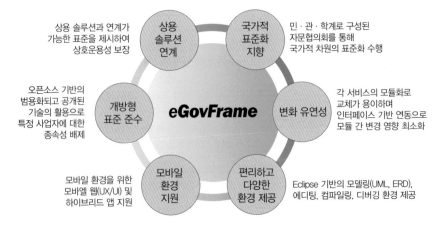

③ **적용 효과:** 정보시스템을 개발하거나 운영할 때 필요한 기본 기능을 미리 구현한 것으로 이를 기반으로 추가 기능을 개발하여 조립함으로써 전체 정보시스템을 완성할 수 있다.

(9) 2022년 전자정부서비스 이용 실태

① 행정서비스 이용 실태

㉠ 행정서비스 이용률

- 만 16~74세 국민의 99.1%가 최근 1년 이내 행정서비스를 이용한 것으로 조사되었다.
- 전년(99.1%)과 동일하게 나타났으며 만 50~59세 연령층은 전년 대비(98.9%) 1.0%P 상승하였다.

㉡ 행정서비스 이용 목적 순위

순위	목적	백분율(%)
1	행정/민원서류 열람(발급) · 교부	82.6
2	정보 검색 · 문의 · 조회	68.8
3	세금 및 공과금 조회 · 납부 · 환급	61.9
4	행정/민원서류 신청(작성) · 접수	56.4

ⓒ 행정서비스 이용방법(복수 응답) 및 주 이용방법별 평균 이용 비중

• 행정서비스 이용자(41,097,968명)의 이용방법

웹사이트, 앱, 공공 무인민원발급기 등	81.3%로 전년(80.5%) 대비 0.8%P 증가
직접방문	68.1%로 전년(70%) 대비 1.9%P 감소

• 주 이용방법별 평균 이용 비중

인터넷홈페이지, 모바일 애플리케이션, 공공 무인민원발급기	53.6%
직접방문	37.2%

② 전자정부서비스 이용 실태

㉠ 전자정부서비스 인지도

• 만 16~74세 국민의 97.3%가 전자정부서비스를 인지하며 전년(96.5%) 대비 0.8%P 상승하였다.

• 여성(96.6%)보다 남성(98.1%)이 상대적으로 높았으며 연령별로 살펴보면 60세 미만 연령층에서 98% 이상으로 높게 나타났다.

㉡ 전자정부서비스 인지 경로

가족 및 지인을 통해서	52.1%
언론매체	49.0%
주요 포털사이트에서 직접 검색	43.6%로 전년(37.8%) 대비 5.8%P 상승
관공서 직원을 통해서	34.3%

㉢ 전자정부서비스 이용률

• 만 16~74세 국민의 92.2%가 전자정부서비스를 이용한 것으로 조사되었으며 이는 전년(89.5%) 대비 2.7%P 상승한 것이다.

• 여성(91.1%)보다 남성(93.2%)이 상대적으로 높았으며 연령별로 살펴보면 60세 미만 연령층에서 92% 이상인 반면 만 60~74세 연령층(77.2%)은 상대적으로 낮게 나타났다.

ⓔ 전자징부서비스 이용 복적

정보 온라인 검색 · 문의 · 조회	80.6%
행정/민원서류 온라인 열람(발급) · 교부	77.8%
세금 및 공과금 등의 온라인 조회 · 납부 · 환급	60.5%
행정/민원서류 온라인 신청(작성) · 접수	59.1%

ⓜ 전자정부서비스 이용 기기와 채널

이용 기기	스마트폰	86.4%
	데스크톱 PC	41.4%
이용 채널	주요 포털사이트	58.1%
	별도 이용 채널 없이 바로 접속	44%

ⓗ 전자정부서비스 만족도

- 만족: 전자정부서비스 이용자의 97.6% 전년(97.8%) 대비 0.2%p 하락하였지만, 모든 연령대에서 97% 이상 만족
- 보통: 1.8%
- 불만족: 0.6%

ⓢ 전자정부서비스 만족 이유(복수 응답)

- 신속성: 61.9%
- 접근성: 55.4%
- 일괄처리성: 41.5%
- 유용성: 41.3%

③ 전자정부서비스 이용 전망

구분	주요 내용	
전자정부서비스 미이용 이유 (복수 응답)	인증 및 절차 등이 복잡해서	56.1%
	필요한 정보나 서비스가 어디서 제공되는지 몰라서	45.2%
	직접방문, 전화가 더욱 편리할 것 같아서	41.4%
	개인정보 유출이 걱정되어서	35.2%
	PC 및 인터넷 사용에 익숙하지 않아서	31.9%
	관련되는 일이나 다른 일을 즉각적으로 처리할 수 없어서	31.0%
전자정부서비스 이용 활성화 방안	본인확인/인증절차 간소화 또는 대체수단 제공	50.7%
	주요 민원업무에 대한 원스톱(통합)서비스 제공	41.6%
	최신의 신뢰성 있는 정보 제공	40.5%

(10) 4차 산업혁명 시대 개인정보보호(전 직렬)

① 개요

㉠ 4차 산업혁명은 정보화 혁명인 3차 산업혁명을 기반으로 각종 기술의 경계를 융합하는 초연결 기반의 지능화(기술융합) 혁명으로, 미래 사회는 현재보다 더 많은 개인에 관한 정보가 수집되고 처리될 수밖에 없을 것으로 예측되며 그에 따른 부작용으로 프라이버시 혹은 개인정보 보호의 문제가 대두되고 있다.

㉡ 법적 측면에서 4차 산업혁명 시대를 촉진하기 위해 시대적 흐름에 순응하면서도 개인정보에 대한 보호의 실효성도 유지해야 하는 딜레마를 해결해야 한다.

② 문제점

구분	문제점
해킹	공공망 해킹 시 국가적 위험에 노출
개인정보유출	개인 프라이버시 침해 위험성이 존재하며 유출된 개인정보를 악용한 보이스피싱 피해 우려
양극화	데이터를 생성·활용하는 기업이 경쟁우위를 확보하여 시장을 주도하는 승자독식 구조로 산업구조의 변화가 양극화 심화 초래

③ 해결방안

　㉠ 기관 또는 회사에 개인정보처리자 및 관리책임자 지정 및 관리 · 감독 강화

　㉡ 개인정보의 식별 가능성과 결합용 이성을 바탕으로 가명 정보의 정의를 명확히 하여 데이터 이용을 편리하게 하면서도 개인정보는 보호

　㉢ 불필요한 개인정보 수집 관행 개선

　㉣ 정보 주체의 실질적 동의권 보장

　㉤ 고유식별정보 및 민감정보 처리 제한

　㉥ 주민등록번호 대체 수단 개발 및 보급(예 아이핀, 공동인증서, 휴대전화, 신용카드 등)

(11) 데이터 기반 행정(전 직렬)

① 정책 환경

　㉠ 데이터: 디지털 대전환 시대의 국가경쟁력 확보의 핵심 원천

　㉡ 사회현안 해결 및 맞춤형 정부 서비스에 대한 요구 증대

　㉢ 개개인의 상황에 맞는 공공서비스 제공 요구 증가

　㉣ 지능정보기술(인공지능+빅데이터, 클라우드, 모바일, IoT)을 활용한 공공서비스 혁신요청 증가

② 추진전략

　㉠ 범정부 데이터 공동활용 기반의 확충

　㉡ 지속 가능한 데이터 기반 행정을 위한 제도적 기반 마련

　㉢ 데이터에 기반한 행정혁신 촉진

　㉣ 컨설팅, 교육 및 우수사례 전파

(12) 프로젝트 수행 시 중요사항(전산개발 직렬)

① 기획단계

고객의 요구 파악	개발환경 이해
• 요구사항 확인 • 프로젝트 목표 공유 • 프로세스 분석 • 의사소통 • 보안 • 관리범위/사후관리 등	• 개발툴 확인 • 데이터베이스 설계 및 구축 • 프로젝트 예산, 조달, 보안, 위험요인 등 평가

② 실행단계

단계	업무 내용
IT 프로젝트 관리	• 스케줄/원가/인력/프로젝트 관리 • 목표달성을 위한 핵심 성공요소와 성과 파악 • 의사소통
SW 엔지니어링	• 요구사항 확인 및 지속적인 의사소통 • 애플리케이션/데이터 입출력/통합 구현 • 개발자 테스트 진행
DB 엔지니어링	• DB 요구사항 분석/설계/구현/성능 확보 • 개념데이터 모델링 • 데이터 품질관리/표준화/전환 및 전환설계

③ 사후관리

  ㉠ SW 성능향상과 서비스 개선 지속

  ㉡ DB가 최적의 성능과 품질을 확보할 수 있도록 유지 개선

④ IT 품질보증

  ㉠ IT 품질정책, 표준프로세스, 품질관리 계획 수립

  ㉡ IT 품질교육, 시정조치 관리

  ㉢ IT 프로세스 이행점검

  ㉣ SW 품질평가, 제품품질 점검

2. 관련 이슈

(1) 북한 해커에 매수된 현역 장교, 손목시계형 몰카 · 포이즌 탭까지…KJCCS 해킹 시도

북한 해커가 비트코인을 지급하겠다며 우리나라 작전부대 소속인 현역 대위까지 포섭해 한국군 합동지휘통제체계(KJCCS)를 해킹 시도한 사건이 발생하면서 군이 대책 마련에 착수했다. 특히 현역 장교가 북한 공작원과 직접 대면 없이 텔레그램만으로 포섭된 첫 사례다. 대위는 손목시계형 몰래카메라와 군사기밀 탐지에 사용되는 USB 형태의 해킹 장비(포이즌 탭) 부품들을 노트북에 연결하여 해커가 원격으로 프로그래밍할 수 있도록 KJCCS 로그인 자료 등을 제공하고 직접 부대에서 몰래 촬영한 군사기밀 등을 북한 해커에게 보냈지만, 실제 해킹에는 성공하지 못했다고 군과 경찰은 밝혔다. 군은 이번 사건을 계기로 핵심 전산망의 보안 현황 등에 대한 일제 점검을 실시하고 있으며, 향후 유사사례 방지를 위해 보완대책을 마련한다는 방침이다.

포이즌 탭(Poison Tap)

컴퓨터의 USB 포트에 꽂아 사용하는 해킹 장비로, 미국의 해커인 새미 캄카르(Samy Kamkar)가 개발했다. 개발 당시 5달러라는 저렴한 가격으로 화제가 됐으며, 피해 컴퓨터가 인터넷에 접속해 있는 것처럼 속여 정보와 트래픽을 탈취해 원격 사용이 가능하도록 한다.

KJCCS(Korean Joint Command & Control System)

합참의장이 각 군에 지휘명령 및 작전명령 등을 하달할 때 쓰이는 전산망으로, 기밀 송수신 용도로도 쓰이는 핵심 전산망 중 하나이다.

(2) 조각 투자 시장 열린다…토큰 증권 발행 · 유통 제도화

증권사 등을 통해서만 전자 등록이 가능했던 전자증권이 앞으로는 다양한 형태의 조각 투자 증권으로 손쉽게 발행하여 거래될 수 있는 제도적 기반이 마련될 전망이다. 금융위는 블록체인(분산원장) 기술로 디지털화한 증권의 발행 · 유통을 정식 공부(公簿, 관공서가 법령 규정에 따라 만든 공적 장부)로 허용하는 내용을 담은 '토큰 증권 발행 · 유통 규율체계 정비방안'을 추진하겠다고 밝혔다. 금융위는 발행인 계좌관리기관 요건을 갖춘 사업자라면 조각 투자 아이디어 실행을 위한 투자금을 모으기 위해 직접 토큰 증권을 발행할 수 있도록 허용하기로 하고 계좌관리기관 제도를 신설한다. 또한 금융위는 상반기 중 「전자증권법」과 「자본시장법」 개정안을 국회에 제출해 토큰 증권 발행 · 유통의 제도화를 추진할 계획이다. 법 개정 전이라도 혁신성이 인정되는 경우 금융규제 샌드박스를 통해 투자계약증권의 유통이나 수익증권의 발행 · 유통을 테스트한다는 방침이다. 금융위는 "지금까지 허용되지 않던 장외시장이 형성됨에 따라 다양한 증권이 그 성격에 부합하는 방식으로 유통되고 다변화된 증권 거래 수요를 충족할 수 있을 것"이라고 말했다.

조각 투자

고가(高價)의 자산을 여러 조각으로 쪼개어 여러 투자자가 함께 투자하고 이익을 공동으로 배분받는 형식의 투자 기법이다.

분산원장(分散元帳) 기술

원장(元帳) 데이터를 중앙 서버가 아닌 참여자들이 공동으로 분산(分散)하여 기록 및 관리하여 보안 및 해킹으로부터 데이터를 안전하게 유지하는 것을 의미한다.

토큰 증권

• 분산원장 기술을 활용하여 자본시장법상의 증권을 디지털화한, '증권형 디지털 자산'이다.

- 가상화폐와 달리, 기존 증권 방식으로 거래하기 힘든 다양한 비정형 투자 자산을 사고팔기 위해 디지털 형태로 고안된 증권이다.
- 조각 투자 수요를 반영하여 비정형 자산을 1원, 10원, 1,000원 등 원하는 금액으로 조각 투자하여 토큰 증권을 사고팔 수 있으며 투자자 보호장치가 적용된다.

(3) 챗GPT 활용 논란

최근 국내 한 국제학교에서 일부 학생들이 챗GPT를 이용해 영문 에세이를 제출했다가 적발돼 '0점' 처리되면서 인공지능(AI) 챗봇인 챗GPT 활용의 적절성에 대한 파장이 커지자 악용을 방지하기 위한 대책을 마련해야 한다는 지적이 나온다. 챗GPT는 답변에 대한 출처를 밝히지 않아 정확성이 떨어진다는 문제도 제기되었는데, 유명 저널에서 논문 끝자락에 챗GPT나 다른 AI 도구를 사용하지 않았다는 문구를 넣는 방안도 검토되는 등 교육계에서는 AI 리터러시를 기르는 교육을 하고 AI윤리 원칙을 재정비해야 한다는 목소리가 높아지고 있다.

서울시교육청 관계자는 "상반기 중으로 학생들이 AI를 이해하고 직접 활용할 수 있는 능력인 'AI 리터러시'를 내용으로 기준을 만들고, AI 리터러시 진단 도구를 개발할 것"이라고 말했다. 이어 "최신 기술인 챗GPT와 유챗 등의 활용법과 유의할 점 등을 담은 AI윤리 교육자료를 편집하고 있다."며 "이달 중으로 각 학교에 배포할 예정"이라고 덧붙였다.

▌더 알아보기

챗(Chat)GPT

OpenAI(openai.com)에서 만든 대규모 인공지능 모델인 'GPT-3.5' 언어 기술을 사용하는 대화 전문 인공지능 챗봇으로, 사용자가 대화창에 텍스트를 입력하면 그에 맞춰 대화를 함께 나누는 서비스이다. 기존 챗봇과 달리 에세이와 논문을 순식간에 작성하는 능력을 갖추어, 저작권에 대한 분쟁이나 유해 콘텐츠 생산 도구로 악용될 수 있는 우려를 낳고 있다.

디지털 리터러시(Digital Literacy)

AI의 개념과 원리를 이해하여 이를 각 분야에 활용, 평가하고 생성하는 능력인 AI 리터러시(Artificial Intelligence Literacy; 인공지능 문해력)라고도 일컬어지는 정보 문해력을 의미한다. 다양한 미디어에서 윤리적 태도를 갖추고 디지털 기술과 지식을 활용하여 명확한 정보를 찾아 평가하고, 조합 및 창조하여 문제를 해결하는 개인의 실천적 역량으로, 정보를 다루고 가공할 수 있음을 뜻한다.

행운이란 100%의 노력 뒤에 남는 것이다.

− 랭스턴 콜먼 −

PART

07

방송통신직

국가공무원 방송통신직의 모든 것

01 방송통신직 공무원의 개요

1. 방송통신직 공무원이란?

기술직군의 방송통신직 공무원은 과학기술정보통신부와 방송통신위원회 및 그 외 수요기관에서 근무하면서 통신기술의 유무선 통신선로 및 각종 통신시설의 전반적인 운용을 담당하는 공무원이다.

2. 방송통신직의 주요 업무

(1) 무선통신시설 · 전송시설의 설계, 구축, 유지보수 업무

(2) 전자기기의 수급 및 품질개선 등 통신정책에 수반된 시설의 신설 및 증설

(3) 민방공회선 운영과 장거리 통신 업무에 관한 전문적 · 기술적 업무

(4) 유무선 네트워크 설치 및 방송통신 관련 허가와 감시

(5) 국가의 안보통신 관련 업무

1. 과학기술정보통신부 소개

(1) 주요 업무

① 과학기술정책의 수립 · 총괄 · 조정 · 평가 및 4차 산업혁명 정책 총괄

② 과학기술의 연구개발 · 협력 · 진흥

③ 우주기술 개발 및 진흥, 원자력 연구 · 개발 · 생산 · 이용

④ 과학기술인력 양성

⑤ 디지털전환 기획, 인공지능 및 빅데이터 정책 활성화 및 기반 조성

⑥ 정보보호, 방송 · 통신의 융합 · 진흥 및 전파관리

⑦ 정보통신산업(SW 포함) 기획 및 육성 지원, 우편 · 우편환 및 우편대체

(2) 조직도

장관

장관정책보좌관 | 대변인 — 홍보담당관 / 디지털소통팀

양자기술개발지원과 | 양자기술개발지원반 | 감사관 — 감사담당관

디지털플랫폼정부지원반 — 디지털플랫폼정부지원과

운영지원과

제1차관		제2차관		과학기술혁신본부
기획조정실	**연구개발정책실**	**정보통신정책실**	**네트워크정책실**	**과학기술혁신조정관**
정책기획관	기초원천연구정책관	정보통신정책관	정보보호네트워크정책관	과학기술정책국
기획재정담당관	연구개발정책과	정보통신정책총괄과	네트워크정책과	과학기술정책과
혁신행정담당관	기초연구진흥과	디지털사회기획과	네트워크안전기획과	과학기술전략과
규제개혁법무담당관	원천기술과	디지털신산업제도과	정보보호기획과	과학기술정책조정과
정보화담당관	생명기술과	디지털포용정책팀	정보보호산업과	성장동력기획과
정보보호담당관	첨단바이오기술과	인공지능기반정책관	사이버침해대응과	연구개발투자심의국
국제협력관	융합기술과	인공지능기반정책과	통신정책관	연구예산총괄과
국제협력총괄담당관	거대공공연구정책관	데이터진흥과	통신정책기획과	연구개발투자기획과
미주아시아협력담당관	거대공공연구정책과	인터넷진흥과	통신경쟁정책과	공공에너지조정과
구주아프리카협력담당관	우주기술과	디지털인재양성팀	통신이용제도과	기계정보통신조정과
다자협력담당관	원자력연구개발과	소프트웨어정책관	통신자원정책과	생명기초조정과
비상안전기획관	거대공공연구협력과	소프트웨어정책과	방송진흥정책관	성과평가정책국
	과학기술일자리혁신관	소프트웨어산업과	방송진흥기획과	성과평가정책과
	연구성과일자리정책과	디지털콘텐츠과	뉴미디어정책과	연구평가혁신과
	연구산업진흥과	정보통신산업정책관	디지털방송정책과	연구제도혁신과
	지역과학기술진흥과	정보통신산업정책과	전파정책국	연구윤리권익보호과
	연구기관지원팀	정보통신방송기술정책과	전파정책기획과	과학기술정보분석과
	미래인재정책국	정보통신산업기반과	전파방송관리과	연구개발타당성심사팀
	미래인재정책과		주파수정책과	
	미래인재양성과		전파기반과	
	과학기술문화과			
	과학기술안전기반팀			

소속기관	별도기구
• 우정사업본부(가급)	• 국가과학기술자문회의지원단 • 국립중앙과학관(가급) • 지식재산전략기획단 • 국립과천과학관(나급) • 국제과학비즈니스벨트조성추진단 • 국립전파연구원(나급) • 우주항공청설립추진단 • 중앙전파관리소(나급)

※ 출처: 과기정통부 홈페이지(www.msit.go.kr)

(3) 실국별 주요 업무

조직		주요 업무
본부	1차관 (과학기술)	기초연구 및 원천기술개발 정책
		우주, 원자력, 핵융합 등 거대공공연구 정책
		산 · 학 · 연 협력, 연구성과 활용 정책, 연구개발 특구 및 과학기술 분야 출연(연) 육성 · 지원
		과학기술 미래인재 양성
	2차관 (정보통신방송)	정보통신 분야 정책 및 4차 산업혁명 정책 총괄
		정보통신산업(SW 포함) 육성 · 지원 및 정보보호
		방송서비스 · 산업 진흥
		통신시장 경쟁촉진, 통신서비스 활성화, 통신자원관리
		주파수 공급 및 전파관리 정책
	과학기술혁신본부	과학기술정책 총괄 및 종합 조정
		신성장동력 발굴 · 기획
		연구개발 사업 및 출연연 예산 배분 · 조정
		연구개발 사업 평가 및 R&D 분야 제도 관리
소속 기관	중앙전파관리소	불법 무선국 단속, 전파감시 및 혼신조사 · 제거
	국립중앙과학관	과학기술 분야 자료 수집, 연구, 전시, 교육, 행사
	국립과천과학관	과학기술 분야 자료 수집, 연구, 전시, 교육, 행사
	국립전파연구원	전파자원 및 전파이용방법의 개발 · 연구
	우정사업본부	우편 · 예금 · 보험사업 운영(7 · 9급 공채는 별도 구분 모집)

(4) 임용 및 복지제도 · 시설

① 신규 채용자 임용

㉠ 최초 임용 시 본부 또는 소속기관 발령: (5 · 7 · 9급 공채) 본부 또는 소속기관
   발령

㉡ 배치기준: 본인 희망, 전공, 경력 등 고려

㉢ 7 · 9급 공채 중 우정사업본부는 별도 구분 모집

② 복지제도 · 시설

　　㉠ 맞춤형 복지 등 전 공무원에게 적용되는 복지제도 공통 운영

　　㉡ 과학기술인공제회 운영(가입 시 제휴 콘도, 병원 및 쇼핑몰 등 이용 가능)

　　㉢ 직장 내 동호회 · 학습동아리 활동 및 직무능력개발비 지원

　　㉣ 지방근무자를 위한 관사 및 기숙사 보유(국립중앙과학관, 중앙전파관리소)

　　※ 지역 기관별 기숙사 입소 잔여석 상이

(5) 선배 공무원이 바라는 인재상

① '4차 산업혁명 대응' 및 '과학기술 혁신'의 주체로 국가의 미래를 준비한다는 사명감을 갖고 맡은 바 소임을 다 할 수 있는 인재

② 기술–사업–사회 전 분야의 유기적 혁신을 통해 과학기술의 과실을 국민과 함께 누리는 '사람중심' 과학기술 · ICT 정책 추진에 주력할 수 있는 인재

③ 실패를 두려워하지 않고 정책고객과 현장의 목소리에 귀를 기울일 줄 아는 인재

2. 방송통신위원회

(1) 주요 업무

① 지상파 방송 및 종편 · 보도 방송채널 사용 사업자 정책

② 방송광고 정책, 편성평가 정책, 방송진흥 기획, 방송정책 기획

③ 방송통신 시장 조사 및 이용자 보호, 시청자 권익 증진, 이동통신시장 안정화, 개인위치정보 보호 및 인터넷 윤리에 관한 사항

④ 한류 콘텐츠 발전 지원 등 다양한 콘텐츠 제작 지원 및 정책에 관한 사항

⑤ 방송용 주파수 관리에 관한 사항 등

※ 방송의 공정성 및 공공성 심의, 정보통신망 상의 불법정보 심의 등에 관한 사항은 '방송통신심의위원회'가 수행

(2) 조직도

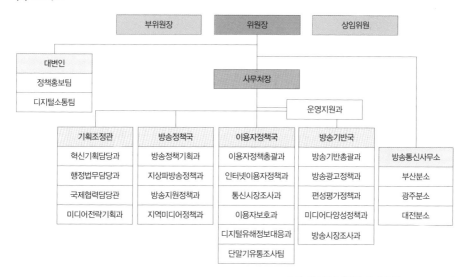

※ 출처: 방송통신위원회 홈페이지(www.koc.go.kr)

(3) 임용 및 복지제도 · 시설

① 신규채용자 임용: 본인 희망, 연고지, 전공, 경력, 시험성적 등을 고려하여 적재적소
에 배치 예정

② 복지제도 · 시설

㉠ 맞춤형 복지 등 전 공무원에게 적용되는 복지제도는 공통 운영

※ 단체보장보험 가입(매년): 생명 · 상해보험 1억 원, 입원의료비 보장보험 2천만
원, 통원의료비 보장

㉡ 각종 동호회 활동 지원(볼링, 테니스, 요가, 축구, 등산 등 운영)

(4) 선배 공무원이 바라는 인재상

① 방송통신 분야에 대한 법률, 기술 등 폭넓은 지식과 관심이 있는 인재

② 타 기관 및 사업자들과의 업무협조가 필수이므로 원만한 대인관계와 이해능력을 보
유한 인재

③ 혁신적인 사고와 적극적인 관심으로 급변하는 방송통신 환경변화에 능동적으로 대
응하고 방송통신 분야의 미래를 선도할 수 있는 인재

1. 과학기술정보통신부 핵심 추진 과제

(1) 전략기술과 미래산업 육성

① 대한민국 우주 경제 가동

㉠ 민간기업과 함께 누리호 3차 발사 추진, 차세대발사체 개발 착수를 통해 독자적 우주탐사 기술 고도화, 연내 우주항공청 설립 특별법 제정, 우주 경제 전담 거버넌스 완비

㉡ 우주산업 육성 종합지원체계를 구축하기 위해, 우주 스타트업 전용 펀드, 우주 부품·기술 국산화 로드맵 마련 추진, 위성 정보를 활용한 새로운 우주 서비스 창출을 위해 위성활용촉진법 제정과 한국형 위성항법시스템(KPS) 개발 추진

② 국가전략기술 본격 육성

㉠ 전략기술 연구개발 투자를 전년 대비 10% 이상 확대, 한정된 재원의 효율적인 활용을 위해 국가 차원의 범부처 통합형 연구개발 재원 배분체계로 전환(부처별·칸막이식 → 범부처·국가적 목표 달성 고려)

㉡ 민관합동 연구개발 프로젝트 추진, 과기자문회의 내 전략기술 특위 출범 등 민간 협업 거버넌스 지속 확충

㉢ 임무 중심 연구개발(R&D) 정착을 위해 12대 전략기술별 로드맵(목표·시한 명확화) 수립, 연구개발 성과평가도 임무 달성 중심으로 강화

③ 신기술 기반 미래산업 선점

㉠ 양자, 첨단바이오, 탄소중립, 6G, 메타버스·블록체인의 핵심기술 중점 육성, 연구개발 임팩트(연구성과 확산) 강화

㉡ 양자기술 법령 제정, 양자 컴퓨터·인터넷·시뮬레이터 개발, 바이오 파운드리·데이터스테이션 구축, 의사과학자 양성, 혁신형 SMR 착수, CCUS(CO_2 저장·활용) 등 탄소 감축 원천기술 개발 추진

㉢ 6G 기초·상용화 기술 병행 개발, 연관산업(자율주행·UAM) 육성을 위해 수요 중심 주파수 공급체계 마련, 메타버스·블록체인 활성화를 위해 신유형 플랫폼 실증, 실감콘텐츠 개발, 국민체감형 블록체인 프로젝트 추진

㉣ 연구개발 임팩트 강화를 위해 한계 도전 연구개발 시범사업 추진, 미성숙 초기기술인 딥사이언스/딥테크 창업 지원과 기술 스케일업 활성화 촉진

(2) 디지털 전면 확산

① 디지털 일상화 · 전면화

    ㉠ 일상생활에서 인공지능을 활용해 민생 · 사회문제를 해결하는 인공지능 대표 프로젝트 추진, 농어업 · 제조 · 서비스 등 전 분야에 걸쳐 인공지능 접목, SW 서비스 구매방식으로 SW산업의 근본적인 체질 개선 병행

    ㉡ 디지털플랫폼정부의 본격 추진을 위해, 공공 · 민간 공동 활용 초거대 인공지능 인프라(허브) 구축과 국민체감 선도 프로젝트 추진, 행정부에 이어 스마트 국회, 스마트 법원 구축 지원

    ㉢ 전 국민의 디지털 네이티브화를 위해 누구나 쉽게 배우는 온라인 인공지능 · SW 교육 제공, 초 · 중등 정보 교육 시수 2배 확대 준비, 취약계층 디지털 접근성 제고를 위한 디지털 배움터 활성화 등 추진

② K-디지털 글로벌 확산

    ㉠ 디지털 시대의 경제 · 사회적 원칙과 디지털 혁신 가속화 등을 종합 규율하는 디지털 법제 패키지 정비, 국제회의 · 기구(G20, OECD, World Bank 등)를 통해 뉴욕구상 확산과 디지털 신질서 주도

    ㉡ K-클라우드 프로젝트를 통해 세계 최고의 인공지능 반도체 기술 확보 및 K-클라우드 모델의 해외 진출로 글로벌 K-클라우드 생태계 조성

    ㉢ K-디지털 · OTT의 해외 진출 지원을 위해 유망국가 대상 디지털 수출개척단 파견, 디지털 동반 진출(플랫폼-서비스) 프로젝트, 글로벌 OTT 어워즈 개최 추진, 디지털 청년 기업의 해외 진출 정책금융 지원을 강화, 청년 대상 인공지능 융합 해외 연수교육 지원

③ 디지털 안심 · 포용 사회 실현

    ㉠ 디지털 재난위기관리 대응체계 상시화, 디지털서비스 안정성 강화대책 · 디지털 서비스안전법 제정 추진

    ㉡ 사이버위협에 대해 인공지능 기반 능동적 · 지능적 대응체계로 전환, 보이스피싱 방지를 위한 인공지능 기반 탐지기술 개발, 스토킹 범죄와 화재 등 재난으로부터 국민 보호를 위한 디지털 기술 적용(지능형 CCTV 고도화, 실내 위치정보 정밀 측위 등) 추진

    ㉢ 농어촌 등 취약지역 통신 인프라 확충, 자립 준비 청년 인턴십 확대와 일자리 매칭 지원, 보편 바우처 시범 도입, 5G 요금제 다양화 유도

(3) 인재 · 지역적 기반 확보

① 혁신을 이끌 핵심인재 양성 · 확보

    ㉠ 12대 전략기술 분야별 · 수준별 맞춤형 인재양성 추진, 디지털 인재양성을 위해 기업이 설계 · 운영하는 민간주도 교육과정 확대, 민 · 관 협력의 디지털 얼라이언스 본격 운영

    ㉡ 신진-중견-석학급 인재로 성장시키는 연계지원 강화, 한우물파기 연구 신설, 디지털 재능사다리 구축 추진, 인공지능 영재학교 신설, 과학기술 전문사관 확대 추진

    ㉢ 석학급, 신진급 우수 연구자 유치

② 지역과 함께 하는 과학기술 · 디지털 혁신

    ㉠ 지역의 연구역량 확충을 위해 「지역과학기술혁신법」 제정 추진, 지역 주도 중장기 현안 프로젝트와 지역대학-출연연을 연계하는 거점플랫폼 구축 추진

    ㉡ 디지털 혁신거점 조성 · 고도화를 위해 지역 디지털생태계 경쟁력 강화방안을 수립, 지역 특화 산업과 연계한 인공지능 지역융합 사업 및 농어촌 스마트 빌리지 확대, 디지털 혁신거점 조성, 지역 거점 정보보호클러스터 구축 추진

2. 방송통신위원회 국정 과제

(1) 디지털 · 미디어 혁신 성장전략 추진

① 중장기 디지털 · 미디어 정책 비전 설계

    ㉠ 미래지향적 미디어 통합법제: 매체별로 분산된 미디어 분류체계 정비를 통한 신 · 구 미디어 법체계 일관성 제고 및 장기적 성장 지원을 위해 미디어 통합법제(안) 입법 추진

    ㉡ 우리 방송역사 정립 및 발전 방향 모색: 방송역사 100년 고찰 및 미디어 미래비전 수립 지원을 위한 사업 추진

    ㉢ 디지털 미디어 미래전략: 현행 방송통신 정책의 성과 및 한계 점검, 달라진 시장 환경을 반영한 '디지털 미디어 미래 발전전략' 마련

② 미디어 콘텐츠 성장 재원 확충

    ㉠ 광고 규제체계 정비: 법령에서 금지하지 않는 사항은 사업자 자율로 편성할 수 있도록 '원칙 허용, 예외 금지' 체계 도입 검토 및 추진

    ㉡ 방송통신발전기금 사업 합리성 제고: 범정부 보조금 지원체계 정비 기조에 따라 보조금 지급대상 지원실태 점검 및 개선방안 마련

© 수신료 투명성 강화: 수신료 회계 분리제도 도입 및 객관적인 수신료 산출 배분 기준 마련

③ 미디어 글로벌 선도 기반 조성

　㉠ 방송 편성규제 개편: 지상파 종편채널 오락 프로그램 편성비율 상한(60%) 개선, 1개국 수입물 편성규제 상한(90%) 폐지, 외주제작 프로그램 의무 편성제도 합리화 등 편성규제 개선 검토

　㉡ 소유 겸영규제 개선: 경제성장, 미디어 다변화 등을 고려, 방송사 소유규제 및 겸영규제 개선 검토 및 추진

　㉢ OTT 해외 진출 지원: 제2회 국제 OTT 포럼 개최 및 국내 OTT 전략적 해외 진출을 위한 해외시장분석 이용행태조사 대상 국가확대(3개국 → 4개국)

④ 디지털 신산업 활성화 지원

　㉠ 본인 확인서비스 이용 개선: 본인 확인 서비스 이용에 제약이 있는 재외국민 대상 여권 기반 본인 확인 수단 마련 및 경제적 취약계층 등 대상 '전국 주민센터' I-PIN 대면발급 추진

　㉡ 위치정보산업 지원: 드론, 자율주행차 등 ICT 융합서비스로 성장 가능성이 큰 위치정보 중소 스타트업 대상 투자유치, 컨설팅, 교육 등 사업화 지원

⑤ 미디어 발전 추진체계 마련

　㉠ 글로벌 미디어 환경 변화에 걸맞은 새로운 미디어 혁신정책 수립을 위한 사전단계로서 관련 전문가들이 참여하는 방통위 내 미디어 정책연구반 운영

　㉡ 정책연구반 활동, 관계부처 협의 등을 토대로 미디어 발전전략과 관련 법제도 정비 등을 논의할 정책 추진체계 마련

(2) 미디어의 책임성 제고

① 방송의 공적 책임 강화

　㉠ 공영방송 협약제도 도입: 민영방송과 차별화되는 공영방송의 공적 책임을 명확히 부여하고 이행점검 평가를 주요 내용으로 하는 협약제도 도입을 위한 방송법 개정 추진

　㉡ 공영방송 콘텐츠 제공 확대: KBS 저작권 보유 콘텐츠의 무료 스트리밍서비스 확대 및 EBS 중학프리미엄 사업을 유료에서 무료서비스로 전환

　㉢ 지역방송 경쟁력 강화: 프로그램 제작 유통 지원, 지역방송 지속성장 기반 마련을 위해 제4차 지역방송발전지원계획 수립

　㉣ 공적 채널 평가: 공적 운영 방송의 공익성 강화를 위해 해당 채널의 콘텐츠 기획 제작 편성 등에 대한 평가항목 신규 개발

② 미디어의 공정성 투명성 제고

    ㉠ 투명하고 공정한 심사 추진: 재허가 재승인 유효 기간 만료 사업자 대상 매체별 사업자별 특성에 따라 재허가 재승인 심사를 추진하되, 방송의 공익성, 공적 책임 관련 심사평가 강화

    ㉡ 포털뉴스 동영상 투명성 확보: 추천 알고리즘 투명화를 위해 기사배열 노출 기준을 검증하는 '알고리즘투명성위원회'를 법적기구로 설치 검토 및 추진

    ㉢ 포털뉴스제휴 신뢰성 강화: 포털(네이버, 카카오)이 자율적으로 운영 중인 뉴스제휴평가위원회의 위상 강화를 위해 설치·구성 요건, 역할 등 법제화 검토 및 추진

③ 국민과 동행하는 미디어 이용환경 조성

    ㉠ 소외계층 미디어 접근 기본법 제정: 장애인 등 소외계층이 격차 없이 미디어에 접근 활용하기 위한 새로운 법제 마련

    ㉡ 소외계층 미디어 접근권 확대: 장애인방송 품질평가 모니터링단을 구성하여 장애인방송 품질 모니터링 및 분석

    ㉢ 미디어 교육 종합계획 마련: 전국민의 미디어 접근 활용 참여 지원 및 계층 세대별 디지털 격차 해소를 위해 범부처 (가칭)'디지털미디어활용 역량 제고 종합계획' 수립

④ 재난방송 운영체계 고도화

    ㉠ 「재난방송지원특별법」 제정: 법률별 분산된 재난방송 체계 일원화 및 재난방송 종합정책 근거 마련을 위해 「재난방송지원특별법」 제정 추진

    ㉡ 방송시설 안전점검 강화: 재난 재해 시 방송 송출 중단 사태 예방 강화를 위해 안전점검 대상 방송사 확대(10개 방송사 → 36개 방송사)

    ㉢ 재난관리기관 간 협력체계 강화: 재난관리 기관 및 주요 10개 방송사(지상파 종편 보도PP)와 상시 연락체계 구축 및 재난방송협의회 활동 강화

(3) 디지털 이용자 보호 강화

① 디지털 서비스 이용자 보호 체계 마련

    ㉠ 디지털 이용자 보호 종합계획: 다양한 신유형 불공정행위 및 피해 등으로부터 이용자를 체계적·종합적으로 보호할 수 있는 종합계획 수립

    ㉡ 디지털 플랫폼 자율규제 추진: 플랫폼 혁신성장과 이용자 보호를 함께 고려한 규율체계 마련을 위해 민간 자율규제기구(시범 운영 중) 설립 지원 근거 마련

② 방송통신 시장조사 활동 강화

ⓐ 플랫폼사업자의 불공정행위 대응: 플랫폼 이용자 피해사례 분석 및 플랫폼사업자 규제체계 정비

ⓑ 단말기유통시장 건전화: 알뜰폰 사업자의 과다경품 제공, 허위 과장 광고 등 불공정행위 관련 가이드라인 마련 및 단말기 유통법 위반행위 모니터링 강화 위법행위 상시 점검 및 조사

③ 일상 속 방송통신 이용자 불편 해소

ⓐ 긴급구조 사각지대 해소: 이동통신망과 호환되는 Wi-Fi 측위모듈 미탑재로 긴급구조를 위한 정밀위치정보 제공이 어려운 자급제폰 유심이동폰에 대해 정밀위치정보 제공 추진

ⓑ 유료방송 해지방안 합리화: 노부모 장기입원 등으로 인한 유료방송 해지 변경신청 대리인의 제출 서류 개선을 통해 입원자의 민감정보 보호 및 이용자 선택권 확대

④ 방송통신 불법 유해 정보 등 대응체계 정립

ⓐ 디지털성범죄물 유통방지 강화: 디지털성범죄 피해자 잊힐 권리 보장 추진계획 마련

ⓑ 방송통신 생태계 내 아동 청소년 보호: 청소년 유해 매체물 온라인 광고 금지 대상 명확화, 과태료 도입 등 제도개선

ⓒ 디지털폭력 원스톱 피해지원체계: 온라인상 명예훼손 등 권리침해 게시물 신속 삭제 차단 및 피해보상 법률자문 분쟁 조정 알선 등을 위한 디지털폭력피해구제센터 설치 추진

⑤ 디지털 이용자 피해구제 강화

ⓐ 디지털 서비스 피해구제: 카카오 서비스 중단 등 디지털서비스 장애로 인한 피해구제를 위해 이용자 고지 강화 및 사업자의 과도한 면책 제한 손해배상 기준 구체화 등 약관개선

ⓑ 디지털 플랫폼 이용자 보호 업무 평가: 현행 부가통신 서비스별 이용자 보호 업무 평가와 함께 대규모 플랫폼의 경우 서비스를 통합하여 사업자 단위로도 평가추진(검색, SNS, OTT, 앱마켓, 쇼핑, 개인방송, 모빌리티, 중고거래, 배달 등 9개 서비스)

ⓒ 온라인서비스 피해지원 개선: 온라인피해365센터 기능 강화 및 유관기관 협의체 확대 · 재편 추진

⑥ 산입현장 애로 개선

　　㉠ 방송사업자 심사절차 등 간소화: 재허가 재승인 조건부가 최소화, 재허가심사사항 효율화 등을 통해 방송사업자 부담 완화 및 심사 효율성 제고

　　㉡ 표준FM AM 기능조정: KBS AM라디오(27개) 중 전시 안보 및 재난 매체 역할을 유지할 수 있는 전국 방송망 확보 외 방송국 기능조정 추진

　　㉢ 공정한 플랫폼 생태계 조성: 앱마켓, 신유형 플랫폼(메타버스 · 구인구직 · 부동산) 이용사업자 대상 불합리 · 피해사례 실태조사 및 불공정행위 개선 검토 추진

(4) 디지털 · 미디어 규범 확립

① 디지털 · 미디어상에서 일어나는 국민피해 불편 사항, 피해구제 관련 체계 및 법령 현황 등에 대한 전반적인 실태 파악

② 정책연구 결과 등을 반영하여 피해구제가 미흡한 부분을 우선 보완할 수 있도록 디지털 · 미디어 전반에 적용되는 가이드라인 등 마련

③ 디지털 · 미디어상에서 발생하는 피해 전반에 대한 종합적 · 체계적 대응체계를 구축하고 나아가 중장기적으로 디지털 미디어 윤리 기반을 정립하기 위한 관련 법체계 통합

방송통신직 면접 기출 가이드

01 기출 빈출 리스트

- 방송과 통신의 차이점은 무엇입니까? 기술적으로 설명해 보시오.
- 방송과 통신의 융합 사례에 대해 아는 것이 있습니까? 혹은 관련 정책에 대해 아는 것을 말해 보시오.
- 지금까지 성취감을 느낀 경험이 있습니까?
- 창의성을 발휘해서 성과를 낸 경험이 있습니까?
- 공직생활을 하는 데 있어 자신에게 가장 부족한 점은 무엇입니까? (공직생활을 하는 데 있어 본인의 장점은 무엇입니까?)
- 최근 해커로 인한 피해가 종종 일어나고 있는데, 이를 사전에 예방할 수 있는 방안이 있습니까?
- 디지털 소외계층에 대한 문제를 어떻게 개선할 수 있다고 생각합니까?
- 대용량 MMS 스팸 문제가 대두되고 있는데 대책 방안을 설명해 보시오.
- 4차 산업혁명의 핵심은 무엇이며, 그렇게 생각한 이유를 말해 보시오.
- 5G의 장·단점에 대해서 이야기해 보시오.
- 5G를 생활에 어떻게 적용할 수 있다고 생각합니까?
- 망 중립성과 망 중립성이 통신사에 미치는 영향에 대해 설명해 보시오.
- 대역폭의 정의와 대역폭의 역할에 대해 설명해 보시오.

1. 5분 발표

공무원 유튜버가 증가함에 따라 사생활의 영역이지만 공무원 신분으로 유튜브 활동을 하는 것에 대한 논란이 제기되고, 이에 따른 가이드라인이 마련되어야 한다는 공감대가 형성되고 있다. 이에 따라 인사혁신처는 '공무원의 인터넷 개인방송 활동 지침안'을 마련하였으며, 관련 내용은 아래와 같다.

1. 공직자의 의무와 관련한 명확한 법적 근거 마련
2. 수익 발생 시 기관장에게 겸직허가 신청
3. 겸직 허가 후 지속적인 모니터링

향후 공무원의 인터넷 개인방송 활동은 표현의 자유를 보장함과 동시에 국민과의 소통창구로서 기능이 활성화될 수 있는 방향으로 나아가야 할 것이다.

위 제시문의 내용에서 유추할 수 있는 공직가치와 이를 실현하기 위한 방안을 자유롭게 발표하세요.

[면접관의 의도]

제시문은 정부에서 실시한 적극행정 사례를 보여주고, 이 사례에 알맞은 공직가치를 찾는 문제이다. 위 문제의 경우 적극행정 사례뿐 아니라 최근 이슈가 되고 있는 '공무원 유튜버'를 같이 언급하여, 해당 이슈에 대한 공무원으로서의 관점에 대한 질문도 제시될 수 있다.

[핵심 키워드]

공익, 적극성, 다양성, 투명성, 청렴성, 민주성 등

도입

제시문의 내용은 공무원의 개인 인터넷 방송이 활발해짐에 따라 활동 지침을 만들었다는 것입니다. 저는 위 내용 중 개인 인터넷 방송 증가 추세에 따라 이에 호응하여 적극적으로 지침안을 만들어냈다는 데서 '적극성'을, 공직자 의무에 따라 수익 발생 시 겸직 허가를 신청한다는 데서 '청렴성'을 유추하였습니다.

직접작성

적극성은 관행에 얽매이지 않고 능동적으로 업무를 수행하는 것입니다. 이런 적극성을 바탕으로 국민의 눈높이에서 상황을 보고 한발 앞서 이에 적극적으로 대처하는 적극행정을 행할 때 국민의 불편과 불필요한 규제가 해소될 수 있습니다. 적극행정의 예로 과학기술정보통신부 네트워크 안전기획과가 진행 중인 '국민들이 더욱 빠른 속도로 공공 와이파이 서비스를 이용할 수 있도록 와이파이 체감 품질의 대폭 개선' 계획이 있습니다. 코로나 이후 개별 데이터 사용량이 증가하면서 기존 LTE 시내버스 와이파이로는 그 요구를 감당하기 힘들 것이라 예측하고 사업자 간 협상을 실시하여 초고속 와이파이 시범 서비스를 실시하였습니다. 이를 통해 버스 와이파이 품질을 3~5배 향상시키고 5G 서비스로의 고도화를 진행하고 있는데요. 이는 국민의 요구가 생기기 전에 선제적으로 대응한 적극행정의 예라고 볼 수 있습니다.

청렴성은 국민의 신뢰가 기본으로, 최근 공직자의 청렴성에 대한 국민 눈높이도 점점 높아지고 있는 추세입니다. 이런 국민들의 기대를 반영해 국가에서도 「이해충돌방지법」 같은 여러 제도를 마련하는 등 적극적으로 청렴도를 강조하고 있습니다. 청렴성을 실천하기 위한 첫걸음으로는 공직 사회의 구성원들이 청렴함이 무엇인지 이해하고 원칙을 중요시하는 삶을 일상화하는 것이라 생각합니다. 그럼 제가 청렴성을 실천한 예를 말씀드리겠습니다. 과거 저는 모 쇼핑몰 네트워크 관리자로 잠깐 근무한 경험이 있었습니다. 당시 해당 업체에서는 네트워크 시스템을 새로 만들기 위해 여러 업체로부터 제안서를 받고 있었는데 이때 몇몇 업체에서 잘 봐달라며 금전이나 향응을 제공하려는 경우가 있었습니다. 하지만 저는 이를 거부하고 원리원칙대로, 기준대로 진행하였습니다. 나중에 쇼핑몰의 다른 부서에서 외부 청탁 비리 문제가 발생하여 전체 감사가 진행된 적이 있었는데 저는 제 소신을 지킨 덕분에 떳떳하게 조사받을 수 있었습니다.

직접작성

제가 만약 공직에 들어선다면 청렴함을 실천하며, 어떤 문제가 발생하기 전에 먼저 생각하고 대비하기 위하여 적극적으로 행동하는 적극행정을 펼치는 공무원이 되도록 노력하겠습니다.

직접작성

➕ 발표 내용에 대해 나올 수 있는 질문

- 적극성과 청렴성을 이야기했는데, 그 외에 제시문을 통해 알 수 있는 공직가치로 무엇이 있다고 생각합니까?
- 공무원에게 청렴성이 중요한 이유는 무엇이라고 생각합니까?
- 여러 공직가치 중 본인이 가장 중요하게 생각하는 공직가치는 무엇이라고 생각합니까?
- 적극성과 청렴성을 방송통신직에서 어떻게 적용할 수 있겠습니까?
- 공직자가 진행하는 인터넷 개인방송의 문제점은 무엇이라고 생각합니까?
- 공직자의 개인방송에 대해 긍정적으로 생각합니까, 부정적으로 생각합니까? 긍정적인 점과 부정적인 점은 무엇이라고 생각합니까?
- 공직자의 인터넷 개인방송은 어디까지 허용 가능하다고 생각합니까?
- 혹시 본인이 개인방송을 하는데, 부서나 상관이 반대한다면 어떻게 하겠습니까?
- 만약 동료가 개인방송을 하는데, 그 콘텐츠 내용이 부적절하다면 어떻게 하겠습니까?
- 국가에 있어서의 공익과, 개인에 있어서의 공익은 무엇이 다르다고 생각합니까?
- 만약 본인이 공직사회에 들어온 후 유튜브 방송을 하고 싶다면 어떤 콘텐츠를 하고 싶습니까?

➕ 면접 플러스

동료나 개인적인 친분이 있는 사람의 일탈에 대해 어떻게 대처할 것인지에 대한 질문이 종종 등장한다. 이런 경우에는 먼저 사실 확인 후 팀 분위기를 해치지 않는 선에서 동료에게 시정하라고 당부하고, 시정이 안 될 때에는 상관에게 보고하는 순으로 답변하는 것이 좋다.

2. 경험형 문제

근무하고 싶은 부처와 직무를 기술하고, 해당 직무의 수행을 위해 어떤 노력과 경험을 하였는지 서술하시오.

면접관의 의도

응시자가 하고 싶은 업무가 무엇인지, 또 해당 업무에 대하여 얼마나 잘 이해하고 있는지, 해당 업무를 하기 위해 어떠한 노력을 하였는지를 종합적으로 평가하여 해당 직군에 얼마나 적합한 인재인지를 평가한다.

핵심 키워드

희망 직무, 직무 내용, 직무 관련 경험, 공직 가치, 갈등 해결, 성과 등

희망 부처

과학기술정보통신부 방송통신 관련 부처

> 직접작성

희망 직무

공공 와이파이 등 유무선 네트워크 설치 관련 사업

> 직접작성

해당 직무 관련 노력과 경험

- 교육 경험: 전자제어공학부 졸업(전자 및 통신 관련 공부)
- 업무 경험: 육군 사이버보안 경진대회에서 입상 경험, 랩실에서 2년 동안 통신 관련 실무 참여 경험, ○○ 쇼핑몰에서 네트워크 관리자로 근무(1년)
- 자격증: 정보통신기사 취득, 토익 750점
- 방송통신 정책 숙지: 과학기술정보통신부 등 SNS 구독, 블로그 기사 스크랩, 유튜브 채널 구독, 정책브리핑 통해 부처 최신이슈 파악
- 봉사활동 경험: 요양원 봉사 경험(1년), 쪽방촌 배식 봉사 경험(6개월)

직접작성

해당 업무를 지원한 동기는 무엇입니까?

우리나라의 정보통신산업은 세계적으로 크게 발전한 상태이며, 4차 산업 시대를 맞이하여 재도약의 기회를 맞이하고 있습니다. 저는 관련 전공자로서 정보통신산업 발전에 작게나마 이바지하고 싶다고 항상 생각했습니다. 또 개인적으로 전공과는 상관없지만 한국사를 매우 좋아하는데, 관련 도서를 읽을 때마다 공직에 있는 사람의 능력과 그 마음가짐이 얼마나 중요한지 느꼈습니다. 저도 공적인 영역에서 제 전공을 살릴 수 있는 일이 무엇일지 고민하다가 국가직 방송통신직에 지원하게 되었습니다.

직접작성

4차 산업혁명이 통신 업무에 미칠 영향에는 어떤 것이 있다고 생각합니까?

4차 산업혁명으로 인해 파생된 여러 전문적인 기술인 인공지능 · 드론 · 로봇 · 빅데이터와 같은 첨단 기술들이 통신과 관련된 여러 요소에서도 중요하게 사용될 것으로 생각됩니다. 실제로, 전통적인 유무선 네트워크 인프라 구축 실적이 감소하는 반면 4차 산업혁명의 대두에 따라 정보통신공사업 부문의 구내통신, 정보제어 · 보안설비 공사 실적이 증가하는 등 실적 변화가 발생하는 것을 보면 확연하게 4차 산업혁명의 영향을 느낄 수 있습니다. 이 때문에 앞으로는 통신 업무에서도 관련 공부를 하여 전문성을 갖추는 것이 필수가 될 것입니다.

직접작성

평소 시스템 오류를 예방하려면 어떻게 해결하는 것이 좋다고 생각합니까?

기본적으로 시스템 설치 시 필요한 장비들이 있는데, 오류가 발생할 수 있다는 것을 가정하고 예비 케이블을 비롯한 여러 해당 장비들뿐 아니라 예비 장치들을 미리 설치하는 것이 좋을 것 같습니다. 또 여러 가지 시스템 오류가 발생했을 시의 절차들을 다양하게 상정하고, 이를 미리 정리하여 매뉴얼화하여 사고가 발생하면 매뉴얼에 따라 빠르게 처리하는 것이 좋을 것 같습니다.

```
직접작성


```

➕ 기타 추가 질문

- 방송통신직이 하는 일이 무엇이라고 생각합니까?
- 공직과 사기업의 차이가 무엇이라고 생각합니까?
- 과기정통부의 정책과 이슈에 대해 공부하였다고 했는데, 어떤 게 있는지 설명해 보시오.
- 과기정통부의 정책 중 문제가 있다고 생각하는 정책이 있나요? 그 개선점에 대해 설명해 보시오.
- 방송통신직과 관련하여 적용하면 좋을 것 같은 정책이 있으면 말해 보시오.
- 전공 중 어떤 과목이 공부하기에 가장 어려웠습니까? 또 이를 어떻게 극복하였는지 말해 보시오.
- 랩실에서 방송통신 관련 실무에 참여해본 적이 있다고 하였는데 정확히 어떤 일을 하였습니까? 일을 하면서 어려웠던 점이나 이를 해결했던 경험이 있습니까?
- 군대 사이버보안 경진대회에서 상을 받았다고 했는데 어떤 내용, 어떤 방식으로 진행됐습니까? 진행 내 어려웠던 점이나 느낀 점이 있습니까?
- 수험기간이 얼마나 되고, 어떤 방법으로 공부했습니까? 수험공부를 했던 것 외에 더 배우고 있는 것이 있습니까?
- 언급한 봉사활동을 한 이유는 무엇입니까? 해당 활동을 하면서 어려웠던 점으로는 무엇이 있고, 또 활동을 통해 어떤 것들을 배웠습니까?
- 혜택을 받을 수 있었음에도 내 신념이나 가치관 때문에 거절했던 경험이 있습니까?

➕ 면접 플러스

'해당 경험에 대해 설명해 보세요.'나 '경험했던 그 일은 어떤 일입니까?' 등의 질문에는 해당 경험에서 어려웠던 점, 해당 경험을 통해 느끼거나 배운 점, 이를 앞으로 어떻게 공직에 적용할지에 대한 내용까지 포괄하여 대답하길 원하는 경우가 많다. 기재한 경험들에 대한 시나리오를 미리 작성해 두는 것이 좋다.

3. 상황형 문제

귀하는 대국민 인터넷서비스 담당 주무관입니다. 서버 시스템 과부하가 발생하여 조사해보니 일반 사용자들의 접속이 아닌, 웹 스크래핑 프로그램 사용 폭주로 인해 트래픽 과부하가 걸리고 있는 상황인 것이 밝혀졌습니다. 해당 시스템을 담당하는 관리자는 프로그램 서비스 접속의 차단을 요청했지만, 차단할 경우 해당 프로그램 사용자의 민원이 예상됩니다.

귀하는 담당 주무관으로서 어떻게 대처하겠습니까?

면접관의 의도

민원이 발생할 수 있는 상황을 제시하고, 이에 대한 대처 능력을 통해 공직자로서의 능력을 평가하는 문제이다. 제시문의 내용이 기술직과 연관 있으므로 해당 문제와 관련된 전문적인 지식을 물어볼 수도 있다.

핵심 키워드

서버 시스템 과부하, 트래픽 과부하, 접속 차단 요청, 차단 시 민원 예상

상황 파악

- 상황: 웹 스크래핑 프로그램 사용 폭주로 트래픽 과부하 발생
- 시스템 관리자: 프로그램 서비스 접속 차단 요청
- 일반 사용자: 프로그램 서비스 접속 차단 시 프로그램 사용자의 민원 발생 예상

직접작성

대처 방안

- 서버에 과부하가 걸렸으니 더 피해가 커지기 전에 일단 랜(접속)을 끊음
- 관리자가 네트워크, 서버로그 등을 분석하여 대처방안을 마련할 동안 사과문 공지
- 프로그램 서비스 접속 차단 외에 트래픽 과부하를 막는 다른 방법이 없는지 조사하여 접속 차단 기간을 최대한 단축할 수 있도록 노력
- 민원 발생 시 문제가 최대한 발생하지 않도록 적절히 안내

직접작성

향후 대처

- 해당 사항에 대한 진행 상황 및 해결 방법을 문서화하여 매뉴얼로 남김
- 트래픽에 대비하기 위해 서버 증설 알아보기

직접작성

＋ 제시된 답안을 통해 나올 수 있는 추가 질문

- 먼저 접속을 끊는다고 하였는데, 그렇게 결정한 이유가 무엇입니까?
- 시스템을 개선하기 위해 어떠한 기술이 필요하다고 생각합니까?
- 접속 차단 외에 문제를 해결할 수 있는 다른 방법을 말해 보시오.
- 대처방안을 마련하는 데 오래 걸린다면 어떻게 하겠습니까?
- 민원에 대해서는 어떻게 대처하겠습니까?
- 사과를 해도 민원이 계속 발생한다면 어떻게 하겠습니까?
- 서버 증설을 하겠다고 하였는데, 이에 필요한 예산 마련은 어떻게 하겠습니까?
- 매뉴얼로 남긴다고 하였는데, 매뉴얼에는 어떤 내용이 들어가야 한다고 생각합니까?
- 마지막으로 하고 싶은 말을 해보시오.

문제가 발생하면 최대한 단호하게 결정하여 초기에 해결하는 방향으로 진행해야 한다는 것을 염두에 둔다.

▌더 알아보기

웹 스크래핑

웹사이트나 웹페이지를 이용하는 유저들이 어떤 콘텐츠를 이용하였는지에 대한 데이터를 수집하고 저장하는 기술로, 특정 사이트에서 필요한 자료를 자동적으로 추출하는 방법이다. 이렇게 필요한 자료를 얻기 위하여 스크래퍼 봇이라는 기기가 해당 사이트에 html get을 요청하고, 해당 사이트가 이에 응답해 html을 보내면 스크래퍼 봇이 html의 문서들을 분석하여 특정한 패턴을 가진 자료들을 골라내어 추후 원할 때 자유롭게 사용할 수 있도록 데이터 베이스에 보관한다.

CHAPTER 03
방송통신직 면접 핵심 자료

01 정부 보도자료와 정책자료

1. 보도자료

(1) 기초연구 성과를 기업이 활용할 수 있도록 기술고도화를 추진한다!

⊙ 과학기술정보통신부	보 도 자 료		다시 도약하는 대한민국 함께 잘사는 국민의 나라
보도 일시	2023.1.27.(금) 11:00 〈 2023.1.27.(금) 〉	배포 일시	2023.1.26.(목)

기초연구 성과를 기업이 활용할 수 있도록 기술고도화를 추진한다!
– 「차세대 유망 시드 기술실용화 신속처리(패스트트랙)」 2023년 신규사업 공고 –
– 개인 연구자가 자신의 기초연구성과를 기업 수요를 반영하여
산업적 활용이 가능한 수준(TRL6 내외)까지 기술 규모확대를 하도록 지원 –

과학기술정보통신부(장관 이종호, 이하 '과기정통부')는 기초연구사업을 통해 창출된 연구성과를 연구자 주도로 기업이 활용할 수 있는 수준까지 빠르게 기술고도화하기 위해 「차세대 유망 시드 기술실용화 신속처리(이하 '기술실용화 신속처리')」 사업을 2023년 신규사업으로 본격 추진한다.

대학, 출연(연) 등의 연구기관의 실험실에는 우수 연구성과가 누적되어 있으나, 기업이 활용하기에는 연구성과의 성숙도가 다소 미흡한 점이 있다. 기존 기술사업화 사업들은 대부분 수요기업이 주도하는 방식으로서, 원천기술을 보유한 연구자들이 적극적으로 참여하는 데 어려움*이 있었다.

* 연구결과 소유 · 배분의 권리 축소 등 기업주도에 따른 연구자 특전 부족 등

이에 과기정통부는 우수 기초연구성과를 발굴하여 기업 수요를 연결해 주고, 기술을 보유한 연구자가 주도하여 기술 규모확대를 추진하는 '기술실용화 신속처리(패스트트랙)' 사업을 추진하게 되었다. 과제에 선정된 연구자는 자신의 연구성과에 대해 개량·후속 특허 확보, 시작품 설계·검증 등 기술고도화를 수행(2년)하며, 사업성이 높은 과제에 대해서는 연구자·기업 협동으로 시작품 최적화, 기술이전, 기술전수 등 기술사업화를 추가적으로 수행(2년)하게 된다.

특히, 이번 사업은 연구자 주도의 기술실용화가 효과적으로 추진될 수 있도록 다양한 전문가 집단(출연(연), 특허법인 등)이 참여하여 연구성과의 실용화를 지원할 계획이다. 출연(연) 등 공공(연)은 기초연구성과의 기술 검증, 제품 성능 인증, 시작품 설계·제작 등의 인력, 장비, 사업화 역량을 지원하고, 특허법인 등은 과제 기획부터 연구성과 기술실용화까지 지속적 무빙타겟(Moving Target) 대응형 지식재산(IP)-연구개발(R&D) 적용으로 기술실용화를 위한 특허 실적자료집(포트폴리오) 구축 및 원천/개량 특허 확보를 지원한다.

'기술실용화 신속처리(패스트트랙)' 사업은 2023년부터 2029년까지 7년간 총 463.7억 원(정부 414억 원, 민간 49.7억 원)이 투입되며, 한국연구재단, 과학기술사업화진흥원, 한국산업기술진흥협회가 함께 기술 및 수요 발굴, 사업 관리 및 운영을 수행할 계획이고, 2023년도에는 총 14개의 신규과제*를 선정하여, 과제별 4.6억 원/년**의 정부출연금을 지원할 예정이다.

* 신규과제 선정: 2023년도 14개, 2024년도 8개, 2025년도 8개 과제 선정 예정
** 2023년도는 2023.4~12월까지 9개월 지원으로 1개 과제별 3.45억 원 지원 예정

과기정통부 권석민 과학기술일자리혁신관은 "'기술실용화 신속처리(패스트트랙)' 사업은 기초연구사업을 수행한 연구자가 과학기술적 연구성과에 머무르지 않고, 보유하고 있는 우수 기초연구성과를 고도화하고 사업화할 수 있는 기회를 제공하는 사업이다. 이번 사업의 기획과 수요조사 과정에서 연구자들과 기업들이 모두 반기는 사업임을 확인할 수 있었다. 앞으로도 과학기술 연구성과가 산업적 가치로 이어져 경제에 기여할 수 있도록 동 사업을 지속적으로 확대해 나가겠다."라고 밝혔다.

이번 사업의 추진계획 및 사업 공고 등 세부내용은 과기정통부(www.msit.go.kr), 한국연구재단(www.nrf.re.kr) 및 과학기술사업화진흥원(www.compa.re.kr) 누리집 등에서 확인할 수 있다.

(2) 이음5G의 모든 것을 지원하는 종합포털 개시

🏛 과학기술정보통신부	보 도 자 료		다시 도약하는 대한민국 함께 잘사는 국민의 나라
보도 일시	2023.1.31.(화) 12:00 〈 2023.2.1.(수) 〉	배포 일시	2023.1.31.(화) 09:00

이음5G의 모든 것을 지원하는 종합포털 개시
– 기업 간 정보공유, 기술지원 등 현장의 수요를 반영한 종합 지원 –
– 기존 사업자인 위즈코어·KT MOS북부 등에 주파수공급 완료 –

과학기술정보통신부(장관 이종호, 이하 '과기정통부')는 한국방송통신전파진흥원(원장 정한근)과 '이음5G 지원포털' 서비스를 1월 31일(화) 부터 본격 개시한다고 밝혔다.

과기정통부는 이음5G 전국 확산을 위해 이음5G 유관기관, 사업자, 장비·단말 공급사 등의 기관에서 개별적으로 제공되는 정보를 한곳에 모아 종합적인 홍보와 지원이 가능한 이음5G 지원포털(eum5gportal.kr 및 이음5g포털.kr)을 구축하였다. 이번에 개시하는 이음5G 지원포털은 국내·외 최신 구축 사례, 기술, 장비개발, 인증현황 등 이음5G 관련 최신 동향과 더불어, 부처별 이음5G 정부 지원사업, 이음5G 무선국 현황·통계 등 이음5G 관련 다양한 정보를 제공한다.

또한, 이음5G 제품·서비스를 홍보, 판로 개척, 협업 등의 사업자 간 정보교류의 장을 구축하여 참여기관 뿐만 아니라 수요—공급 참여기업이 연계된 종합적인 홍보·지원으로 이용자는 언제든지 이음5G 지원포털에 접속하여 무료로 제공받을 수 있다.

아울러, 기존 이음5G 지원센터에서 제공 중인 주파수 신청·사업자 등록절차 안내, 혼·간섭분석 등 이음5G 신청을 위한 행정·기술 지원을 온라인으로 제공하고 산업체의 애로사항별 실시간 정보공유·Q&A 기능을 통해 이음5G 관련 여러 유관기관에서 수행되는 업무를 통합적으로 안내, 민원 접수, 정보 공유하는 원스탑(one-stop) 서비스를 제공할 예정이다.

과기정통부는 기존 이음5G 사업자인 위즈코어㈜(대표 박덕근), ㈜케이티엠오에스북부(대표 김성인, 이하 'KT MOS북부'), 한국수력원자력(사장 황주호)의 주파수공급을 2월 1일 완료했으며, 이번 주파수 공급은 모두 기존 사업자들로 4.7GHs대역 100MHs폭으로 서비스 지역을 추가 확장하거나 기존 서비스 지역에 영역을 넓혀 이음5G 본격 확산한 것에 의미가 있다.

이음5G 주파수 할당·지정 주요 내용

분야	기관	지역	주요 내용
연구 개발	위즈코어	서울 서대문	오픈랜 연구개발 테스트베드 제공
		안산	지능형공장 서비스 테스트베드 제공
공원안전	KTMOS북부	서울 용산	지능형 공원안전 서비스 제공
원전안전	한국수력원자력	경주	CCTV 등을 원격관리로 원전안전 관제에 활용

과기정통부 최우혁 전파정책국장은 "이번 이음5G 지원포털 개시를 통해 유관기관, 이음5G 수요-공급 참여기업이 연계된 종합 홍보·지원의 구심체를 마련한 데에 의의가 있다."면서 "정부는 유관기관과 밀접히 연계하여 국내외 우수사례 전파, 지속적인 제도개선 등 민·관 소통을 지속적으로 추진할 계획이며 더 많은 기업들이 상호 협력하여 디지털 전환을 선도할 수 있도록 적극 지원할 것"이라고 밝혔다.

※ 본 저작물은 공공누리 제1유형에 따라 과학기술정보통신부(www.msit.go.kr)의 공공저작물을 이용하였습니다.

(3) 방통위 「2022년 긴급구조 위치정보 품질 측정」 결과 발표

⊙ 방송통신위원회	보 도 자 료		다시 도약하는 대한민국 함께 잘사는 국민의 나라
보도 일시	2023.3.17.(금) 12:00	배포 일시	2023.3.17.(금) 09:00

방통위 「2022년 긴급구조 위치정보 품질 측정」결과 발표
전년대비 위치기준 충족률, 정확도, 응답시간 모두 개선
- 위치기준 충족률 : GPS 86.5% → 98.2%, Wi-Fi 86.6% → 93.8% -
- 위치정확도: GPS 53.8m → 21.6m, Wi-Fi 56.1m → 34.2m, 기지국 146.3m → 107m -
- 위치응답시간: GPS 12.4초 → 5.8초, Wi-Fi 7.5초 → 4.1초, 기지국 4.9초 → 3.2초로 향상 -

방송통신위원회(위원장 한상혁, 이하 "방통위")는 긴급구조기관(소방청·해양경찰청) 및 경찰관서에서 긴급구조를 위해 활용되는 개인위치정보의 품질을 측정한 결과, 이통 3사의 긴급구조 위치기준 충족률*, 위치정확도와 위치응답시간이 모두 개선된 것으로 나타났다고 밝혔다.

* 2021년 결과까지는 "위치성공률"로 발표하였으나, 긴급구조기관에서 사용하는 응답 회신 "성공률"과 혼돈이 있어 정확한 의미 전달을 위해 지표명 변경

〈방통위 품질측정 "위치기준 충족률"과 긴급구조기관 "성공률" 차이〉

구분	개념
방통위 품질측정 "위치기준 충족률"	이동사 호환 정밀측위 기능 (GPS, Wi-Fi 측위)이 탑재된 단말기로 전체 위치정보 요청 건수 중에서 품질측정 위치기준(거리오차 50m, 응답시간 30초 이내)를 동시에 충족하는 위치정보의 수신 건수 비율
소방청·경찰청 등 긴급구조기관 성공률	실제 긴급구조 요청 시 정밀측위 정보에 회신한 결과로 정밀측위 사각지대 단말기를 포함하여 전체 위치정보 요청 건수 중에서 응답 수신 건수의 비율

방통위는 긴급구조기관 및 경찰관서의 신속하고 정확한 구조 활동을 지원하기 위해 2019년부터 긴급구조 위치정보의 품질을 측정하고, 그 결과를 공개해 이통3사의 긴급구조 정밀측위 기술투자와 품질 향상을 유도하고 있다. 이번 품질측정은 2022년 8월부터 11월까지 이통3사망 이용 및 기타 단말기의 측위기술(기지국·GPS·Wi-Fi)에 대해 단말기의 지피에스(GPS)와 와이파이(Wi-Fi) 기능이 "꺼진(Off)" 상태에서 긴급상황 발생 시 단말기의 기능을 일시적으로 "켜서(On)" 얼마나 빠르고 정확하게 위치정보를 제공하는지를 측정한 것이다.

이번 품질측정 결과 이통3사 단말기의 긴급구조 위치기준 충족률은 GPS 방식은 98.2%, Wi-Fi 방식은 93.8%로 나타나는 등 전년 대비 각 측위방식에 대한 위치기준 충족률, 위치정확도 및 응답시간 모두 상당히 개선되었다.

〈이통3사의 2021년도 대비 2022년도 긴급구조 위치정보 품질 개선 현황〉

구분		2021년도		2022년도
위치기준 충족률(%)	GPS	86.5%		98.2%
	Wi-Fi	86.6%		93.8%
위치정확도(m)	GPS	53.8m		21.6m
	Wi-Fi	56.1m	⇒	34.2m
	기지국	146.3m		107m
응답시간(초)	GPS	12.4초		5.8초
	Wi-Fi	7.5초		4.1초
	기지국	4.9초		3.2초

※ 기지국 측위기술의 특성상 거리오차 목표(50m 이내)를 만족하기 어려워 위치기준 충족률 측정은 제외

〈이통3사 단말기의 긴급구조 위치정보 품질측정 주요결과〉

GPS 방식 측정 결과 위치기준 충족률은 KT 99%, LGU+ 98%, SKT 97.6%, 위치정확도는 KT 12.7m, LGU+ 20.2m, SKT 29.4m, 응답시간은 KT 4.3초, LGU+ 6.2초, SKT 6.7초로 이통3사 모두 양호한 것으로 나타났다. 2021년 대비 이통3사 평균 GPS 위치기준 충족률은 86.5%에서 98.2%로, 위치정확도는 53.8m에서 21.6m로, 응답시간은 12.4초에서 5.8초로 개선되었다.

Wi-Fi 방식 측정 결과 위치기준 충족률은 KT 95.3%, SKT 94.9%, LGU+ 91.1%, 위치정확도는 KT 25.2m, LGU+ 35.5m, SKT 37m, 응답시간은 SKT 2.1초, KT 4.9초, LGU+ 5.3초로 이통3사 모두 양호한 것으로 나타났다. 2021년 대비 Wi-Fi 위치기준 충족률은 86.6%에서 93.8%로, 위치정확도는 56.1m에서 34.2m로, 응답시간은 7.5초에서 4.1초로 개선되었다.

기지국 방식 측정 결과 위치정확도는 KT 72.7m, SKT 86m, LGU+ 338.4m, 위치응답시간은 SKT 1.6초, KT 3.4초, LGU+ 4.5초로 SKT와 KT는 양호하나, LGU+는 위치정확도 개선이 필요한 것으로 나타났다. 2021년 대비 이통3사 평균 위치정확도는 146.3m에서 107m로, 위치응답시간은 4.9초에서 3.2초로 개선되었다.

〈기타 단말기의 긴급구조 위치정보 제공 여부 측정 주요결과〉

2022년도 국내 출시된 단말기 중에서 이통사향 단말기 이외의 기타 단말기 일부를 대상으로 긴급구조 위치정보 제공 여부를 측정 결과, 자급제 단말기*의 경우, 기지국, GPS, Wi-Fi 위치정보를 모두 제공하는 것으로 나타났다.

※ 2021년: 기지국, GPS 제공, Wi-Fi 부분제공

* 제조사에서 오픈마켓(Open Market)으로 출시된 단말로 특정 이동통신사향(向)이 아닌 단말기

유심이동 단말기*의 경우, GPS, Wi-Fi 위치정보는 대부분 제공하는 것으로 나타나 2021년보다는 개선된 것으로 나타났다.

※ 2021년: 기지국 제공, GPS, Wi-Fi 부분제공

* 이전에 가입한 이동통신사에서 사용하던 단말기(자급제용이 아닌 특정 이동통신사향 단말기)를 그대로 가지고 USIM만 교체하여 다른 이동통신사에 가입하는 단말기

알뜰폰 단말기*의 경우, 기지국, GPS, Wi-Fi 위치정보를 모두 제공하는 것으로 나타나 2021년보다는 점진적으로 개선된 것으로 나타났다.

※ 2021년: 기지국, GPS 제공, Wi-Fi 미제공)

* 이동통신사(SKT, KT, LGU+)로부터 이동통신망을 임차하여 제공하는 이동통신재판매(MVNO; Mobile Virtual Network Operator) 서비스를 이용하는 단말기

외산 단말기의 경우, GPS · Wi-Fi 위치측위를 제공하지 않는 경우가 많아 긴급구조 시 정밀위치정보 제공에 어려움이 있을 것으로 판단된다.

애플폰(iPhone)은 정보주체가 긴급통화 중이 아닐 경우에는 위치정보를 제공하지 않으나, 긴급통화 중에는 긴급구조기관이 GPS 정보를 요청하는 경우에만 iPhone 자체적으로 계산한 정밀위치정보를 이동통신사 GPS 측위 연동 기능을 통해 제공하고 있으며, 샤오미(12S)의 경우, GPS · Wi-Fi 모두 이통3사 측위 기능이 탑재되지 않아 위치정보를 제공하지 않은 것으로 나타났다.

방통위는 이통사 망과 연동되는 정밀측위 기능의 일부 또는 전부를 탑재하지 않은 외산 단말기, 자급제 단말기, 유심이동 단말기, 알뜰폰 단말기 등과 같은 정밀측위 사각지대 단말기의 경우 긴급구조 위치정보 제공이 어려운 점 등을 고려하여 품질측정이 아닌 정밀측위 기능 제공 여부를 시험하고 결과를 발표하여 사각지대 단말기의 개선을 유도하고 있다. 그간의 노력으로 2022년 2월 이후 출시된 국산 단말기부터는 이통 사향 단말기뿐만 아니라 자급제 단말기, 유심이동 단말기 등도 이동통신 망과 호환되는 측위 기능이 탑재되어 정밀측위 제공이 가능해졌다. 다만, 측위 기능이 탑재되지 않은 2022. 2월 이전 출시된 단말기에 대해서는 이동사, 제조사, 운영체제(OS) 운영사(애플, 구글) 등으로 구성된 '긴급구조 품질협의체'의 협의를 통해 사후 탑재를 추진할 계획이며, 과기정통부가 한국전자통신연구원, 한국정보통신기술협회와 함께 개발한 긴급구조 정밀측위 표준기술도 탑재를 추진할 계획이다.

아울러 방통위는 외산 단말기의 대부분을 차지하는 아이폰의 경우 긴급통화 중이 아닐 때도 위치정보를 제공하고 이통사 망과 호환되는 Wi-Fi 측위 기능이 탑재되도록 권고하는 등 애플과 지속적으로 협의해 나갈 예정이다.

한상혁 위원장은 "각종 재난 · 재해 등 긴급구조 상황에서 국민의 생명을 보호하기 위해 위치정보가 긴급구조기관에 신속하고 정확하게 제공될 수 있도록 긴급구조 위치정보의 품질개선과 정밀측위 사각지대 단말 해소를 위한 기술 개발과 제도개선을 지속적으로 추진해 나가겠다."라고 밝혔다.

(4) 디지털성범죄 피해자의 '잊힐 권리' 위해 정부와 민간이 함께한다!

	방송통신위원회	보 도 자 료		다시 도약하는 대한민국 함께 잘사는 국민의 나라
보도 일시	2023.3.8.(수) 배포시점		배포 일시	2023.3.8.(수) 16:00

디지털성범죄 피해자의 '잊힐 권리'위해 정부와 민간이 함께한다!
– 방통위, 「잊힐 권리 보장을 위한 민관협의회」 출범 –

방송통신위원회(위원장 한상혁, 이하 방통위)는 3월 8일(수) 한국과학기술회관에서 디지털성범죄 피해자 중심의 보호와 지원을 위하여 온라인상에서의 '잊힐 권리' 보장을 위한 민·관협의회(이하 '민관협의회')를 개최했다고 밝혔다.

민관협의회는 최근 디지털성범죄 수법이 더욱 지능화되고 2차 유포를 통한 피해가 지속되면서 정부 국정과제인 '디지털성범죄 피해자들의 잊힐 권리 보장' 추진에 정부와 민간이 긴밀하게 협력해야 할 필요성이 제기되어 구성·운영하게 되었다.

이번 회의는 안형환 방통위 부위원장의 주재로, 법무부·여성가족부·대검찰청·경찰청·방송통신심의위원회 등 정부 및 유관기관 관계자, 카카오·구글·메타 등 주요 인터넷사업자 임원, 학계·법조계 전문가 등이 참석하였다.

회의에서는 피해자의 '잊힐 권리'를 보장하기 위하여 디지털성범죄 영상물에 대한 신속한 삭제·차단, 유통방지 등 부처별로 추진해 온 주요 정책을 인터넷사업자들과 공유하고 의견을 청취하였다. 또한 다음과 같은 주제를 포함한 신속한 디지털성범죄 대응을 위한 추가 협력방안에 대한 의견을 나누었다.

▲디지털성범죄 예방과 사회적 인식을 개선하기 위한 민관협력

▲디지털성범죄 원스톱 신고 자동응답시스템(ARS) 구축

▲아동·청소년 대상 간편신고 소프트웨어 개발·보급 등

안형환 부위원장은 "최근의 디지털성범죄 양상을 보면 디지털 신기술이 악용되고, 그 수법도 교묘해지는 등 날로 진화하고 있어 안전한 인터넷 환경을 위해서는 사업자의 적극적인 협조가 필요하다"라며 "2차 피해를 막을 수 있도록 피해자 중심의 지원체계를 만들기 위해 정부와 민간의 지속적인 협력을 추진해 나가겠다"라고 밝혔다.

(5) 방통위, TV조선 '재승인' 의결

방송통신위원회	보 도 자 료		다시 도약하는 대한민국 함께 잘사는 국민의 나라
보도 일시	2023.3.21.(화) 배포시점	배포 일시	2023.3.21.(화)

방통위, TV조선 '재승인' 의결
– 승인 유효기간은 4년(2023.4.22.~2027.4.21.)을 부여 –
– 방송의 공적책임 · 공정성 실현, 방송프로그램의 공익성 확보를 위한 조건 및 권고사항 부과 –

방송통신위원회(위원장 한상혁, 이하 '방통위')는 2023년 3월 21일(화) 전체회의를 개최하여 2023년 4월 21일 승인 유효 기간이 만료되는 종합편성 방송 채널 사용사업자인 ㈜조선방송의 재승인 여부를 심의 · 의결하였다.

방통위는 지난 2월 방송 · 미디어, 법률, 회계 등 총 5개 분야 전문가 13인으로 심사위원회를 구성하여 2박 3일(2023.2.22.~24.) 동안 합숙 심사를 진행하였으며, ▲방송의 공적 책임 · 공정성의 실현 가능성과 지역 · 사회 · 문화적 필요성, ▲방송프로그램의 기획 · 편성 · 제작 및 공익성 확보 계획의 적절성, ▲방송발전을 위한 지원 계획의 이행 및 방송법령 준수 여부 등 방송법에 규정된 6개 심사사항을 심사하였다.

※ 분야별 심사위원회 구성: 심사위원장(1인), 방송 · 미디어(3인), 법률(2인), 경영 · 회계(3인), 기술(1인), 시청자 · 소비자(3인)

심사위원회 심사 결과 ㈜조선방송은 689.42점(총점 1,000점)을 획득하였으며, 방통위는 「2023~2026년도 방송사업자 재허가 · 재승인 사전 기본계획(2022.9.21.)」에 따라 '재승인'을 의결하고 4년(2023.4.22.~2027.4.21.)의 승인 유효기간을 부여하였다. 또한, 방통위는 심사위원회 심사의견서 등을 종합적으로 검토하여 방송의 공적 책임 · 공정성을 실현하고 방송프로그램의 공익성을 확보하기 위해 총 8개의 조건과 9개의 권고사항을 부과하였다.

조건과 권고사항의 주요 내용을 살펴보면 우선, '방송의 공적 책임 · 공정성 강화를 위해 취재보도 준칙, 윤리강령 등 내부규정과 교육제도를 재정비하여 운영하고 내부규정을 위반할 경우 징계 규정을 엄격히 적용할 것'을 조건으로 부과하고, 기존의 방송심의 관련 규정 위반 건수를 일정 기준 이상 제한하는 조건은 유지하되, '선거방송심의 특별규정'조건 위반 건수를 판단함에 있어 선거 대상의 범위를 기존의 전국단위 선거에서 재 · 보궐 선거도 포함하도록 기존 조건을 수정하였다. 또한 '시사 · 보도 프로그램의 공적 책임, 공정성 진단을 수행하는 외부 전문기관을 투명하고 공개된 공모절차를 통해 선정하도록 하고 그 결과를 방통위에 제출'하도록 권고하였다.

아울러, 심사위원회에서 제시한 의견에 따라 '방송의 사회문화적 다양성을 제고하고 상대적 소수이거나 이익추구 실현에 불리한 집단·계층의 권익증진을 위해 공익적 프로그램 편성을 확대하고 접근성 확대를 위해 노력할 것'과, 방송의 품격 제고를 위해 현재 TV조선이 운영 중인 '팩트체크 제도를 시사프로그램에도 적용하도록 노력할 것' 등의 권고사항을 부과하였다. 그리고, 콘텐츠 투자금액을 집행하지 못했을 경우 해당 금액을 이행실적 점검이 있었던 다음 해까지 투자토록 하던 것을 재승인 기간 내 투자할 수 있도록 관련 조건을 수정하여 방송환경 변화에 유연하게 대응할 수 있도록 하였다.

방통위는 ㈜조선방송이 사업계획서와 재승인 조건 등을 성실히 준수함으로써 방송의 공적 책임 및 공정성 등을 제고할 수 있도록 이행실적을 매년 철저히 점검할 계획이며, 점검결과 미이행 시에는 방송법령 등에 따라 시정명령 등 엄격한 행정처분을 부과할 예정이다.

2. 정책자료

(1) 보이스피싱 범죄 근절을 위한 통신 대책(방통위)

① 통신분야에 대한 맞춤형 대책

㉠ 통신서비스 부정이용 방지를 통한 사전 예방

- 대포폰 근절: 대포폰 대량 개통을 막기 위해 개통 가능한 회선수를 대폭 제한한다.
- 피싱 문자 근절: 금융·공공기관 등이 발송한 정상적인 문자를 수신자가 쉽게 확인할 수 있도록 '안심마크(인증마크+안심문구) 표시' 서비스 시범을 도입(2022.10월)한다.

㉡ 범죄에 사용된 전화·문자의 신속한 이용 중지

- 보이스피싱 등 범죄 이용 전화번호의 이용 중지 뿐만 아니라, 전화번호를 변조·발신하는 변작 중계기(SIM박스*)에 대해서도 통신 사용을 차단한다.

  * 다량(최대 256개)의 USIM을 장착하여 해외 인터넷 전화번호를 국내 이동전화번호(010)로 변경하는 데 사용

- 불특정 다수에게 대량 살포되는 피싱문자를 보다 신속히 추적·차단(7 → 2일)할 수 있도록 인터넷 발송문자 관리시스템을 보완(식별코드** 삽입)한다.

  ** 문자메시지의 전송 규격에 사업자별 고유 '식별코드' 필드를 추가하여 삽입하는 방식. 이용자가 수신하는 문자메시지의 내용에는 식별코드가 별도 표시되지 않음

ⓒ 보이스피싱 간편 신고 및 대응역량 고도화
- 보이스피싱 의심 문자를 수신하는 즉시, 이용자가 단말기에서 쉽고 간편하게 신고할 수 있도록 불법문자 신고절차를 개선한다.
  - 1단계: 의심문자 수신 시 '스팸' 신고창이 바로 확인되도록 단말기 기능 개선
  - 2단계: 스팸문자 신고 외에도, 피싱문자 신고채널(경찰청 통합신고대응센터) 추가 도입
- AI와 빅데이터를 활용하여 보이스피싱 전 과정(예방-추적-수사지원 등)에서 대응역량을 고도화 할 수 있도록 R&D를 추진한다.
  ※ 휴대폰 단말에서의 보이스피싱 탐지, 예방 기술 개발, 보이스피싱 정보 수집·가공 및 빅데이터 기반 수사지원 시스템 개발, 네트워크 기반 보이스피싱 인텔리전스 기술 개발 등
② 통신분야 주요대책(과기정통부·방통위)

과제명	주요 내용	조치 사항	완료 시한
단기 이통사 통합 다회선 개통 제한 제도 시행	사업자 간 회선정보 공유로 단기간 전체 이통사 통합 기준을 초과하는 가입 회선 수 제한	제도 시행	2022.10.1.
휴대전화 개통 시 본인확인 절차 강화	부정가입방지시스템 강화 및 신분증 스캐너 도입 확대 등	시스템 개발 및 가이드라인 마련	2023년
이통사 및 유통망에 대한 조사·단속	사업자가 휴대전화 개통 시 본인확인 의무를 준수하는지 조사·단속 실시	개통절차 조사·단속	상시
통신사 전화번호 관리책임 강화	유선전화 개통 시 개인 5회선, 법인 종사자수 기준으로 회선 수 제한	제도 시행	2022.12월
공공·금융기관 전화·문자 신뢰성 향상	안심마크(인증마크+안심문구) 표시 시범 도입	제도 시행	2022.10.1.~ (순차도입)
전화번호 유효성 검증절차 개선	발신번호 등록 시 번호의 실소유자 확인을 위한 유효성 검증시스템 구축(안) 마련	근거 법령 마련	2023년
이용중지 전화번호 공유·차단 실시	중지된 전화번호가 재사용되지 않도록 해당 전화번호를 문자사업자 간 공유하여 추가적인 발송 차단	시스템 개발	2023.1월

국제전화 안내 의무 강화	딘밀기 국외 발신 안내 표시 오류 수정 등 단말 자체 국외 발신 안내 표시 개선	시스템 개발	2022.下
	• 국제전화 음성 안내 서비스 제공 • 국내에 있는 이용자의 전화번호가 도용되어 해외 로밍 형태로 허위 인입 시 수신 차단	시스템 개발 및 관련 고시 개정	2023.上
보이스피싱 이용 통신단말장치 차단 등	보이스피싱 이용 사실이 확인된 통신단 말장치에 대한 차단	시행령 개정 및 시스템 개발	2022.12월
	수사과정에서 발견된 대포폰 및 스미싱 전화번호에 대한 이용 중지	시행령 개정 및 시스템 개발	2022.12월
불법문자 신속 차단	문자메시지 전송규격에 식별코드를 삽입 하여 불법문자 신속 차단(7일 → 2일)	시스템 개발	2023.3월
원스톱(간편) 문자신고 채널 도입	의심문자 수신 시 '스팸' 신고창이 바로 확인되도록 단말기 기능 개선	시스템 개발	2023.上
	스팸문자 신고 외에도, 피싱문자 신고채 널(경찰청) 추가 도입	시스템 개발	2024년
보이스피싱 대응 R&D	AI, 빅데이터 등 ICT 신기술을 활용한 R&D를 추진하여 보이스피싱 범죄 전 과 정(① 탐지·예방 – ② 추적 – ③ 수사지 원) 대응력 제고	연구개발 관리	2022 ~2024년

(2) 국민 실생활 불편사례 조속 해소(방송통신서비스 개선) 대책(방통위)

① 집합건물 입주 이용자 할인반환금 감면: 오피스텔 등 집합건물로 이전하면서 방송통 신서비스의 독점계약으로 인해 기존 서비스가 강제 해지되고 할인반환금을 부담해 야 했던 이용자들의 피해·불편 해소

② 원스톱전환서비스, 종합유선방송사업자까지 확대 시행: 2020년 7월부터 KT스카이 라이프, SK브로드밴드, LG유플러스 등에 도입한 원스톱전환서비스를 종합유선방 송사업자인 LG헬로비전, SK브로드밴드 등까지 확대 시행

③ 중고폰 보상 프로그램 제도개선: 중고폰 보상 프로그램 관련 고지 절차 강화, 보상률 및 보상 단말기 확대, 보상 조건 완화, 보상기준 명확화 등 보상 절차 개선

④ 유료방송 가입정보 등 이제 문자로 확인: 상품가입(변경·재약정)할 때에 주요 정보 (상품명, 약정기간, 요금 등)를 문자로 고지할 것을 권고하여 총 18개 유료방송사업 자가 시행

⑤ **모바일 앱 구독서비스 해지절차 개선**: 애플 앱마켓에서 주요 구독서비스를 제공하는 모바일 앱의 인앱결제 시 해지절차를 점검하고 앱 내 해지기능을 마련하도록 개선

⑥ **유료 부가서비스 고지 강화 및 해지절차 개선**: 통신3사와 주요 유료 부가서비스 사업자를 대상으로 이용자 혼동을 유발하는 팝업광고 최소화, 가입 완료 후 서비스명·요금·해지절차 등 중요사항 고지 강화 등

⑦ **국가별 주요 단말기의 가격 정보 제공 홈페이지 개편**: 홈페이지를 쉽게 이해할 수 있도록 편의성 개선, 국내·외 단말기 출고가 이외에도 이용자가 단말기 구매 시 유익한 정보를 추가로 제공

(3) 온라인 폭력 대응 및 이용자 피해 구제 대책(방통위)

① **온라인서비스피해상담센터 구축·운영**: 최근 온라인 기반 서비스 이용이 급속하게 증가하고 새로운 유형의 피해가 확산됨에 따라 일원화(One-Stop)된 이용자 피해 대응창구 구축·운영

② **크리에이터와 함께하는 디지털윤리교육**: 사회적 영향력이 커지고 있는 크리에이터의 디지털윤리 의식 제고를 위해 맞춤형 특화 교육, 대국민 캠페인 실시, 디지털 윤리 역량 가이드북 발간 등

③ **불법촬영물 등 유통방지를 위한 기술적·관리적 조치 시행**: 불법촬영물등 유통방지를 위한 인터넷사업자의 기술적·관리적 조치 시행(2022년 6월)을 통해 불법촬영물 유통방지 및 디지털성범죄 피해 최소화에 기여

④ **불법스팸 방지 및 국민피해 예방활동 강화**: 코로나19의 장기화로 인하여 불법대출·재난지원금 등 관련 불법스팸 피해가 증가함에 따라 불법스팸 전송 방지와 피해 예방을 위한 홍보활동 강화

(4) 전국민 미디어 접근성 강화(미디어 복지) 정책(방통위)

① **미디어 교육 플랫폼 '미디온' 앱 서비스 시작**: 2020년 인터넷 홈페이지로 시작한 미디어교육 온라인 플랫폼인 '미디온'을 모바일 접근이 가능하도록 기능을 확대하여 2022년 6월부터 앱 서비스를 시작

② **시각·청각장애인용 TV 보급 및 특화 셋톱박스 개발**: 시각·청각장애인용 맞춤형 TV 보급, 유료방송(IPTV)을 이용하는 시각·청각장애인이 장애인방송 특화기능을 이용할 수 있도록 셋톱박스 특화기능 탑재 기술 개발

③ **중소기업·소상공인에 방송광고 제작을 지원**: 낮은 인지도와 마케팅 능력 부족으로 어려움을 겪고 있는 혁신형 중소기업 및 소상공인에게 방송광고 제작비를 지원

④ **미디어 나눔버스 추가 구축**: 미디어 접근 소외지역 및 소외계층을 위한 찾아가는 미디어 나눔버스 운영을 확대(2017년 2대 → 2022년 6대 추가, 총 8대)

⑤ **재난자막방송 가독성 향상 방안 마련**: 자막 크기 및 속도 등에 관한 표준기준을 마련하는 등 방송사별로 다른 재난방송 자막의 가독성을 향상

⑥ **어르신을 위한 슬기로운 디지털 생활 캠페인**: 어르신들이 모바일 지도앱을 손쉽게 활용할 수 있도록 도와주는 교육영상과 함께 따뜻한 디지털 환경을 만들기 위해 우리 모두의 참여가 필요하다는 인식개선 영상 공개

(5) 국가데이터정책(과기정통부)

제1차 데이터산업진흥 기본계획	데이터 혁신 생태계를 조성할 3개년(2023~2025년) 국가 청사진 제시 • 인공지능 등 신산업 필요 데이터의 전략적 생산, 해외데이터 · 연구데이터 등 새로운 데이터 공유 • '원(ONE)-윈도우' 구축으로 쉽게 데이터를 찾고 활용하는 민간 중심 생태계 조성 • 규제혁신으로 데이터 활용을 촉진할 수 있는 제도적 기반 마련 • 데이터 전문인력 양성, 청년 · 지역기업 육성, 선도기술 확보로 국가 디지털 전환을 견인
인공지능 일상화 및 산업 고도화 계획	국민과 디지털 혜택 공유, 대규모 인공지능 수요 창출, 산업혁신을 위한 인공지능사업 추진 • 국민 일상생활, 행정 · 입법 · 사법 등 공공영역, 전 산업 분야로 인공지능 전면 확산 • 인공지능 기반(데이터, 컴퓨팅파워), 초거대인공지능, 인공지능 · 데이터이용권 등 인공지능기업 성장 지원 • 차세대인공지능 · 난제해결인공지능 등 초격차 기술 확보, 국산 인공지능반도체 기반 '케이-클라우드' 추진 • '디지털 권리장전', '인공지능기본법', '인공지능 윤리 · 신뢰성 선도' 등 디지털 신질서 정립
고용행정 데이터 개방 확대방안	일자리 부조화 해소, 민간고용서비스 시장 성장 견인을 위한 데이터 전면 개방 • 고용행정통계 기초데이터셋 25종, 고용보험 피보험자 취득 · 상실이력 등 원시데이터 개방 • 직종별 임금정보, 자격증 유형별 구인수요 등 그간 미공개 정보 개방확대 지속 추진
통계등록부를 이용한 데이터 융합 · 활용 활성화 방안	'통계등록부'를 다양한 데이터와 융합하여 정부 · 기업 · 개인의 의사결정에 적극 활용 • 인구 · 가구통계등록부, 기업통계등록부, 취업활동통계등록부 등 맞춤형 통계등록부 구축 · 제공 • 공 · 사적 연금데이터를 연결하는 '포괄적 연금통계' 개발 등 활용 확대

과학기술정보통신부의 2022년 3분기 적극행정 우수 사례

구분	사례
최우수 (2건)	우리동네 공동배송으로 교통·환경문제를 해소하고 지역 경제 활성화에도 이바지 하다
	산업 대표 120개 민간기업, 국가R&D투자 전 주기에 능동적으로 참여하다
우수 (3건)	통신분야 보이스피싱 방지 대책을 통해 보이스피싱 범죄로부터 국민의 재산과 생명을 보호한다
	모든 건축물에 광케이블을 설치하여 마지막 남은 초고속통신망 구축을 완료하다
	대한민국 최초 달 궤도선의 발사에 맞춰 전 국민에게 다양한 전시, 교육, 체험 서비스 제공
장려 (6건)	R&D예타 제도개선으로 급변하는 기술환경을 적시에 유연하게 대응
	법 위반 사전 방지하는 생물안전 길잡이 시스템을 구축하다
	국가연구자의 권익이 더욱 안전해지는 디지털 기술로, 서로 믿고 참여하는 연구 여건을 만듭니다
	유료방송 이용요금 신고제 전환으로 다양한 신규 서비스 출시 촉진하다
	국민이 더욱 빠른 속도로 공공 와이파이 서비스를 이용할 수 있도록 공공 와이파이 체감품질 대폭 개선
	디지털 안전 융합으로 일터·생활·재난 안전 등 국민안전 3대 분야의 사각지대를 해소

1. 전문 자료

(1) 전송 기초 기술

① 전송의 개념

㉠ 요구되는 정보 신호 또는 전력을 전송 매체를 통해 공간의 한 점에서 다른 점으로 전달하는 기능

㉡ 단말, 교환과 함께 통신망을 구성하는 3대 요소 · 기능 중의 하나

② 주요 전송기술

㉠ 변조: 신호를 전송매체의 채널 특성에 맞춰 변환[아날로그변조(진폭변조, 각변조 등), 디지털변조 등]

㉡ 부호화: 전송 과정에서 오류를 줄이는 변환 과정(채널부호화 등)

㉢ 다중화: 전송 설비의 효율적 이용(FDM, TDM, SDM 등)

㉣ 다원접속: 시간, 주파수 공간 등을 여러 사용자가 공동으로 사용하게 한다.

㉤ 듀플렉싱: 상향 · 하향 분리 등을 통해 동시 양방향 전송, 이중화 전송 등을 가능하게 한다.

(2) 방송과 방송사업

① 방송(「방송법」 제2조): "방송"이라 함은 방송프로그램을 기획 · 편성 또는 제작하여 이를 공중(개별계약에 의한 수신자를 포함하며, 이하 "시청자"라 한다)에게 전기통신설비에 의하여 송신하는 것으로서 다음의 것을 말한다.

구분	설명
텔레비전방송	정지 또는 이동하는 사물의 순간적 영상과 이에 따르는 음성 · 음향 등으로 이루어진 방송프로그램을 송신하는 방송
라디오방송	음성 · 음향 등으로 이루어진 방송프로그램을 송신하는 방송
데이터방송	방송사업자의 채널을 이용하여 데이터(문자 · 숫자 · 도형 · 도표 · 이미지 그 밖의 정보체계를 말한다)를 위주로 하여 이에 따르는 영상 · 음성 · 음향 및 이들의 조합으로 이루어진 방송프로그램을 송신하는 방송(단, 인터넷 등 통신망을 통하여 제공하거나 매개하는 경우는 제외)
이동멀티미디어 방송	이동 중 수신을 주목적으로 다채널을 이용하여 텔레비전방송 · 라디오방송 및 데이터방송을 복합적으로 송신하는 방송

② 방송사업(「방송법」제2조): "방송사업"이라 함은 방송을 행하는 다음의 각 사업을 말한다.

구분	설명
지상파방송사업	방송을 목적으로 하는 지상의 무선국을 관리·운영하며 이를 이용하여 방송을 행하는 사업
종합유선방송사업	종합유선방송국(다채널방송을 행하기 위한 유선방송국 설비와 그 종사자의 총체를 말한다. 이하 같다)을 관리·운영하며 전송·선로설비를 이용하여 방송을 행하는 사업
위성방송사업	인공위성의 무선설비를 소유 또는 임차하여 무선국을 관리·운영하며 이를 이용하여 방송을 행하는 사업
방송채널사용사업	지상파방송사업자·종합유선방송사업자 또는 위성방송사업자와 특정채널의 전부 또는 일부 시간에 대한 전용사용계약을 체결하여 그 채널을 사용하는 사업

(3) 방송통신 및 방송과 통신의 융합

① 방송통신

　㉠ "방송통신"이란 유선·무선·광선(光線) 또는 그 밖의 전자적 방식에 의하여 방송통신콘텐츠를 송신(공중에게 송신하는 것을 포함한다)하거나 수신하는 것과 이에 수반하는 일련의 활동 등을 말하며, 다음 각 목의 것을 포함한다.

　　• 「방송법」 제2조에 따른 방송

　　• 「인터넷 멀티미디어 방송사업법」 제2조에 따른 인터넷 멀티미디어 방송

> "인터넷 멀티미디어 방송"이란 광대역통합정보통신망 등(자가 소유 또는 임차 여부를 불문하고, 「전파법」 제10조 제1항 제1호에 따라 기간통신사업을 영위하기 위하여 할당받은 주파수를 이용하는 서비스에 사용되는 전기통신회선설비는 제외한다)을 이용하여 양방향성을 가진 인터넷 프로토콜 방식으로 일정한 서비스 품질이 보장되는 가운데 텔레비전 수상기 등을 통하여 이용자에게 실시간 방송프로그램을 포함하여 데이터·영상·음성·음향 및 전자상거래 등의 콘텐츠를 복합적으로 제공하는 방송을 말한다.

　　• 「전기통신기본법」 제2조에 따른 전기통신

> "전기통신"이라 함은 유선·무선·광선 및 기타의 전자적 방식에 의하여 부호·문언·음향 또는 영상을 송신하거나 수신하는 것을 말한다.

ⓛ "방송통신콘텐츠"란 유선·무선·광선 또는 그 밖의 전자적 방식에 의하여 송신되거나 수신되는 부호·문자·음성·음향 및 영상을 말한다.

ⓒ "방송통신설비"란 방송통신을 하기 위한 기계·기구·선로(線路) 또는 그 밖에 방송통신에 필요한 설비를 말한다.

ⓔ "방송통신기자재"란 방송통신설비에 사용하는 장치·기기·부품 또는 선조(線條) 등을 말한다.

ⓜ "방송통신서비스"란 방송통신설비를 이용하여 직접 방송통신을 하거나 타인이 방송통신을 할 수 있도록 하는 것 또는 이를 위하여 방송통신설비를 타인에게 제공하는 것을 말한다.

ⓗ "방송통신사업자"란 관련 법령에 따라 과학기술정보통신부장관 또는 방송통신위원회에 신고·등록·승인·허가 및 이에 준하는 절차를 거쳐 방송통신서비스를 제공하는 자를 말한다.

② 방송과 통신의 융합

> **「방송통신발전 기본법」의 목적(제1조)**
> 이 법은 방송과 통신이 융합되는 새로운 커뮤니케이션 환경에 대응하여 방송통신의 공익성·공공성을 보장하고, 방송통신의 진흥 및 방송통신의 기술기준·재난관리 등에 관한 사항을 정함으로써 공공복리의 증진과 방송통신 발전에 이바지함을 목적으로 한다.

ⓖ 망(네트워크)의 융합: 통신망과 방송망의 구분이 모호해져 통신이 통신망이 아닌 방송망을 통해서도 전송 가능하고, 방송이 방송망과 함께 통신망으로도 전송되는 것을 의미한다.

ⓛ 서비스의 융합
- 통신과 방송이라는 양쪽의 특성을 모두 갖춘 서비스의 출현을 가리킨다.
- 대표적으로 주문형 비디오 서비스(VOD), 데이터 방송, 인터넷 방송 등이 있다.

ⓒ 사업자 간 융합
- 방송사업자들과 통신사업자들이 상대방 영역에 서로 진출하는 것을 가리킨다.
- 방송이 통신사업으로 진출한 대표적인 예로는 T-Commerce, 인터넷전화(VoIP) 서비스가 있다.
- 통신이 방송사업으로 진출한 대표적인 예로는 위성 DMB 서비스를 제공하는 것 등이 있다.

(4) 종합편성채널의 승인

2009년 당시 여당이었던 한나라당이 이른바 '미디어법'을 통과시키면서 대형언론이나 대기업 등도 보도, 교양, 예능 등의 방송 프로그램들을 종합적으로 제작하여 송출할 수 있게 됐다. 종합편성채널은 방송통신위원회에 의해 승인되고 승인된 기한 내에서만 방송사업을 할 수 있으므로, 주기적으로 재허가 및 재승인을 받아야 한다.

(5) 디지털 포용정책

① 추진 배경

  ㉠ 4차 산업혁명 시대에 지능정보기술의 확산은 새로운 산업을 창출하고, 지능형 정보기기 등을 통해 장애인·고령층 등 국민 삶의 질을 개선할 수 있다.

  ㉡ 디지털 기술에 대한 접근능력과 활용역량의 차이는 경제적·사회적 불평등과 차별을 이전보다 심화시킬 것이라는 우려도 있다.

  ㉢ 취약계층을 포함한 국민 누구나 디지털을 활용하여 경제활동을 영위하고, 삶의 질 향상을 추구할 수 있도록 디지털 격차 해소를 위한 디지털 활용정책이 필요한 시점이다.

② 추진 과제

  ㉠ 전 국민 디지털 역량 강화

  • 누구나 쉽게 찾아가 배울 수 있는 디지털 교육 체계를 구축한다.

  • 디지털 환경 변화에 맞추어 전 국민에게 SW·AI 등 신기술을 경험하고 배울 수 있는 기회를 제공한다.

  • 디지털 역기능 예방을 위한 인터넷 윤리 교육, 미디어 리터러시 교육, 디지털 저작권 교육 등을 확대한다.

  ㉡ 포용적 디지털 이용 환경 조성

  • 우리나라 어디서든 이용할 수 있는 인터넷 환경을 조성한다.

  • 장애인·고령층을 위해 디지털 기기·서비스의 접근성을 개선한다.

  • 장애인 등을 위한 방송·콘텐츠 접근성도 보장한다.

  • 취약계층을 위한 행정민원 서비스 이용환경을 개선한다.

  ㉢ 디지털 기술의 포용적 활용 촉진

  • 취약계층을 위한 포용적 디지털 기술과 서비스를 확산한다.

  • 취약 계층에 일자리를 제공하거나 취약 계층을 위한 서비스를 제공하는 디지털 사회적 기업을 지원하고, 포용적 일자리를 창출한다.

ⓔ 디지털 포용 기반 조성

- 디지털 포용사회 구현을 위해 민·관 협력을 강화해 나간다.
- 디지털 포용 정책 발굴, 법·제도 개선, 대국민 홍보 등을 체계적으로 추진하기 위한 협의체를 구성한다.
- 디지털 포용 기업 간 자원·기술·노하우 등을 공유할 수 있는 '디지털 포용 기업 얼라이언스'를 구축하여, 민간주도의 디지털 포용 생태계가 구축될 수 있도록 지원한다.

(6) '데이터 고속도로'의 미래, 6세대(6G) 이동통신에 대한 준비 본격 착수

① 추진 배경

ⓐ 이동통신 인프라는 디지털 뉴딜의 한 축인 '데이터 고속도로'의 핵심이자, 국민 편의는 물론 사회와 산업 발전의 필수 기반기술로서, 통상 10년 주기로 세대가 전환*되고 있다.

  * 3G(2001년, 일본 최초), 4G(2009년, 유럽 최초), 5G(2019년, 한국 최초), 6G(2028~2030년, 상용화 예상)

ⓑ 최근 코로나19가 가져온 비대면화·디지털전환 과정에서 안정적이고 신뢰할 수 있는 네트워크의 중요성이 부각되고 있다.

ⓒ 이에 정부는 심화되는 글로벌 기술경쟁 속에서 미래 네트워크 주도권을 선점하고, 코로나19 이후 가속화되는 비대면·디지털화에 대응, 미래 신산업의 성장 기반을 마련하고자 「6G R&D 전략」을 마련하게 되었다.

6G R&D 전략

6G 기술은 1Tbps급 전송 속도, 저궤도 위성통신 기반 공중 10km까지 확대된 통신 커버리지 등 5G를 뛰어넘는 기술적 진화를 통해 실시간 원격수술, 완전 자율주행차·플라잉카 등 고도화된 융합서비스의 대중화가 가능(2028~2030년경 상용화 예상)

비대면 초현실 서비스	원격수술·원격근로	전국 스마트시티	저궤도 위성 6G통신
1Tbps급 전송속도 (1Tbps=1,000Gbps)	장거리 실시간 원격 수술 → 골든타임 확보	똑똑한 AI로 통신·자동제어	통신 커버리지 지상 → 공중 확대
[초성능, 초대역]	[초정밀]	[초지능]	[초공간]

② 주요 과제

ⓐ 세계 최고 수준의 차세대 이동통신 기술 선점

ⓑ 6G 국제표준화 선도 및 고부가가치 표준특허 확보

ⓒ 연구·산업기반 조성 병행

③ 기대 효과

    ㉠ 정부는 6G R&D 전략의 충실한 이행을 통해 5G에 이어 6G에서도 세계최초 상용화를 실현하고 글로벌 시장을 주도해 나갈 계획이다.

    ㉡ 이를 통해 6G 핵심표준특허 보유 세계 1위, 스마트폰 시장 점유율 세계 1위, 장비 시장 점유율 세계 2위 등 달성을 목표로 한다.

    ㉢ 아울러, 5G에서는 부족했던 소부장 분야를 육성하여 국내 네트워크 생태계에 활력을 불어넣고, 6G 관련 보안 산업과 융합서비스 시장도 발굴, 육성할 계획이다.

    ㉣ 이를 통해 정부는, 모든 국민이 원하는 모든 곳에서 사람과 사물 구분 없이 통신할 수 있는 미래 초현실 시대를 만들어 갈 예정이다.

(7) 창의와 혁신의 메타버스 생태계 협력적 진화를 지원하는 「메타버스 윤리원칙」

① 메타버스 윤리원칙 수립 목표 및 방향

    ㉠ 수립 목표: 메타버스 생태계 조성에 참여하는 모든 구성원이 참조·활용할 수 있는 일반적·보편적인 원칙 제시 → 개발·운영·이용(창작) 주체 모두가 참조할 수 있는 범용성과 주체의 의사결정과 행동의 판단 기준이 될 수 있는 이행 가능성 간 균형을 고려할 필요가 있음

    ㉡ 메타버스의 고유한 특징으로 유발되는 윤리적 이슈에 집중 → 가상자아, 몰입감, 창작자경제 등 메타버스가 줄 수 있는 사회·경제적 혜택과 개인정보침해 등 윤리적 이슈를 종합적으로 고려하여 기존 윤리규범*과 차별화 필요

      * 인터넷윤리(스팸방지, 건전한 인터넷활용 등), 인공지능윤리(인간존엄성 중시)

    ㉢ 방향: 생태계의 중장기적 발전을 지원하는 정부 정책의 방향에 부합하는 미래지향적이고 글로벌 정합성 높은 원칙 마련 → 현재 발생하고 있는 이슈에만 집중하는 것이 아니라 기술 발전과 서비스 고도화로 성숙해질 메타버스에서 발생 가능한 역기능 고려 필요

② 윤리원칙(안): 3대 지향가치, 8대 실천원칙

    ㉠ 3대 지향가치: 윤리 실천 주체가 메타버스와 관계를 맺게 되는 개인적, 사회적, 시간적 영역에서 추구할 가치를 제시

구분	내용
온전한 자아 (Sincere Identity)	개인이 가상자아가 추구할 가치와 역할을 스스로 선택, 가상세계 내 자아 정체성을 성실하게 구현하며 행동
안전한 경험 (Safe Experience)	창의적·혁신적인 경험 등 메타버스의 혜택을 충분히 누릴 수 있도록 참여자가 신체적·정신적·경제적 침해를 받지 않아야 함

| 지속 가능한 번영
(Sustainable
Prosperity) | 메타버스의 사회경제적 혜택이 편중되지 않고 다수에게 돌아갈 수 있어
야 하며, 아울러 미래세대에도 이어져야 함 |

ⓒ 8대 실천원칙: 개별 원칙의 주요 내용과 함께 원칙 이행 시 개발·운영·이용(창
작) 주체가 참조할 수 있는 구체화된 행동강령 제시

구분	내용
진정성(Authenticity)	자아실현을 위한 진실한 노력
자율성(Autonomy)	능동적·자발적 참여
호혜성(Reciprocity)	우호적·협력적 상호작용
사생활 존중(Respect for Privacy)	사적 영역의 존중
공정성(Fairness)	창의적 역량 발휘를 위한 차별 없는 기회
개인정보 보호 (Personal Information Protection)	개인정보 보호와 정보주체의 권리 보장
포용성(Inclusiveness)	다양한 존중과 접근성 증진
책임성(Responsibility for future)	미래 세대를 위한 노력

2. 관련 이슈

(1) 카카오 장애가 멈춰 세운 '초연결사회'…대책 마련에 분주

2022년 10월 15일 토요일 오후 3시 19분, 판교 SK C&C 데이터센터 화재가 대한민국
의 네트워크 일상을 일순 정체시켰다. 화재가 발생한 데이터센터에 서버를 둔 카카오
와 네이버 등 입주 기업이 서비스 장애를 일으키면서 국민 대다수가 생활에 크고 작은
불편을 겪어야 했고 중소 상공인들은 실제로 생업에 지장을 받기도 했다. 이러한 사태
는 사람과 사람, 사람과 사물, 정보가 촘촘히 연결된, 완전할 것만 같았던 초연결사회
의 허점을 여실히 드러냈다. 초연결의 기반이 되는 온라인망이나 플랫폼의 안정성을
뒷받침할만한 제도적 안전장치가 너무 부실하다는 점도 지적되었다. 플랫폼 기업들에
대한 정부의 철저한 관리·감독과 플랫폼의 사회적 책임을 주문하는 목소리도 터져 나
왔다. 이에 카카오는 2022년 12월 7일 장애 재발 방지 최우선 대책으로 데이터센터
(IDC)와 시스템의 이중화를 넘어선 '삼중화'를 제시했다. 재난 등으로 데이터센터 두 곳
이 동시에 제 기능을 하지 못하더라도 한 곳은 살려 전방위 장애가 발생할 가능성을 없

애겠다는 뜻이다. 자체 클라우드와 검색 플랫폼 등 운영 도구와 시스템도 데이터센터 단위로 삼중화한다. 이를 통해 데이터센터에 전면적인 장애가 발생하더라도 엔지니어들이 서비스를 복구, 유지하는 데 필요한 사내 계정과 인증, 협업 도구 등을 즉각 사용할 수 있도록 만반의 준비를 다 하겠다는 것이다. 카카오는 데이터를 저장하는 스토리지 시스템에 대해서도 데이터센터 간 삼중화를 계획하고 있다. 정부와 정치권은 플랫폼 시장의 독과점 문제 개선과 재발 방지를 위한 입법 등 규제에 나섰다. 이와 같은 분위기 속에서 2022년 12월 8일, 일명 '카카오 먹통 방지법'이 국회 본회의를 통과하기도 하였다. '카카오 먹통 방지법' 통과로 앞으로 정부는 일정 규모 이상 집적정보통신시설(데이터센터)과 부가통신사업자(온라인 서비스 사업자)를 정부 재난관리 계획에 포함하고, 방송통신서비스의 긴급복구를 위한 정보체계의 구성과 서버, 저장장치, 네트워크, 전력공급장치 등의 분산 · 다중화 등 물리적 · 기술적 보호조치를 계획에 반영할 수 있게 되었다.

(2) 정부, 온라인 동영상 서비스(OTT) 지원사업 첫걸음…"해외 진출 원년"

정부가 2023년을 국내 온라인 동영상 서비스(OTT)의 해외 진출 원년으로 규정하고 맞춤형 지원사업을 운영한다. 과학기술정보통신부(장관 이종호, 이하 '과기정통부')와 정보통신산업진흥원(원장 허성욱), 한국전파진흥협회(회장 황현식)는 국내 온라인 동영상 서비스(OTT)의 세계 시장 진출을 적극 지원하기 위하여 올해부터 '온라인 동영상 서비스(OTT) 해외 진출 기반조성' 사업을 추진한다고 밝혔다.

먼저, 정부는 '온라인 동영상 서비스 국제교류' 사업 중 하나로 국내 · 외 온라인 동영상 서비스 산업 관계자들의 교류의 장인 '온라인 동영상 서비스 특화 국제행사'(2023년 10월)를 최초로 개최할 계획이다. 이 행사에서는 ▲국내 · 외 우수 콘텐츠를 포함, 제작사 · 창작자 · 엔지니어 등 온라인 동영상 서비스 산업인들을 격려하기 위한 '국제 온라인 동영상 서비스 시상식', ▲해외 온라인 동영상 서비스 구매사 초청을 통한 투자설명회, ▲국내 온라인 동영상 서비스 플랫폼 · 중소 콘텐츠 제작사들을 국내 · 외 관련 업계에 널리 알리기 위한 온라인 동영상 서비스 기업관, ▲온라인 동영상 서비스 미래기술 총회(컨퍼런스) 등을 운영할 계획이다. 정부는 이 같은 행사가 국내 온라인 동영상 서비스 플랫폼 · 콘텐츠의 국제 인지도 향상 및 수출 기회를 확대하는 기회의 장이 될 것으로 확신한다고 밝혔다. 정부는 또한 '온라인 동영상 서비스 해외거점 연계지원' 사업도 추진한다. 이는 국내 온라인 동영상 서비스 플랫폼의 해외 진출 시 초기시장 정착 지원을 위한 진출국의 법 · 제도, 기반(인프라) 등과 같은 시장정보, 현지 관련 산업 · 기관과의 안정적인 연결망(네트워크) 형성 등 적기에 필요한 서비스를 제공하고자, 해외정보기술(IT)지원센터 등 현지 거점을 활용하여 지원하기 위한 것이다.

앞서 과기정통부는 '세계적인 매체(글로벌 미디어) 강국 실현'과 '디지털 매체(미디어) · 콘텐츠 산업혁신 및 국제(글로벌) 전략'을 수립하였고, 2022년도에는 온라인 동영상 서비스에 특화된 해외 진출 지원예산을 신규로 확보한 바 있다.

과기정통부는 "국내 온라인 동영상 서비스 기업은 국제 온라인 동영상 서비스 기업과의 치열한 경쟁 속에서 국내 시장의 한계를 극복하기 위한 새로운 성장전략을 모색하는 상황"이라며, "올해를 케이-온라인 동영상 서비스(K-OTT) 해외 진출의 원년으로 삼아 국내 온라인 동영상 서비스의 국제 마케팅과 맞춤형 해외 진출을 지원하고, 향후 해외거점 연계와 콘텐츠 현지화 지원을 확대해 나가겠다"라고 밝혔다.

(3) 망 사용료 의무화 논란(사용대비vs이중부담)

넷플릭스와 유튜브(구글 운영) 등 특정 해외 동영상 스트리밍 사이트를 통해 동영상을 시청하는 사람이 크게 늘고 있다. 이에 국내 통신 업계가 외국 공급자(CP)가 발생시키는 트래픽 양이 급증하면서 네트워크와 설비투자도 증가하고 있다며 재정적 부담을 호소하자 국회에서 '망 사용료 의무화' 관련 법안(전기통신사업법 개정안, 7건)을 발의하였다. '망 사용료'란 글로벌 콘텐츠 공급자(CP)인 빅테크가 트래픽(데이터전송량)을 처리하기 위해 국내 인터넷서비스 제공 사업자(ISP)인 통신사에 내야 하는 금액을 뜻한다.

'망 사용료 의무화' 관련 법안으로 망 사용 계약체결 근거는 마련되었다. 여기에는 대규모 CP에게 망 사용 대가를 요구할 수 있는 근거를 강화하는 내용이 공통으로 담겼으며, 사용료 지불 거부행위를 금지하는 조항도 담겼다. 법 개정이 이루어지면 망 사용 계약체결을 부당하게 거부하는 행위는 처벌 대상이 된다. 빅테크의 무임승차를 막겠다는 법안에 여야의 공감대가 형성되기는 했지만, 국내 유튜버를 앞세운 구글의 반격에 온라인 여론마저 가세하면서 이를 의식한 정치권이 신중론으로 돌아서면서 법안 처리는 불투명해지고 있다.

〈빅테크 기업의 전 세계 인터넷트래픽 비중(2021년 기준)〉

구분	비중(%)
구글(+유튜브)	20.99
페이스북	15.39
넷플릭스	9.39
그 외	11.18
총계	56.96

〈망 사용료 의무화 의견〉

찬성	반대
• 망 사용료는 세계적 추세이다. • 망의 관리·운용을 위해 인터넷 트래픽의 절반 이상을 점유한 글로벌 CP가 역할을 분담해야 한다. • 우월적 지위가 ISP가 아닌 글로벌 CP에 넘어간 상황이므로 사업자 간 계약을 재정립할 필요가 있다. • 네이버 등 국내 플랫폼 사업자들은 해외에서 사업할 때 현지에 비용을 낸다.	• 망 사용료가 오르면 국내 기업도 손해다. • 민간기업 간 갈등에 정부가 개입해 입법으로 해결하려 하면 안 된다. • 소수의 ISP를 보호하려는 편협하고 왜곡된 애국마케팅은 국내 CP에 손해를 입힌다. • 망 사용료는 관련된 콘텐츠 창작자와 일반 국민에게도 부담이 될 것이다.

좋은 책을 만드는 길, 독자님과 함께하겠습니다.

2024 SD에듀 면접관이 공개하는 국가직 공무원2(기술직) 면접 합격의 공식

개정1판1쇄 발행	2024년 06월 20일 (인쇄 2024년 04월 02일)
초 판 발 행	2023년 05월 10일 (인쇄 2023년 03월 30일)
발 행 인	박영일
책 임 편 집	이해욱
편 저	SD 적성검사연구소
편 집 진 행	박종옥 · 주민경
표 지 디 자 인	조혜령
편 집 디 자 인	김예슬 · 곽은슬
발 행 처	(주)시대고시기획
출 판 등 록	제10-1521호
주 소	서울시 마포구 큰우물로 75 [도화동 538 성지 B/D] 9F
전 화	1600-3600
팩 스	02-701-8823
홈 페 이 지	www.sdedu.co.kr
I S B N	979-11-383-7021-9 (13350)
정 가	21,000원